U0084071

古典文獻研究輯刊

初編

潘美月・杜潔祥 主編

第18冊

歷代論語著述綜錄

王鵬凱 著

國家圖書館出版品預行編目資料

歷代論語著述綜論／王鵬凱著 -- 初版 -- 台北縣永和市：花木蘭文化工作坊，2005〔民94〕

目 1 + 196 面；19×26 公分（古典文獻研究輯刊 初編；第 18 冊）

ISBN：986-81660-2-0（精裝）

1. 論語－目錄－研究考訂

016.12122 94018886

古典文獻研究輯刊

初 編 第十八冊 ISBN：986-81660-2-0

歷代論語著述綜錄

作　　者　王鵬凱

主　　編　潘美月　杜潔祥

企劃出版　北京大學文化資源研究中心

出　　版　花木蘭文化工作坊

發 行 所　花木蘭文化工作坊

發 行 人　高小娟

聯絡地址　台北縣永和市中正路五九五號七樓之三

電話：02-2923-1455 ／傳真：02-2923-1452

電子信箱　sut81518@ms59.hinet.net

初　　版　2005 年 12 月

定　　價　初編 40 冊（精裝）新台幣 62,000 元

歷代論語著述綜錄

王鵬凱　著

作者簡介

王鵬凱，男，民國五十三年出生於雲林縣，民國七十八年畢業於政治大學中國文學研究所碩士班。曾任教於陸軍兵工學校、僑光商專，現於南投縣南開技術學院執教。

提　　要

本論文共分九章，約十二萬字，乃就諸家目錄所載，自漢迄今之《論語》著作，作一綜合目錄·除緒論、結論外，分兩漢、魏晉南北朝、隋唐五代、南宋、元、明、清諸單元。仿《漢書·藝文志》體例，共分兩部分：

一、目錄部份，首敘書名、卷數、作者、注明出處及存佚情形，並論及諸家書目所載異同，以得諸書目之詳略、得失，並訂正其誤謬，在求得一完整之《論語》綜合著述目錄，藉此得觀歷代《論語》著述之情形。其中《經義考》之蒐羅廣博、《四庫提要》所言之精核、《藝文總志》之整理工夫，為諸家書目中之翹楚。

二、歷代論語學概述部份，猶漢志之小序，敘歷代論語學源流演變，用以辨章學術、考鏡源流。緒論中，述及《論語》名稱、編纂者、成書經過諸問題。漢興則有齊、古、魯三論，專門授受，遞稟師承，莫敢同異，至鄭玄兼取今古文，為集兩漢論語學之大成者，其後何晏、王弼等以玄釋經，玄風大暢，流風所扇，歷南朝至隋唐，其間北方猶篤守鄭學。洛閩繼起，道學大昌，擺落漢唐，獨研義理。程朱推崇《四書》，至此《四書》地位大為提昇，與《五經》並稱，自宋末歷元至明初，程朱學說定於一尊，科舉取士，一以朱註為準。自正德、嘉靖以後，王學盛行，唯其末流以狂禪解經，空談臆斷，其弊也肆。有清一代，漢學大昌，其學徵實不誣，成就斐然，堪與漢宋並稱。

目 錄

第一章　緒　論

第一節　研究動機、目的及方法

《論語》自漢文帝時，便立有博士傳授〔註1〕，宣帝以後，更成為皇太子啓蒙之重要書籍〔註2〕。不論漢之經師、宋之理學家、清之樸學大師，無不推崇備至，而千百年來，注疏之作，無慮兩三千種。憶及七十五年入政大中研所後，即於國立編譯館四書小組工讀，該單位旨在蒐羅古今中外現存之《四書》註疏，編成長編，並撰寫國語《四書》。此工作則首在即目求書，深感諸家目錄所載，或多或寡，或詳或略，或同或異，紛綸而莫得劃一，幸蒙　喬師諄誨，故能略曉不知。後經數次請益，乃擇定《歷代論語著述綜錄》為題，述自漢迄清之《論語》著述。仿《漢志》體例，共分兩部分：

一、目錄部分：首敘書名、卷數、作者，次注明出處及存佚情形，並論及諸家書目所載異同，兼正其誤謬。以明諸書目之詳略得失，冀求得一完整之《論語》綜合著述目錄，藉此得觀歷代《論語》著述之梗概。

二、歷代論語學概述部分：敘歷代論語學源流演變，用以辨章學術、考鏡源流，冀收因書究學之效。

〔註1〕見趙岐〈孟子題辭〉。

〔註2〕見《漢書》卷七十一〈疏廣傳〉、卷八十一〈張禹傳〉，及《後漢書》卷七十九下〈儒林．包咸傳〉。

第二節 《論語》撰人考

《論語》撰者爲誰？歷來說法不一，簡而言之，約可分爲兩類：

一、七十子所撰。劉向〔註3〕、班固〔註4〕、趙岐〔註5〕皆主之。其中更有言明爲某弟子所撰，鄭玄稱是仲弓、子游、子夏等所撰〔註6〕；《論語崇爵讖》說是子夏六十四人共撰〔註7〕；傅玄謂是仲弓之徒撰〔註8〕；日人太宰春台指成於琴張、原憲二人之手〔註9〕，日人物茂卿亦主此說〔註10〕。

二、七十子弟子之門人所共撰。皇侃《論語義疏》主之。亦有言明爲某弟子之門人所撰，柳宗元指乃樂正子春、子思子之徒爲之〔註11〕；程頤指成於有子、曾子之門人〔註12〕；宋永亨意出於閔子〔註13〕。

以上諸說，皆各有其依據，然不無可議之處，今試就《論語》成書時代著手探討《論語》撰者。《論語》前十篇——〈學而〉至〈鄉黨〉，義理精純，章節簡短，文字簡質，其中〈鄉黨〉篇專記孔子日常生活及態度瑣事，似爲《上論》之完結篇；後十篇——〈先進〉至〈堯曰〉，則文繁句多，每章字數，較《上論》爲多。可見《上論》與《下論》，乃兩個不同時期與不同之人所編。又《下論》前後五篇亦有差異，崔述《洙泗考信錄》卷三、梁啓超《古書眞僞及其年代》第六章，皆已詳論之，要之有爲後人僞託及雜記羼入。且《上・下論》記管仲之事，前後差異很大，知《論語》之編纂有齊、魯二地儒者，齊儒尊崇管仲，魯儒羞稱五霸。故知，《論語》至少是經由三期及兩派儒者所編成，揆之佛經之編纂，亦是經過四次結集乃成，此當係《論語》成書之情形：第一期之編纂約在孔子歿後，主其事者，大概即爲鄭玄等所稱之仲弓、子游、子夏等人。

第二期之編纂，約在曾子歿後，主其事者，大概即爲柳宗元等所指曾子、有子、閔子之門人。另有齊地尊崇管仲之儒者。

〔註 3〕魏何晏〈論語集解序〉引。
〔註 4〕《漢書・藝文志》。
〔註 5〕〈孟子題辭〉。
〔註 6〕〈經典釋文序錄〉引。
〔註 7〕《論語讖》卷八。
〔註 8〕《文選辯論注》引傅子。
〔註 9〕《論語古訓外傳》。
〔註10〕見《論語徵甲》。
〔註11〕《柳河東集》卷四。
〔註12〕朱熹〈論語集注序〉引。
〔註13〕見《捜采異聞錄》卷四。

第三期之增附，約在孟子之時或孟子死後，崔述於《洙泗考信錄》卷四中，稱〈季氏〉篇「將伐顓臾」章，〈陽貨〉篇「公山弗擾」章、「佛肸召」章，皆記孔子之事不可信者，疑皆後人取續得者之所續入。〈微子〉篇有與聖門絕無涉者，而楚狂之章，語意乃類莊周，皆不似孔氏遺書。至〈堯曰〉篇，《古論語》本兩篇，篇或一章或二章，其文尤不類；蓋皆斷簡無所屬，附之書末者，增附者無可查考〔註14〕。

至於《論語》一書，兩漢人或稱之「傳」〔註15〕，或稱之「記」〔註16〕，或稱之「論」〔註17〕，或稱之「語」〔註18〕，或稱之「孔子曰」〔註19〕。而「論語」一名之起源，蓋於景武之間〔註20〕，其含義亦是眾說紛紜，莫衷一是〔註21〕，陳百年先生直接自《論語》書中尋找「論」字及「語」字之用法，歸納得出「論語」兩字之眞正含義：

> 《論語》中所用論字，是「討論」的意思，所用語字，是「告知」的意思，《論語》所載，以孔子言論爲主。而孔子言論可大別爲二類：一爲與人問答討論，二爲未經人問而自動告人。前一類，正是論。後一類，正是語。故書名《論語》者，意即孔子的論與語，用以顯示全書的主要內容。(《孔子學說》第一章)

據此，則「論」字應讀作四聲ㄌㄨㄣˋ，而非二聲ㄌㄨㄣˊ。

〔註14〕說詳參林礽乾，《論語導讀》，收於周何、田博元主編《國學導讀叢編》頁309。

〔註15〕見《史記》卷四十九〈李將軍列傳〉、《漢書》卷六十五〈東方朔傳〉。

〔註16〕見《後漢書》卷三十九〈趙咨傳〉。

〔註17〕見《漢書》卷八十一〈張禹傳〉。

〔註18〕見《後漢書》卷五一〈橋玄傳〉。

〔註19〕見《漢書》卷八十〈東平思王傳〉。

〔註20〕說詳參趙貞信，〈論語一名之來歷與其解釋〉，《國立北平研究所史學集刊》第二期。

〔註21〕如班固《漢書・藝文志》以「論」是「論纂」，「語」是「語言」；劉熙釋名釋典藝以「論，倫也。語，敘也」；邢昺、何晏《論語集解序疏》以「論者，倫也，綸也，輪也，理也，次也，撰也……鄭玄《周禮注》云：『答述曰語』；又有言論爲八寸策，王充《論衡・正說篇》「以八寸爲尺，紀之約省，懷持之便也」，翟灝《四書考異》謂：「群弟子纂輯聖言，體聖人不敢制作至意，故但以八寸策書之，題曰『論語』」。

第二章　兩漢《論語》著述綜錄及論語學概述

第一節　兩漢《論語》著述綜錄

班固《漢書》因劉歆《七略》作〈藝文志〉，西京書籍，略見其梗概，後代史家，多遞相祖述，《漢志拾補》於《漢志》所載外，補得《孔氏古文弟子籍》、孔鮒《論語義疏》兩種。唯范曄《後漢書》無藝文志，東京諸儒撰述泯焉無聞，良可深惜，故清人錢大昕作《補續漢書藝文志》、侯康作《補後漢書藝文志》，錢書較侯書為少，且無考證，姚振宗「因覽錢侯二志之敓略不完，故別自為編」(〈後漢書藝文志〉自序)，成《後漢藝文志》，姚氏且成《漢書藝文志拾補》，並有顧櫰三成《補後漢書藝文志》、曾樸《補後漢書藝文志并考》。諸家補志乃「取范書所載及書之見存於今代、引證於古書、著錄於別史暨藏書家所錄」(錢大昕〈補續漢書藝文志邵晉涵序〉)、「取後漢書本傳、隋書經籍志、經典釋文序錄凡涉後漢者寫出之」(曾樸〈補後漢書藝文志并考自序〉)。其中顧氏之作於《論語》部分，較他家多著錄賈逵、盍氏、毛氏三家之《論語注》；姚氏《漢志拾補》致力於子集兩部，於《論語》則與《玉海》據《史記》著錄有《孔氏古文弟子籍》；《玉海》則獨錄張禹《論語大義》、《魯讀》二書，與《經義考》同錄《逸論語》，此乃其中較特出者，餘則西漢以《漢志》為主，東漢則諸家所補大同小異。

（一）古論　魯論　齊論　逸論語

1：《古論語》二十一篇　不著撰人（漢志　藝文總志　玉海　經義考　經義考校記）今有馬國翰輯本十卷，參第八章輯佚類。

2 :《論語訓》二十一篇　孔安國（漢志　漢志拾補　藝文總志　玉海　經義考　經義考校記）今有馬國翰輯本十卷，參第八章輯佚類。

3 :《古文論語注》不著卷數　馬融（後漢志　補續漢志　侯氏補後漢志　顧氏補後漢志　補後漢志并考　藝文總志　玉海　經義考　經義考校記）又名《馬融論語訓》、《馬融論語訓說》，今有馬國翰輯本二卷，參第八章輯佚類。

4 :《古文論語注》十卷　鄭玄（後漢志　侯氏補後漢志　顧氏補後漢志　隋志　玉海　鄭堂記　補梁志　經籍考　藝文總志　經義考　經義考校記）佚　今有宋王應麟輯本二卷附錄一卷，清宋翔鳳輯本二卷。

5 :《齊二十二篇》不著撰人（漢志　藝文總志　玉海　經義考　經義考校記）佚　今有馬國翰、王紹蘭二家輯本，皆一卷；參第八章輯佚類。

6 :《齊說二十九篇》不著撰人（漢志　藝文總志　玉海　經義考　經義考校記）佚。

7 :《魯二十篇》不著撰人（漢志　藝文總志　玉海　陳錄　經義考　經義考校記）存。

8 :《傳十九篇》不著撰人（漢志　藝文總志　玉海　經義考　經義考校記）佚。

9 :《魯夏侯說二十一篇》　夏侯勝（漢志　藝文總志　玉海　經義考　經義考校記）馬國翰《玉函山房輯佚書》目耕帖續補本有之。

10 :《魯安昌侯說二十一篇》　張禹（漢志　藝文總志　玉海　經義考　經義考校記）佚　案：馬國翰《玉函山房輯佚書》書目有著錄，然實未收之。

11 :《論語大義》不著卷數　張禹（玉海）佚　案：《玉海》據〈張禹傳〉『有詔太子傅蕭望之問禹，對易及論語大義』著錄，疑非成書。《藝文總志》，《經義考》未收。

12 :《魯王駿說二十篇》　王駿（漢志　藝文總志　玉海　經義考　經義考校記）馬國翰《玉函山房輯佚書》目耕帖續補本有之。

13 :《魯讀》不著卷數　不著撰人（玉海）殘存《論語》釋文中，《藝文總志》、《經義考》未收。

14 :《逸論語》不著卷數　不著撰人（玉海　經義考）《藝文總志》、《經義考》未收。

（二）傳　注

1：《論語義疏》三卷　孔鮒（漢志拾補　藝文總志　經義考　經義考校記）佚　《經義考》作二卷。

2：《議奏十八篇》不著撰人（漢志　藝文總志　經義考　經義考校記）佚　案：即《石渠論》。

3：《燕傳說》三卷　不著撰人（漢志　藝文總志　玉海　經義考　經義考校記）馬國翰《玉函山房輯佚書》目耕帖續補本有之。

4：《論語傳》不著卷數　劉輔（後漢志　顧氏補後漢志　藝文總志　玉海　經義考　經義考校記）佚。

5：《論語章句》不著卷數　包咸（後漢志　補續漢志　侯氏補後漢志　顧氏補後漢志　補後漢志并考　藝文總志　玉海　經義考　經義考校記）佚　今有馬國翰輯本二卷，王仁俊輯本一卷；參第八章輯佚類。

6：《論語注》不著卷數　賈逵（顧氏補後漢志　藝文總志）佚　經義考未收。

7：《論語注訓》不著卷數　何休（後漢志　補續漢志　侯氏補後漢志　顧氏補後漢志　補後漢志并考　藝文總志　玉海　經義考　經義考校記）佚　今有王仁俊輯本一卷；參第八章輯佚類。

8：《論語傳》不著卷數　鄭眾（後漢志　補續漢志　顧氏補後漢志　藝文總志　經義考　經義考校記）佚。

9：《論語注》十卷　鄭玄（後漢志　補續漢志　侯氏補後漢志　顧氏補後漢志　補後漢志并考　隋志　舊唐志　新唐志　藝文總志　玉海　經義考　經義考校記）佚　今傳有清袁鈞、孔廣森、宋翔鳳、馬國翰諸家輯本，皆十卷；王謨、黃奭、王仁俊輯本皆一卷；參第八章輯佚類。

10：《論語釋義》十卷　鄭玄（後漢志　補續漢志　侯氏補後漢志　顧氏補後漢志　補後漢志并考　舊唐志　新唐志　藝文總志　玉海　經義考　經義考校記）佚　《新唐志》作一卷。

11：《論語注》不著卷數　麻達（後漢志　補續漢志　侯氏補後漢志　顧氏補後漢志　藝文總志　經義考　經義考校記）佚　今有王仁俊輯本一卷；參第八章輯佚類。

12：《論語章句》不著卷數　周氏（後漢志　補續漢志　侯氏補後漢志　顧氏補後漢志　補後漢志并考　藝文總志　玉海　經義考　經義考校記）佚　今有馬國翰輯本一卷；參第八章輯佚類。

13：《論語注》不著卷數　盍氏（顧氏補後漢志　藝文總志）佚　《經義考》未收。

14：《論語注》不著卷數　毛氏（顧氏補後漢志　藝文總志）佚　《經義考》未收。

（三）專　著

1　：《孔子三朝（記）》七篇　不著撰人（漢志　藝文總志　經義考）佚　今有馬國翰輯本一卷。

2　：《孔子徒人圖法》二卷　不著撰人（漢志　藝文總志　玉海　經義考）佚。

3　：《孔子弟子目錄》一卷　鄭玄（後漢志　侯氏補後漢志　顧氏補後漢志　補後漢志并考　隋志　舊唐志　新唐志　藝文總志　玉海　國學圖書總目　經義考）佚　今傳清袁鈞、孔廣林、王謨、宋翔鳳、馬國翰、黃奭諸家輯本，皆一卷。

4　：《孔氏古文弟子籍》　不著卷數　不著撰人（漢志拾補　玉海）佚　《藝文總志》、《經義考》未收。

5　：《孔子家語》二十七卷。　案：本書《漢志》入〈論語類〉，諸志或入〈擬經類〉，今不列入〈論語類〉。

（四）石　經

1　：《今文石經》八部　蔡邕（後漢志　舊唐志　新唐志　國學圖書總目）即《熹平石經》，《新舊唐志》入〈小學類〉，《玉函山房輯佚書》輯有一卷。

（五）讖　緯

1　：《論語撰考讖》不著卷數　不著撰人（補續漢志　藝文總志　國學圖書總目　經義考）一作《考讖》或《撰考讖》，魏宋均注，明孫瑴有輯本，參第八章。

2　：《論語比考》不著卷數　不著撰人（補續漢志　藝文總志　國學圖書總目　經義考）一作《比考讖》，魏宋均注，明孫瑴有輯本，參第八章。

3　：《論語摘輔象》不著卷數　不著撰人（補續漢志　藝文總志　國學圖書總目　經義考　經義考校記）魏宋均注，明孫瑴有輯本，參第八章。

4 :《論語摘衰聖》不著卷數　不著撰人（補續漢志　藝文總志　國學圖書總目　經義考　經義考校記）一作《論語摘襄聖》或《摘褰聖》，魏宋均注，明孫瑴有輯本，參第八章。

5 :《論語素王受命讖》不著卷數　不著撰人（補續漢志　藝文總志　國學圖書總目　經義考）清馬國翰有輯本，參第八章。

6 :《論語崇爵讖》不著卷數　不著撰人（補續漢志　藝文總志　國學圖書總目　經義考）清馬國翰有輯本，參第八章。

7 :《論語糾滑讖》不著卷數　不著撰人（補續漢志　藝文總志　國學圖書總目　經義考）清馬國翰有輯本

8 :《論語陰嬉讖》不著卷數　不著撰人（補續漢志　藝文總志　國學圖書總目　經義考）魏宋均注，明孫瑴有輯本，參第八章。

9 :《論語讖》一卷　不著卷數　不著撰人（京都漢籍目錄）魏宋均注，清黃奭有輯本。

第二節　兩漢論語學概述

一、兩漢經學中之論語學

兩漢經學傳承，由於秦火之故，故從文學方面來說，有古今之殊；從地域方面而言，有齊魯之異；從其授受方面而言，有師法、家法之分；從其流布來看，則有官學私學之別，誠如荀悅《申鑒》所言：

> 秦之滅學也，書藏於屋壁，義絕於朝野。逮至漢興，收摭散滯，固已無全學矣。文有磨滅，言有楚夏，出有先後，或學者先意有所借定，後進相放，彌以滋漫，故一源十流，天水違行而訟者紛如也。（〈時事篇〉）

《論語》亦有上述情形存在。

今古文之異，初本指經文字體一爲漢時通行隸書，一爲秦以前通行古體。博士所傳爲今文經，山崖複壁所出者，如孔壁所藏、河間獻王所得、北平侯張蒼所獻爲古文經，唯古文初出，藏於秘府而未發，是以知者甚少，故於西漢之初，未嘗有今文之名。至成帝時，命光祿大夫劉向校理秘府舊文，古文始顯，學者各就所，傳授文生訓，而此後今古文之分，由字體之異而演變爲說解經文亦有差別。又爲爭立於學官，遂起數次爭議，一在哀帝時，爾後光武、章帝、桓帝時，亦起爭執。

漢代論語學今古文之分，皇侃〈論語義疏序〉引劉向《別錄》云：

> 魯人所學，謂之《魯論》；齊人所學，謂之《齊論》；孔壁所得，謂之《古論》。

《魯論》、《齊論》屬今文，然由於《論語》除文帝時外，未列於學官，故不像五經一般，有激烈的今古文之爭。

《漢書・藝文志》稱《論語》「漢興有齊魯之說」，漢代今文家傳經之儒，不出於齊，則出於魯，大抵齊魯爲孔子行教之地，流風遺化，濡漸固深，然二者之別，馬宗霍《中國經學史》稱「齊魯之別，初殆皆由字音，亦猶古今文之由於字體也，其後由字音之異而衍爲異說。」

齊、魯、古三家不僅是今古文之別，於篇數、篇次、文字等方面，亦皆有異。《漢志》云：「《論語》古二十一篇」，班固自注：「出孔子壁中，兩子張。」顏注引如淳曰：「分〈堯曰〉篇後，子張問『何如可以從政』已下爲篇，名曰〈從政〉。」何晏〈集解序〉云：「《齊論》有〈問王〉、〈知道〉，多於《魯論》二篇；《古論》亦無此二篇，分〈堯曰〉下章『子張問』以爲一篇，有兩子張，凡二十一篇。篇次不與齊、魯同。」皇侃〈義疏序〉云：「《古論》分〈堯曰〉下章『子張問』更爲一篇，合二十一篇：篇次以〈鄉黨〉爲第二篇，〈雍也〉爲第三篇，內倒錯，不可具說。」《釋文》序錄引《桓譚新論》：「文異者四百餘字。」又稱：「《古論語》者，出自孔氏壁中，凡二十一篇，有兩子張，篇次不與齊魯相同。」今列表說明三者異同如下〔註1〕：

	篇數	篇次	文字
齊論	二十二篇：多〈問王〉、〈知道〉二篇	與今所見本同	
魯論	二十篇：含〈堯曰〉下章子張問爲一，與今所見本同。	與《齊論》同。	多用假借字
古論	二十一篇：分〈堯曰〉下章子張問以爲一篇，有兩子張。	以〈鄉黨〉爲第二篇，〈雍也〉爲第三篇。內倒錯，不可具說。	多用本字，文異者四百餘字。

兩漢儒者傳經，又有官學、私學之分，以是否立於學官爲分別。立於學官者，

〔註1〕本表參考鄭靜若氏《論語鄭氏注輯述》、余培林氏《論語導讀》（收於《四書導讀》中）而製成。

則可以設博士、置弟子，而私學僅自相傳授。漢文帝時，曾廣立博士於學官，《漢書・劉歆傳》〈移太常博士書〉云：

　　至孝文皇帝……天下眾書往往頗出，皆諸子傳說，猶廣立於學官，為置博士〔註2〕。

漢趙岐則指出所立者爲何：

　　孝文皇帝欲廣遊學之路，《論語》、《孝經》、《孟子》、《爾雅》皆置博士。（《孟子題辭》）

至武帝時罷傳記博士，獨立五經而已，吳承仕稱漢儒無不學《論語》、《孝經》：

　　蓋《孝經》、《論語》，漢人所通習。有受《論語》、《孝經》而不受一經者，無受一經而不先受《孝經》、《論語》。（〈經典釋文序錄疏證〉）

王國維以《論語》、《孝經》與《五經》，乃爲學兩階段：

　　至《論語》、《孝經》，則以受經與不受經者皆誦習之，不宜限於博士而罷之者也。劉向父子作《七略》，六藝一百三家，於易、書、詩、禮、樂、春秋之後，附以論語、孝經、小學三目。六藝與此三者，皆漢時學校誦習之書，以後世之制明之，小學諸書者，漢小學之科目；論語、孝經者，漢中學之科目；而六藝則大學之科目也。武帝罷傳記博士，專主五經，乃除中學科目於大學之中，非遂廢中小學也。（《觀堂集林》卷四）〔註3〕

今觀漢人傳《論語》、《孝經》者，皆爲他經大師，並無以此二書專門名家者，如傳授《齊論》之王吉（通韓詩）、五鹿充宗（通梁丘易）、貢禹（通公羊春秋）、庸生（通古文尚書）；傳授《魯論》之夏侯勝（通尚書）、韋賢（通魯詩）、蕭望之（通齊詩）；傳授《古論》之孔安國（通古文尚書）、馬融（通詩、易、三禮、尚書）。又兩漢史籍中，亦不乏少習《論語》之例，如《漢書・疏廣傳》：「皇太子年十二歲，通《論語》、《孝經》。」；《後漢書・范升傳》：「九歲通《論語》、《孝經》」；〈皇后紀〉：「和熹鄧皇后，六歲能史書，十二通《詩》、《論語》。」；〈順烈梁皇后紀〉：「少善女工，九歲，好史書，能誦《論語》，治《韓詩》，大義略舉。」；〈馬嚴傳〉：「續，字季則；七歲能通《論語》。」；〈荀爽傳〉：「幼而好學，年十二，通《春秋》、《論語》。」是以王國維稱：

〔註 2〕漢人稱引《論語》，或直稱《傳》，或省稱《論》，或簡稱《語》，或獨稱《記》。清人臧琳則以爲〈劉歆傳〉之「說」爲「記」之誤：「諸子，謂《孟子》也；傳，謂《論語》、《孝經》也；記，謂《爾雅》也。」（《經義雜記》卷六）

〔註 3〕徐復觀氏並不同意王氏說法，詳參徐著《中國經學史的基礎》，頁 188。今依王氏之說。

蓋經師授經，亦兼授《論語》、《孝經》，猶今大學之或有豫科矣。然則漢時《論語》、《孝經》之傳，實廣於《五經》，不以博士之廢置爲盛衰也。(《觀堂集林》卷四)

衡諸史實，知王氏所言可信。

二、《論語》之傳承

兩漢經學傳承有師法、家法之說，西漢重師法，東漢重家法。先有師法，而後能成一家之言，「師法者，溯其源；家法者，衍其流也」(皮錫瑞《經學歷史》)，由於漢人說經，特重師法家法，因此各經傳授情形，得以大致明瞭，《論語》之傳授，亦是如此。今略述齊、魯、古三家傳承情形如下：

(一)、《齊論》

《漢書・藝文志》:「傳《齊論》者昌邑中尉王吉，少府宋畸，御史大夫貢禹，尚書令五鹿充宗，膠東庸生，唯王陽名家。」又何晏〈論語集解序〉云:「瑯邪王卿及膠東庸生，昌邑王尉王吉，皆以教授。」，較《漢志》所言多出王卿一家，皇侃〈義疏序〉、《釋文》序錄所提及傳授《齊論》者，亦爲此六家。王吉、貢禹兩人《漢書》皆有傳記，其餘諸人《漢書》無傳，大約爲宣元時儒者〔註4〕，因除貢禹徵爲博士之外，餘皆非顯貴，因此對於《齊論》授受次第，無法完全清楚，今略製一表如下：

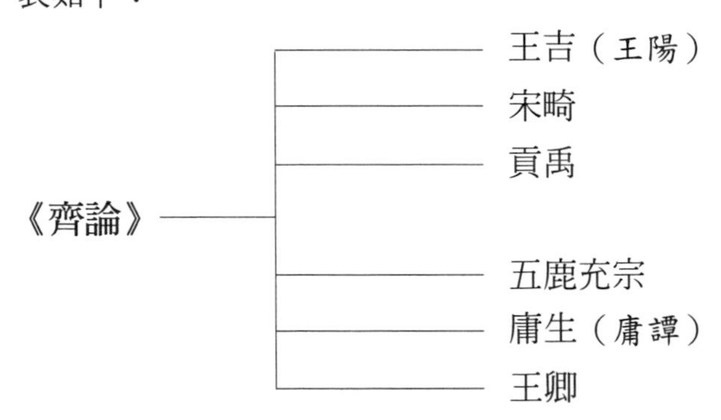

(二)、《魯論》

《漢志》稱:「傳《魯論語》者常山都尉龔奮，長信少府夏侯勝，丞相韋賢，魯扶卿，前將軍蕭望之，安昌侯張禹，皆名家。張氏最後，而行於世。」〈夏侯勝

〔註4〕參註1，鄭著，頁9至12。

傳〉云：「勝傳從兄子建」，〈蕭望之傳〉：「又從夏侯勝問《論語》」，是夏侯勝傳夏侯建及蕭望之。《漢書・韋玄成傳》略云：「少好學，修父（韋賢）業」，是韋賢傳業韋玄成。魯扶卿，鄭康成〈論語序〉作魯扶先；又〈張禹傳〉稱：「禹先事王陽，後從庸生」是傳《齊論》，而皇侃〈論語義疏序〉引《別錄》謂「晚有安昌侯張禹，就建（夏侯建）學《魯論》，兼講齊說，擇善而從之」，則知張禹雜揉齊、魯論，《經典釋文》又稱：「禹以論授成帝」，而「周氏、包氏（咸）爲之章句」（《隋志》），包咸又於「建武中入授皇太子（明帝劉莊）《論語》，又爲其章句」，其「子福，拜郎中，亦以《論語》入授和帝」（《後漢書・儒林傳》）。綜合上述資料，略製成一表如下：

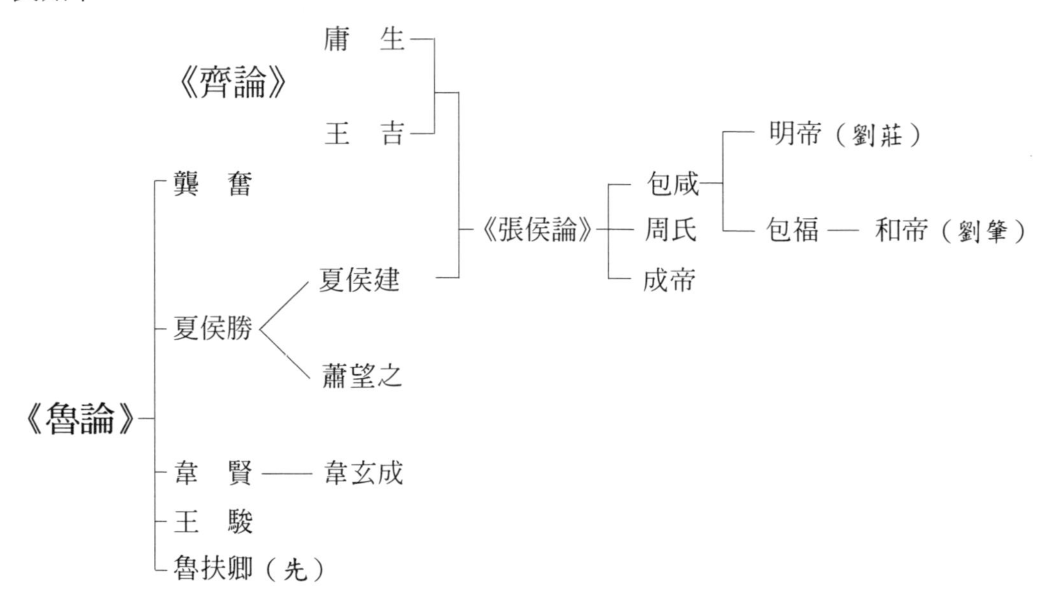

（三）、《古論》

何晏〈集解序〉云：「《古論》唯博士孔安國爲之訓解，而世不傳。至順帝時，南郡太守馬融亦爲之訓說。」《經典釋文》序錄亦謂：「《古論語》者，出自孔氏壁中，凡二十一篇，有兩子張，篇次不與齊魯相同。孔安國爲傳，後漢馬融亦注之。」又〈鄭玄傳〉：「事扶風馬融」，康成之古論學當係承自馬融，今試繪一表：

《古論》　孔安國……………………馬融 ——— 鄭玄

何晏〈集解序〉稱：「漢末，大司農鄭玄，就《魯論》篇章，考之齊、古，爲之注。」〈釋文序〉云：「號曰《張侯論》，最後而行於漢世。禹以《論》授成帝。後漢包咸、周氏，並爲章句，列于學官。鄭玄就《魯論》、張、包、周之篇章，考之齊、古，爲之注焉。……鄭玄注十卷。」於是鄭玄結合《古論》及已與《齊論》相雜揉之《張侯論》爲一，遂使古、魯、齊三論成爲一家之學，今試將前述資料，作一綜合表解〔註 5〕：

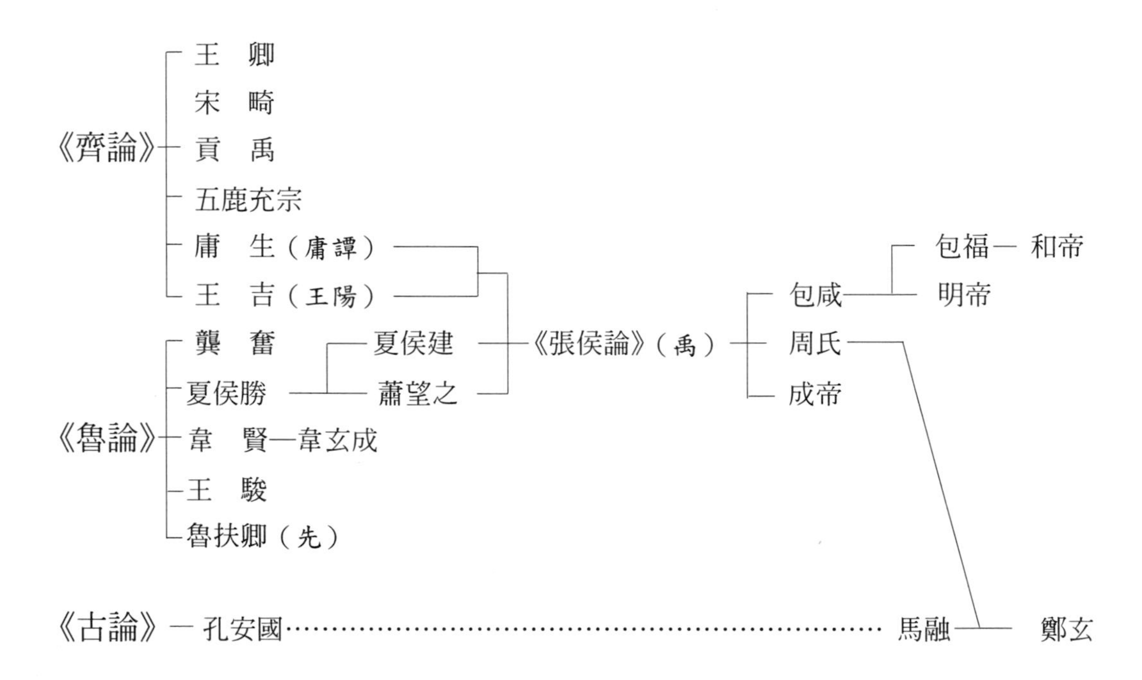

三、兩漢論語學之發展

《論語》於文帝時設置博士，時《古論》尚未出土，景帝時〔註 6〕，始因魯恭王壞孔子宅而得《古文論語》，當時雖有孔安國爲之訓解〔註 7〕，然傳承乏人，因此西漢之論語學，爲今文學天下，至西漢末劉歆、王莽時古文學始漸抬頭。西漢傳經，因所師不同，致使諸說常有差異，爲折衷各家之說，宣帝甘露年間，於石渠閣召開一次經學討論會。會議結束後，《論語》方面則有議奏十八篇之會議紀錄。

兩漢經學之傳承上，讖緯可視爲經學之旁支，緯書便是針對經書而言之時代產物。學者多以緯書成於哀平之際，然有人以《漢志》未載此類著作而相詰難。

〔註 5〕李師威熊《中國經學發展史論》，頁 192；嚴靈峰氏〈論語成書年代及其傳授考略〉，頁 25；《中華文化百科全書》，頁 169；鄭靜若《論語鄭氏注輯述》，頁 9、12；皆繪有圖表，可參看。鄭氏且倡齊、魯論源出古論說，此係鄭氏之獨見，宜俟後考。

〔註 6〕《漢志》、《晉書・衛恆傳》皆稱爲武帝時事，清閻若璩《尚書古文疏證》證明爲景帝時事，而恭王傳壞宅是景帝時之事，今暫作景帝時事。

〔註 7〕清沈濤《論語孔注辨僞》、丁晏《論語孔注證僞》皆以孔注乃僞書，非孔安國之作。

持平之論應是：戰國、漢初早已有之；經過長期醞釀，至西漢末方始盛行，但於向、歆編輯目錄時，可能僅爲一些零散之資料紀錄而已〔註8〕。光武帝藉赤伏符受命而有天下，是以對讖緯深信不疑，東漢經師說經，多少會受讖緯影響，即一代經師馬融、鄭玄均不能免〔註9〕，《論語讖》至今尚零星殘存於明清之輯佚書，及日人安居香山、中村璋八所編之《緯書集成》。

《唐書・藝文志》云：「自六藝焚於秦，師傳之中絕，而簡編訛缺，學者莫得本眞，於是諸儒章句之學興」是以章句之興，一如家法，與古籍之殘損有關。而漢儒經傳有章句，其事在昭宣以下〔註10〕，訓故爲漢儒傳經初興之學，僅舉其大誼，不免疏略；章句則漢儒傳經晚起之學，具文爲說，而成支離〔註11〕。包、周二氏所著《論語章句》，惜已亡佚，難窺其全璧。然而章句之學有流於章句繁瑣之途，《漢書・儒林傳》即譏之云：「說五字之文，至於二三萬言」，「幼童而守一藝，白首而後能言」，鄭玄除融合今古文說外，更能刪裁繁誣，使當時苦於繁雜章句家法之學者，能有所依傍，《後漢書・儒林傳》載：

> 漢興，諸儒頗修藝文，及東京學者亦多名家，而守文之徒，滯固所稟，異端紛紜，互相詭激，遂令經有數家，家有數說。章句多者，或迺百餘萬言。學者徒勞而少功，後正疑而莫正。鄭玄括囊大典，網羅眾家，刪裁繁誣，刊改漏失，自是學者略知所歸。

漢季荊州學派即秉鄭玄經說之簡化運動爲宗旨，且影響至三國之經學。鄭玄注經，有統一兩漢經學之功，亦可謂兩漢經學之集大成者，惜其《論語注》，今亦非全帙，清人有多人從事輯佚《鄭注》，而今人鄭靜若《論語鄭氏注輯述》，更能總理中外學者之功於一身，並及敦煌殘本，堪稱完善。

兩漢以利祿之途提倡經學，使學者爭立於學官，或爲爭第高下，而有「私行金貨定蘭臺漆書經字，以合其私文」(〈後漢書・儒林傳序〉) 之事，此乃因未有經書標準本以頒行天下所致。於是靈帝熹平四年（175），由蔡邕等書寫於碑，鐫刻於石，立於太學門外，使後儒晚學咸有所取正，《論語》亦在當時所刻七經之中，《論語》遂有第一次標準本。惜今所存《漢石經論語》殘缺過甚，張國淦乃著手進行復原工作，成〈石經圖〉而略復舊觀。

〔註 8〕此處本李師威熊的意見，見註5，頁137。
〔註 9〕李漢三《先秦兩漢之陰陽五行學說》，頁324～328，即言影響於漢人的論語說者。
〔註10〕說見錢穆〈兩漢經學今古文平議〉，《兩漢博士家法考》一文。
〔註11〕錢穆《秦漢史》第五章，昭宣以後之儒術。

第三章　三國魏晉南北朝《論語》著述綜錄及論語學概述

第一節　三國魏晉南北朝論語著述綜錄

三國人文不減於東漢，唯陳壽《三國志》無〈藝文志〉。侯康嘗撰《補三國藝文志》，至子部小說家而止，蓋亦如所輯《後漢志》，並草創未就之稿，非完書也。後姚振宗亦撰《三國藝文志》，唯就《論語》部分，二家所錄相同。《隋志》、《新舊唐志》亦著錄此期《論語》著作，然無甚特出之處，而顧櫰三則將三國時著作，收入其《補後漢志》中，屬是書收錄時代斷限問題，若得別出另外著錄，則更善矣。秦、丁、文、吳、黃五家《補晉志》，間亦收錄此期《論語》著作，唯亦無特別發明。魏王朗《論語說》，諸家目錄皆未收，僅《清志》及《重修清志》因馬國翰輯本而著錄，是爲後出轉精之一證。《經義考》於此期有四家之作未載入，《藝文總志》則有三家。

《晉史》不志藝文，故不能無待後人補苴者也，清人丁國鈞、黃逢元、吳士鑑、秦榮光、文廷式五家均有《補晉書藝文志》之作。五家《補志》主要以《晉書》紀傳、《隋書》諸志所錄爲主，《玉海》、《補梁志》間亦收錄此期《論語》著述，唯不如五家《補晉志》及《經義考》所收之完備。五家《補晉志》，就《論語》部分而言，吳氏所收則略較其他四家爲備，《藝文總志》總理各家所載，而漏收一書，《經義考》則有十家之作未載入。

至補南北朝史志者，元人蔡珪、清人汪士鐸，並曾撰《補南北史藝文志》，皆已亡佚。范希曾《書目答問補正》載侯康補宋、齊、梁、陳、魏、北齊、周各書藝文志各一卷，湯洽補《梁書》、《陳書》藝文志各一卷，皆未見傳本。今得見者，聶崇岐《補宋書志》、陳述《補南齊志》、李正奮《補後魏志》、李雲光《補梁志》、楊壽彭《補陳志》、賴炎元《補魏書志》、蒙傳銘《補北齊志》、王忠林《補周書志》。其中《梁志》最詳，蓋衣冠南渡，學術文章至梁而極盛，北朝則胡虜爲政，雖代有篤學之士，究不能與南朝比，故北齊、魏、周三志亦未能博富。要之，諸家之作，仍以各史本傳所載爲主，旁及《隋志》、《經典釋文》諸作。惜《經義考》於此朝著作，先載計十二種；《藝文總志》有十四種，《經義考》早於諸《補志》之作，可不論矣，《藝文總志》似未能參考李、楊、賴、蒙、王諸人之作，實是可惜。熊埋《論語注》，諸補志未收，《清志》、《重修清志》因馬國翰輯本而著錄；《經義考》有梁武帝《論語注》，《補梁志》、《藝文總志》未收；梁釋僧智有《略解論語》，《經義考》則誤讀本志注文，以僧智爲智略，《藝文總志》因之，實誤，以上爲其中較特出者。

（一）傳　注

1 ：《論語義說》不著卷數　魏　陳群（顧氏補後漢志　三國藝文志　補三國志　藝文總志　玉海　經義考　經義考校記）今有馬國翰輯本一卷，參第八章輯佚類。

2 ：《論語說》不著卷數　魏　王朗（清志　重修清志）今傳有馬國翰輯本一卷，參第八章。《藝文總志》、《經義考》未收。

3 ：《論語注》十卷　魏　王肅（顧氏補後漢志　三國藝文志　補三國志　補梁志　隋志　舊唐志　新唐志　藝文總志　玉海　經義考　經義考校記）今有近人龍璋輯本一卷，參第八章輯佚類。

4 ：《論語釋駁》三卷　魏　王肅（三國藝文志　補三國志　補梁志　隋志　藝文總志　經義考　經義考校記）今傳有馬國翰輯《論語王氏義說》一卷，未審即此書否，參第八章。

5 ：《論語注》不著卷數　魏　周生烈（顧氏補後漢志　三國藝文志　補三國志　秦氏補晉志　藝文總志　玉海　經義考　經義考校記）又稱《論語義例》，《藝文總志》以爲二書，今有馬國翰輯本一卷，參第八章。

6 ：《論語集解》十卷　魏　何晏（顧氏補後漢志　三國藝文志　補三國志　丁氏補晉志　秦氏補晉志　吳氏補晉志　黃氏補晉志　隋志　舊唐志　新唐志　宋志　四庫總目　經籍考　藝文總志　崇文總目　玉海　文淵目　內閣書目　販書偶記　國學圖書總目　經義考　經義考校記　叢書子目類編　京都漢籍目錄　東京漢籍目錄）今有元相臺岳氏刻本。

7 :《論語釋疑》三卷　魏　王弼（顧氏補後漢志　三國藝文志　補三國志　隋志　舊唐志　新唐志　藝文總志　玉海　經義考）《新舊唐志》作二卷，今有馬國翰王仁俊輯本皆一卷，參第八章。

8 :《論語注》十卷　蜀　譙周（顧氏補後漢志　三國藝文志　補三國志　丁氏補晉志　文氏補晉志　秦氏補晉志　補梁志　黃氏補晉志　隋志　藝文總志　玉海　經義考）今有馬國翰輯本一卷，參第八章。

9 :《論語注》不著卷數　吳　張昭（顧氏補後漢志　三國藝文志　補三國志　藝文總志　經義考）佚。

10:《論語弼》不著卷數　吳　程秉（顧氏補後漢志　三國藝文志　補三國志　藝文總志　經義考）佚。

11:《論語注》十卷　吳　虞翻（顧氏補後漢志　三國藝文志　補三國志　補梁志　隋志　藝文總志　玉海　經義考）佚。

12:《論語集注》八卷　晉　衛瓘（丁氏補晉志　文氏補晉志　秦氏補晉志　吳氏補晉志　黃氏補晉志　隋志　藝文總志　玉海　經義考）今有馬國翰輯本一卷，參第八章。

13:《論語集義》十卷　晉　崔豹（丁氏補晉志　文氏補晉志　秦氏補晉志　吳氏補晉志　黃氏補晉志　補梁志　隋志　舊唐志　新唐志　藝文總志　玉海　經義考）佚　《隋志》著錄八卷，注云梁有十卷；《舊唐志》、《新唐志》作《論語大義解》；《秦氏補晉志》既著錄《集義》復著錄《大義解》，乃複出。

14:《論語旨序》三卷　晉　繆播（丁氏補晉志　文氏補晉志　秦氏補晉志　吳氏補晉志　黃氏補晉志　隋志　舊唐志　新唐志　藝文總志　玉海　經義考）《新舊唐志》作二卷，今有馬國翰輯本一卷。

15:《論語體略》二卷　晉　郭象（丁氏補晉志　文氏補晉志　秦氏補晉志　吳氏補晉志　黃氏補晉志　補梁志　隋志　舊唐志　新唐志　藝文總志　玉海　經義考）今有馬國翰輯一卷，參第八章。

16:《論語隱》一卷　晉　郭象（丁氏補晉志　文氏補晉志　秦氏補晉志　吳氏補晉志　黃氏補晉志　隋志　藝文總志　經義考）今有馬國翰輯本一卷。

17:《論語隱義》不著卷數　不著撰人（經義考）疑即郭象之《論語隱》，《藝文總志》未收。

18:《論語釋疑》十卷　晉　欒肇（丁氏補晉志　文氏補晉志　秦氏補晉志

吳氏補晉志　黃氏補晉志　隋志　舊唐志　新唐志　藝文總志　玉海　經義考）《新舊唐志》作《論語釋》，今有馬國翰輯本一卷。

19：《論語駁序》二卷　晉　欒肇（丁氏補晉志　文氏補晉志　秦氏補晉志　吳氏補晉志　黃氏補晉志　補梁志　隋志　舊唐志　新唐志　藝文總志　尤目　經義考）《新舊唐志》作《論語駁》

20：《論語讚鄭氏注》十卷　晉　虞喜（丁氏補晉志　文氏補晉志　秦氏補晉志　吳氏補晉志　黃氏補晉志　隋志　舊唐志　新唐志　藝文總志　玉海　經義考）今有馬國翰輯本一卷，參第八章。

21：《新書對張論》十卷　晉　虞喜（丁氏補晉志　文氏補晉志　秦氏補晉志　吳氏補晉志　黃氏補晉志　補梁志　隋志　藝文總志　玉海　經義考）佚。

22：《論語釋》一卷　晉　曹毗（丁氏補晉志　文氏補晉志　秦氏補晉志　吳氏補晉志　黃氏補晉志　補梁志　隋志　藝文總志　玉海　經義考）佚。

23：《論語釋》一卷　晉　庾翼（丁氏補晉志　文氏補晉志　秦氏補晉志　吳氏補晉志　黃氏補晉志　隋志　藝文總志　玉海　經義考）今有馬國翰輯本一卷，參第八章。

24：《論語注》十卷　晉　李充（丁氏補晉志　文氏補晉志　秦氏補晉志　吳氏補晉志　黃氏補晉志　隋志　舊唐志　新唐志　藝文總志　玉海　經義考）今有馬國翰輯本二卷，《藝文總志》誤作三卷，參第八章。

25：《論語釋》一卷　晉　李充（丁氏補晉志　文氏補晉志　秦氏補晉志　吳氏補晉志　黃氏補晉志　補梁志　隋志　藝文總志　經義考）佚

26：《論語注》不著卷數　晉　范寧（丁氏補晉志　文氏補晉志　秦氏補晉志　吳氏補晉志　藝文總志　經義考）今有馬國翰輯本一卷，參第八章。

27：《論語別義》十卷　口　范廙（秦氏補晉志　黃氏補晉志　隋志　藝文總志　經義考）余蕭客〈古經解勾沉序錄〉疑爲范寧之誤，《黃氏補晉志》題范寧撰。

28：《論語集解》十卷　晉　孫綽（丁氏補晉志　文氏補晉志　秦氏補晉志　吳氏補晉志　黃氏補晉志　隋志　舊唐志　新唐志　藝文總志　玉海　經義考）今有馬國翰輯本一卷，參第八章。

29：《論語注》十卷　晉　孟陋（丁氏補晉志　文氏補晉志　秦氏補晉志　吳氏補晉志　黃氏補晉志　補梁志　隋志　舊唐志　新唐志　藝文總志

經義考）佚　《隋志》、《新舊唐志》、丁黃二氏《補晉志》皆作孟釐，釐實為整之誤；《吳氏補晉志》作孟整，整即陋也。

30：《論語注》十卷　晉　梁覬（丁氏補晉志　文氏補晉志　秦氏補晉志　吳氏補晉志　黃氏補晉志　補梁志　隋志　舊唐志　新唐志　藝文總志　經義考）《經義考》作《論語注譯》，今有馬國翰輯本一卷，參第八章輯佚類。

31：《論語注》十卷　晉　袁喬（丁氏補晉志　文氏補晉志　秦氏補晉志　吳氏補晉志　黃氏補晉志　補梁志　隋志　舊唐志　新唐志　藝文總志　經義考）《經義考》作《論語注譯》，今有馬國翰輯本一卷，參第八章輯佚類。

32：《論語注》不著卷數　晉　袁宏（丁氏補晉志　文氏補晉志　秦氏補晉志　藝文總志）佚　疑宏為喬之訛，《經義考》未收。

33：《論語注》十卷　晉　尹毅（丁氏補晉志　文氏補晉志　秦氏補晉志　吳氏補晉志　黃氏補晉志　補梁志　隋志　舊唐志　新唐志　藝文總志　經義考）佚　《經義考》作《論語注譯》。

34：《論語義》一卷　晉　王濛（丁氏補晉志　文氏補晉志　秦氏補晉志　吳氏補晉志　黃氏補晉志　補梁志　隋志　藝文總志　經義考）佚　《丁氏補晉志》作《論語譯》。

35：《論語集解》十二卷　晉　江熙（丁氏補晉志　文氏補晉志　秦氏補晉志　吳氏補晉志　黃氏補晉志　隋志　舊唐志　新唐志　藝文總志　玉海　經義考）《秦氏補晉志》據〈釋文序錄〉，《隋志》、《新舊唐志》、丁吳文黃四氏《補晉志》皆作十卷，今有馬國翰輯本二卷，《藝文總志》誤作三卷，參第八章。

36：《論語注》十卷　晉　張憑（丁氏補晉志　文氏補晉志　秦氏補晉志　吳氏補晉志　黃氏補晉志　補梁志　隋志　藝文總志　經義考）今有馬國翰輯本一卷。

37：《論語釋》一卷　晉　張憑（丁氏補晉志　文氏補晉志　秦氏補晉志　吳氏補晉志　黃氏補晉志　隋志　藝文總志　經義考）佚。

38：《論語注》不著卷數　晉　宋纖（丁氏補晉志　文氏補晉志　秦氏補晉志　吳氏補晉志　黃氏補晉志　藝文總志　經義考）佚。

39：《論語義注》十卷　晉　暢惠明（丁氏補晉志　文氏補晉志　秦氏補晉志　吳氏補晉志　黃氏補晉志　補梁志　隋志　舊唐志　新唐志　藝文總志

經義考）《隋志》暢作陽，五氏《補晉志》作揚，姚振宗《隋書經籍志考證》謂當爲暢，茲從之。

40：《論語釋》一卷　晉　蔡系（丁氏補晉志　文氏補晉志　秦氏補晉志　吳氏補晉志　黃氏補晉志　補梁志　隋志　藝文總志　經義考）佚。

41：《論語釋》一卷　晉　張隱（丁氏補晉志　秦氏補晉志　吳氏補晉志　黃氏補晉志　補梁志　隋志　藝文總志　經義考）佚。

42：《論語通鄭》一卷　晉　郗原（丁氏補晉志　秦氏補晉志　吳氏補晉志　黃氏補晉志　補梁志　隋志　藝文總志　經義考）佚。

43：《論語注》不著卷數　晉　蔡謨（丁氏補晉志　文氏補晉志　秦氏補晉志　吳氏補晉志　黃氏補晉志　藝文總志　經義考）今有馬國翰輯本一卷，參第八章輯佚類。

44：《論語注》不著卷數　晉　江淳（丁氏補晉志　文氏補晉志　秦氏補晉志　吳氏補晉志　黃氏補晉志　藝文總志）秦吳二氏《補晉志》作江惇，《黃氏補晉志》作《論語解》。《經義考》未收。

45：《論語注》不著卷數　晉　王　（丁氏補晉志　文氏補晉志　秦氏補晉志　吳氏補晉志　黃氏補晉志　藝文總志）《黃氏補晉志》作《論語解》，《經義考》未收。

46：《論語解》不著卷數　晉　殷仲堪（文氏補晉志　吳氏補晉志　黃氏補晉志　藝文總志）黃文二氏《補晉志》作《論語注》，今有馬國翰輯本一卷，參第八章。《經義考》未收。

47：《論語解》不著卷數　晉　殷仲文（丁氏補晉志　秦氏補晉志　藝文總志）佚　疑即前書，丁秦二氏《補晉志》誤作殷仲文，《經義考》未收。

48：《論語說》不著卷數　晉　繆協（丁氏補晉志　文氏補晉志　秦氏補晉志　吳氏補晉志　黃氏補晉志　藝文總志）《文氏補晉志》作《論語注》，《黃氏補晉志》作一卷，今有馬國翰輯本一卷，《經義考》未收。

49：《論語注》不著卷數　晉　周懷（丁氏補晉志　文氏補晉志　秦氏補晉志　吳氏補晉志　黃氏補晉志　藝文總志）文黃二氏《補晉志》作《周壞論語解》，《經義考》未收。

50：《論語贊》不著卷數　晉　謝道韞（文氏補晉志　秦氏補晉志　藝文總志　叢書子目類編）佚　《文氏補晉志》作《王凝之妻謝氏論語贊》，《經義考》未收。

51：《論語補衛瓘闕》二卷　劉宋　明帝（補宋書志　補梁志　補南北史志

隋志　舊唐志　新唐志　藝文總志　玉海　經義考）佚　《新舊唐志》作十卷乃合明帝補及衛瓘注，《經義考》作《論語續注》。

52：《論語疏》八卷　劉宋　張略等人撰（補宋書志　補梁志　隋志　藝文總志　玉海　經義考）佚。

53：《論語義》不著卷數　劉宋　伏曼容（補梁志　補南北史志　經義考）佚　《藝文總志》、《經義考》未收。

54：《論語注》十卷　劉宋　孔澄之（補宋書志　補梁志　隋志　藝文總志　經義考）佚。

55：《論語注》十卷　南齊　虞遐（補南齊志　補梁志　隋志　藝文總志　經義考）佚。

56：《論語注》一卷　南齊　顧歡（補南齊志）佚　今有馬國翰輯本一卷，參第八章輯佚類。《藝文總志》、《經義考》未收。

57：《論語訓注》一卷　南齊　沈驎士（補南齊志　經義考）佚　今有馬國翰輯本一卷，《藝文總志》未收。

58：《論語要略》　南齊　沈驎士（補南齊志　補南北史志）佚　《藝文總志》、《經義考》未收。

59：《論語注》不著卷數　南齊　祖沖之（補南齊志　補南北史志）佚　《藝文總志》、《經義考》未收。

60：《論語注》十卷　梁　曹思文（補梁志　隋志　藝文總志　經義考）佚。

61：《論語述義》二十卷　南齊　戴詵（舊唐志　新唐志　藝文總志　經義考）佚　《新唐志》、《經義考》義作議。

62：《論語隱義注》三卷　不著撰人（補梁志　隋志　舊唐志　新唐志　藝文總志　經義考）佚　《新舊唐志》作《論語義注隱》，誤倒。今有馬國翰、王仁俊、王謨三家輯本皆一卷，參第八章輯佚類。

63：《論釋》一卷　口　姜處道（吳氏補晉志　黃氏補晉志　補梁志　隋志　藝文總志　經義考）佚　《黃氏補晉志》誤作姜道處，《吳氏補晉志》、《經義考》作《論語論釋》，姚氏《考證》疑論下脫語字。

64：《論語注》十卷　口　許容（補南齊志　補梁志　隋志　藝文總志　經義考）佚。

65：《論語藏集解》一卷　口　應琛（丁氏補晉志　文氏補晉志　秦氏補晉志　吳氏補晉志　黃氏補晉志　補梁志　隋志　藝文總志　經義考）佚　姚振宗《隋志考證》云疑是「行藏集解」落「行」字。

66：《論語注》十卷　口　盈氏（丁氏補晉志　文氏補晉志　秦氏補晉志　吳氏補晉志　黃氏補晉志　補梁志　隋志　舊唐志　新唐志　藝文總志　玉海　經義考）佚　《新舊唐志》作《論語集義》。

67：《論語義注》三卷　不著撰人（補梁志　隋志　藝文總志　經義考）佚。

68：《續注論語》十卷　口　史辟原（秦氏補晉志　藝文總志　經義考）佚。

69：《論語標指》一卷　口　司馬氏（文氏補晉志　隋志　藝文總志　經義考）佚。

70：《論語注》七卷　口　盧氏（隋志　藝文總志　經義考）佚。

71：《論語修鄭錯》一卷　口　王氏（秦氏補晉志　吳氏補晉志　黃氏補晉志　補梁志　隋志　藝文總志　經義考）佚。

72：《論語難鄭》一卷　不著撰人（隋志　藝文總志　經義考）佚。

73：《論語注》不著卷數　梁武帝（經義考）佚　今傳有馬國翰輯本一卷，參第八章。《藝文總志》、《經義考》、《補梁志》未收。

74：《論語集注》十卷　梁　陶弘景（補梁志　補南北史志　隋志　藝文總志　經義考）佚。

75：《論語集解》十卷　梁　太史叔明（補梁志　隋志　藝文總志　玉海　經義考）佚　今有馬國翰輯本一卷，參第八章。

76：《論語義疏》十卷　梁　褚仲都（補梁志　隋志　舊唐志　新唐志　藝文總志　玉海　經義考）《新舊唐志》作《講疏》，今有馬國翰輯本一卷，參第八章輯佚類。

77：《略解論語》十卷　梁　釋僧智（補梁志　隋志　藝文總志　經義考）佚　《經義考》誤以《隋志》注僧智爲智略。

78：《論語義疏》十卷　梁　皇侃（補梁志　補南北史志　隋志　舊唐志　新唐志　宋四庫闕書目　宋志　四庫總目　經籍考　藝文總志　崇文總目　玉海　晁志　尤目　陳錄　鄭堂記　國學圖書總目　經義考　叢書子目類編　京都漢籍目錄　東京漢籍目錄）今傳有四庫本。

79：《論語注》不著卷數　梁　江避（補梁志　補南北史志）佚　《補梁志》作遜，《梁書》及《南史・何遜傳》作避，茲從之。《藝文總志》、《經義考》未收。

80：《論語說》不著卷數　口　熊埋（清志　重修清志）埋或作理，參第八章輯佚類。《藝文總志》、《經義考》未收。

81：《論語說》不著卷數　口　沈峭（清志　重修清志）今傳有玉函山房輯佚

書，參第八章輯佚類。《藝文總志》、《經義考》未收。

82：《論語疏》十一卷　陳　周弘正（補陳志　補南北史志）佚　《藝文總志》、《經義考》未收。

83：《論語義》二十卷　陳　張譏（補陳志　補南北史志　玉海　經義考）佚《補南北史藝文志》誤作二卷，《經義考》作十卷。《藝文總志》未收。

84：《論語義疏》　不著卷數　陳　顧越（補陳志　補南北史志　經義考）佚《藝文總志》未收。

85：《論語義記》　不著卷數　陳　沈文阿（補陳志　補南北史志）佚　《藝文總志》未收。

86：《論語解》不著卷數　北魏　崔浩（補魏書志　補南北史志）佚　《藝文總志》未收。

87：《論語注》不著卷數　北魏　盧景裕（補魏書志　補南北史志　隋志　隋志補　藝文總志）佚　《隋志考證》、《補魏書藝文志》皆疑《隋志》所載《論語》七卷盧氏撰即爲此書。《經義考》未收。

88：《論語注》不著卷數　北魏　陳奇（補魏書志　補南北史志　隋志補　藝文總志　經義考）佚。

89：《論語義疏》　不著卷數　北齊　李鉉（補北齊志　補南北史志　隋志補　藝文總志）佚　《經義考》未收。

90：《論語序論》不著卷數　北周　樂遜（補周書志　補南北史志　隋志補　藝文總志）佚　《經義考》未收。

（二）文字音義

1：《論語音》不著卷數　魏　何晏（顧氏補後漢志）佚　《藝文總志》、《經義考》未收。

2：《論語音》不著卷數　魏　王弼（顧氏補後漢志）佚　《藝文總志》、《經義考》未收。

3：《論語音》不著卷數　晉　衛瓘（藝文總志）佚　《藝文總志》稱丁氏《補晉志》有之，原書查無，未審何據？

4：《論語音》不著卷數　晉　繆播（吳氏補晉志　黃氏補晉志　藝文總志）佚　《經義考》未收。

5：《論語音》二卷　晉　徐邈等（丁氏補晉志　秦氏補晉志　吳氏補晉志　黃氏補晉志　補梁志　隋志　舊唐志　新唐志　藝文總志　經義考）

佚。

6 :《論語音》不著卷數　晉　李充（吳氏補晉志　黃氏補晉志　藝文總志）佚　《經義考》未收。

（三）古、魯論語

1 :《魯論解》不著卷數　吳　韋昭（補三國志　藝文總志）佚　《經義考》未收。

2 :《古論語義注譜》一卷　口　徐氏（丁氏補晉志　秦氏補晉志　吳氏補晉志　補梁志　隋志　舊唐志　新唐志　藝文總志　玉海　經義考）佚　疑即徐邈之作。

（四）讖　緯

1 :《宋均論語讖注》八卷　魏　宋均（補續漢志　侯氏補後漢志　三國藝文志　補梁志　隋志　舊唐志　新唐志　藝文總志　國學圖書總目　經義考）《新舊唐志》作《論語緯》十卷，今傳有黃奭、馬國翰輯本，參第八章。

（五）其　它

1 :《論語君子無所爭》一卷　晉　庾亮（丁氏補晉志　文氏補晉志　秦氏補晉志　吳氏補晉志　黃氏補晉志　補梁志　隋志　藝文總志）佚。

2 :《論語義注圖》十二卷　不著撰人（吳氏補晉志　補梁志　隋志　藝文總志　玉海　經義考）佚。

3 :《論語雜問》一卷　不著撰人（隋志　藝文總志　經義考）佚。

第二節　魏晉南北朝論語學概述

魏晉南北朝經學之發展，無論就解經形式和經義闡述而言，皆與兩漢有顯著不同，此期論語學亦然。就解經形式而言：兩漢解經書的著作，有故、傳、說、記、章句諸種稱謂，略可分作「解詁」和「章句」兩種。「解詁」多爲解釋字詞；「章句」則以解說諸經之文義爲主，又因兩漢經學傳授，主要是博士傳其弟子，爲求完備，則不免繁冗，其所傳授內容，經寫定之後，即是章句，亦即家法。由於師法家法之異，導致注解家諸說歧義，故至魏晉時，便有人取各家注解，經過取舍，附以己見，成「集解」或「集注」。集解（注）之性質正如何晏《論語集解》所云：

前世傳授，師說雖有異同，不為訓解，中間之為訓解，至今多矣。所見不同，互有得失，今集諸家之善，記其姓名，有不安者，頗為改易。

於集解之外，另有以「義」名書之解經著作，如陳群、周生烈的《論語義說》；王濛、伏曼容的《論語義》。此所謂「義」者，乃講義理之著作，非以訓詁字義為主，其發明理旨，頗近章句。而南北朝人義疏著作頗為興盛，其體例正和分章逐句解經之章句相同，梁啓超稱：

夫隋唐義疏之學，在經學界中有特別價值，此人所共知矣。而此種學問實與佛典疏鈔之學同時發生，吾固不敢逕指此為翻譯文學之產物，然最少必有彼此相互之影響，則可斷言也。(《佛學研究十八篇．翻譯文學與佛典》)

南北朝之義疏，乃由漢代章句衍變而來，其體非仿佛典疏鈔。然儒經義疏之撰寫形式，間受佛書影響〔註 1〕。今存最完整的義疏之作為皇侃《論語義疏》，其他如顧越、李鉉之《論語義疏》，則已亡佚而難窺其全貌。就經義的闡述而言，魏晉之時，玄學思想興盛，當時學者於談玄說理之間，往往援道入儒，其精神與漢學已大不相同。清陳澧《東塾讀書記》云：

《何注》始有玄虛之語，如子曰「志於道」，注云：道不可體，故志之而已；「回也其庶乎屢空」，注云：一曰空猶虛中也。自是以後，玄談競起。(卷二)

吳承仕《經典釋文序錄疏證》於〈皇侃撰論語義疏行於世〉下云：

自何氏《集解》以訖梁陳之閒，說《論語》者義有多家，大抵承正始之遺風，標玄儒之致遠。

對於此種儒道思想之混合，湯予錫《魏晉玄學論稿》曰：

三國晉初，教育在於家庭，家庭之禮教未墜，故名士原均研儒經，仍以孔子為聖人。玄儒中人於儒學，非但未嘗廢棄，而且多有著作。王何之於周易、論語，向秀之易、郭象之論語，固悉當代之名作也。(〈論言意之辨〉)

至南北朝時期，南北學風各有所轉，江左經學除夾雜魏晉清談玄學成份外，當時若干學者，亦漸受到佛教思想影響，如《宋書．隱逸傳》稱：

〔註 1〕以上所言，乃依據戴君仁〈經疏的衍成〉(《經學論文集》)之說，牟潤孫則主群經義疏仿自釋氏，曾撰〈儒釋兩家之講經與義疏〉一文，載於《新亞學報》四卷二期，可參考。

雷次宗少入廬山，事沙門釋慧遠，篤志好學，尤明三禮。

《梁書・儒林傳》云：

伏曼容少篤學，善老易……爲周易、毛詩、喪服集解，老莊論語義。

嚴植之少善莊老，能玄言，精解喪服孝經論語。

亦有佛門弟子注釋儒籍，如宋釋慧琳有《論語說》、梁釋僧智有《略解論語》。馬國翰《玉函山房輯佚書》〈釋慧琳論語說輯本序〉云：

夫六朝風尚，文人學士莫不佞佛而皈依梵教者，（釋慧琳）乃欲托儒業以顯名，亦可謂鄉黨自好者已。雖非醇旨，可以恕論。

正可說明當時儒釋之相互交流。無論魏晉時期之援道入儒，或後來更參雜釋教，本時期以玄釋經的特色，實已和漢儒治經的態度大異其趣。

今就魏晉與南北朝，分述其論語學之梗概於後：

一、魏晉論語學概述

自漢末鄭玄遍注群經，兼採今古文之說，爲學者所從，三國時，鄭學之徒遍天下，能與鄭學立異者，魏有王肅。王肅亦遍注群經，博洽亦如鄭玄，而好攻鄭玄，因其父王朗爲魏開國元勳，己又顯貴，故其所撰述群經注及撰定其父王朗所作易傳，皆列於學官（見《三國志・魏志》本傳）。鄭、王二人皆爲經學史上的關鍵人物，漢代經今古文之爭，至此卻成鄭王之爭，王肅經學出，對鄭學而言，乃一大衝擊，皮錫瑞《經學歷史》甚至稱：「鄭學出而漢學衰，王肅出而鄭學亦衰」。《隋志》載《王肅注論語》十卷、《論語釋駁》三卷，唯多已亡佚，僅馬國翰有輯本一卷，王肅論語注解藉以略存一二〔註2〕。

《晉書・儒林傳》稱：

是以講明六藝，鄭王是集漢宋之宗；演說老莊，王何爲開晉之始。

鄭王之爭，兩人治經態度，仍同於漢儒。至王弼、何晏其以玄釋經之法，便不同於漢儒，而開魏晉南北朝治經之新趨向。此種新方式之產生，實與經學衰落及玄

〔註2〕鄭王之爭，有人認爲鄭不如王，如清萬斯大《學禮質疑》卷一卷二；有人認爲王不如鄭，如丁晏《尚書餘論》、《經義雜記》指其好名，變亂家法。侯康所補三國藝文志〈王肅聖證論〉條下說：「王肅解經，平易近人，故晉宋以下多從之。近世崇尚鄭學，攻肅者幾於身無完膚，平心而論，肅經解豈無一得，其立異於鄭，猶鄭之立異於賈馬，何許此得彼失，本可並存。」可謂持平之論。而王肅何以要難鄭及〈王肅論語注解佚文考釋〉，均可參考李師振興所著《王肅之經學》一書（六十八年政大博士論文）

學興起有關。始倡玄風的王何二人，范寧斥之爲：「二人之罪，深於桀紂」(《晉書》卷七十五)，就學術流變觀點而言，王何能開創新局，實有其功，正如朱彝尊《經義考》言：

何晏〈論語集解序〉，論簡而文古，數百年講論之大意，賴以得存，經晏說者，皆異於諸家，蓋後世精理之學，以何晏、王弼爲祖，始破經生專門之陋。(卷二百十一　引葉適之言)

兩漢章句訓詁注經之法，至王、何二人時，轉變爲以玄釋經之治學方法〔註3〕，並蔚爲風氣，如《東塾讀書記》云：

六十而耳順，孫綽云：耳順者，廢聽之理也，朗然自玄悟，不復投而後得。子畏於匡，孫綽云：兵事阻險，常情所畏，聖人無心，故即以物畏爲畏也。久矣吾不復夢想周公，李充云：聖人無想，何夢之有？蓋傷周德之日衰，故寄慨於不夢。吾不試故藝，繆協云：兼愛以忘仁，游藝以去藝。顏淵死，子哭之慟，繆協云：聖人體無哀樂，而能以哀樂爲體，不失過也；郭象云：人哭亦哭，人慟亦慟，蓋無情者與物化也。修己以安百姓，郭象云：以不治治之，乃得其極。君子道者三，我無能焉。江熙云：聖人體是極於沖虛，是忘其神武，遺其靈智。其尤甚者，回也其庶乎屢空，顧歡云：夫無欲於無欲者，聖人之常也；有欲於無欲者，聖人之分也；二欲全無，故全空以目聖；一有一無，故每虛以稱賢。太史叔明申之云：按其遺仁義，忘禮樂，隳支體，黜聰明，坐忘大通，此忘有之義也；忘有頓盡，非空如何？若以聖人驗人，聖人忘忘，大賢不能忘忘，不能忘忘，心復爲未盡，一未一空，故屢名生也焉。此皆《皇侃疏》所來，而皇氏玄虛之說尤多，甚至謂原壤爲方外聖人，孔子爲方內聖人。(卷二)

魏晉時重要玄學家，多有《論語》方面著作，如王弼有《論語釋疑》，何晏有《論語集解》、郭象有《論語體略》、《論語隱》、孫綽有《論語集解》、王濛有《論語義》、

〔註3〕汪惠敏〈何晏論語集解考辨〉(《孔孟學報》第三五期)，獨謂何氏之作並無虛玄之語，汪氏以吳承仕《經典釋文序錄疏證》於〈皇侃撰論語義疏行於世〉下云：「自何氏集解以訖梁陳之間，說論語者義有多家，大抵承正始之遺風，標玄儒之致遠；辭旨華妙，不守故常，不獨漢師家法，蕩無復存，亦與何氏所集者異趣矣。」遂以爲吳氏稱何晏未以玄釋經，竊以爲吳氏指「何氏所集者」之意，是「何晏集孔安國、馬融、包氏、周氏、鄭玄、陳群、王肅、周生烈義」(〈經典釋文序錄〉)諸家之說，當然與玄儒合流者異趣；至若何晏自注部份以易老入論語，陳金木有〈何晏論語集解用玄理注書問題的檢討〉一文(《孔孟月刊》二十三卷五期)詳爲剖析，可參之。

庾亮有《論語君子無所爭》等。何晏、孫綽爲諸家注作集解，經此蒐集、取舍之工夫，雖予讀者很大方便，但因其所集，幾乎皆爲各家精華，因此由於集解之成書，反造成前人傳注之亡佚，此一現象，此後亦有類似情形。

本期《論語》著述中，有魏宋均《注論語讖》，乃對東漢以來之讖緯學作更進一步的整理與發揚。此外尚有論語音的著述，如徐邈、李充等人皆著有《論語音》，今雖都亡佚而不可考，但本期正處於中國聲韻之變遷時期〔註4〕，已和兩漢有所不同，因此字音方面著作應時而生。

二、南北朝論語學概述

自晉室南遷，南北分立，除政治上對立外，南北朝之經學，亦各不相同，其中較明顯者有下列三項〔註5〕：

一、南北說經各有所宗，北尊鄭玄，南崇何晏。

二、南朝說經雜有玄理，北朝尚不失樸實。

三、南朝君王重視經學程度不如北朝。

南北朝《論語》之流傳，亦如同經學大勢所趨，北方崇尚鄭玄注，南朝則採用何晏注：

> 梁陳之時，唯鄭玄、何晏立於國學，而鄭氏甚微。周齊鄭學獨立。至隋，何鄭並行，鄭氏盛於人間。(《隋書・經籍志・經部・論語類》)
>
> 漢世鄭玄並爲眾經注解，服虔、何休各有所說，玄易、詩、書、禮、論語、孝經，虔左氏春秋，休公羊傳，大行於河北。(《北史・儒林傳序》)

今依簡師博賢所著《今存南北朝經學遺籍考》，分南北朝《論語》著述爲二類：

（一）論語玄說之風尚

如釋慧琳著《論語說》，可謂儒釋雙修之人物；范麟士有《論語訓注》，馬國翰《玉函山房輯佚書》〈沈氏輯本序〉稱：「其說亦涉玄宗，而文筆清俊可喜。」；顏歡有《論語注》，馬氏輯本序稱：「語涉沖玄，聃周餘緒……然清辨滔滔，其味

〔註4〕此處依林尹《中國聲韻學通論》，頁11～12（黎明版）所分之六期：第一期，紀元前十一世紀至前三世紀（周秦），第二期，前二世紀至二世紀（兩漢）；第三期，三世紀至六世紀（魏晉南北朝）；第四期，七世紀至十三世紀（隋唐宋），第五期，十四世紀至十九世紀（元明清），第六期，二十世紀（現代）。

〔註5〕以下三項說法，乃本李師威熊《中國經學發展史論》一書，頁238～240（文史哲出版社）之說。

雋永。」；皇侃《論語義疏》，詳論於後，此處從略；太史叔明《論語集解》，馬氏輯本序稱：「語涉沖虛，出入釋氏，與王弼、郭象二家相近。聽從者眾，亦當代風趨然也。」；褚仲都《論語義疏》，猶是何晏餘緒。

（二）魏晉玄風下之樸學

如顏延之《論語說》，馬氏輯本稱：「覽是篇者，應嘆江左之士，說經鏘鏘，非徒以錯彩鏤金，齊名康樂已也。」；梁武帝《論語注》，簡師稱其「頗存漢儒古義，史謂武帝洞達儒玄，似尚玄風矣。然說經多見樸質，語皆有據，亦可貴也。」

南北朝經學，義疏之體，爲一時風尚，其中褚仲都、皇侃、顧越、李鉉等人，皆著有論語義疏，至今僅皇侃《義疏》尚爲完帙。然前人對此書之評論，毀譽參半。或稱其「援證精博，爲後學所宗」(《郡齋讀書志・後志》卷一)，或譽爲「博極群言，補諸家之未至，爲後學所宗」(宋王應麟《玉海》卷四十一引國史志)；或斥爲「用佛氏語說經，殊乖說經之體」(清陳澧《東塾讀書記》卷二)，或指出其未備「所載魏晉諸儒講義，多涉清玄；於宮室衣服諸禮，闕而不言。」(劉恭冕〈論語正義後序〉)。概略言之，皇侃取材以何晏《集解》爲主，旁稽江熙所集衛瓘、繆播、欒肇、郭象、蔡謨、袁宏、江淳、蔡系、李充、孫綽、周壞、范寧、王珉等十三家之言，又引王朗、繆協、殷仲堪、顏延之、釋慧琳、沈麟士、顧歡、梁武帝、沈峭、熊埋諸家之說，眞可謂博極群籍，尤其書中所引，今多已佚，唯藉《皇疏》，方得一窺梗概，故被譽爲後學所宗，並不爲過。至於被批評援入佛老以釋經，實與當時社會風氣、學術風尚等因素相關，亦是一代學風之表現，況宋時邢昺作《正義》，亦因皇侃所採諸儒之說，刊定爲成，《四庫提要》稱《邢昺疏》「大抵翦皇氏之枝蔓而稍傅以義理」(卷三五)，是皇侃不無先河後海之功，知此，可免深責矣。

第四章　隋唐五代《論語》著述綜錄及論語學概述

第一節　隋唐五代《論語》著述綜錄

《隋書・經籍志》除收隋代著述外，兩漢魏晉之書也並列其中，唯隋代《論語》著作不豊，雖有諸家書目，實未能超出《隋志》所載。其中張沖《論語義疏》、劉炫《論語疏》，《補南北史志》亦未收入，為時代斷限問題；另不著撰人《論語義疏》，《經義考》或以其為張沖書，故未收入。

以《兩唐志》所載《論語》部分相較而言，《新唐志》多出三部。《新舊唐志》未收而為他志所補，《經義考》有一種；《宋志》有三種。侯喜《論語問》、李磎《注論語》獨見於《經義考》，為其他書家所未載。五代有顧櫰三《補五代史藝文志》，唯未載有《論語》著述，僅述及雕板九經中有《論語》。隋唐五代之《論語》著述，《藝文總志》計有三種未收入，《經義考》兩種。

（一）傳　注

1 ：《論語義疏》十卷　隋　張沖（補南北史志　隋志　隋志補　藝文總志　玉海　經義考）佚　《隋志補》作《論語義》，《隋志》作二卷。

2 ：《論語義疏》八卷　不著撰人（隋志　藝文總志）佚　姚振宗《隋志考證》疑即張沖書也，《經義考》未收。

3 ：《論語講疏文句義》五卷　隋　徐孝克（隋志　藝文總志　玉海　經義考）佚　《隋志》注云殘缺，非其全也。

4 ：《論語章句》二十卷　隋　劉炫（補南北史志　隋志　舊唐志　新唐志

藝文總志　玉海　經義考）《補南北史志》、《隋志》、《玉海》、《經義考》又名《論語述義》十卷，本傳「義」作「議」。

5 ：《論語疏》十五卷　唐　賈公彥（舊唐志　新唐志　藝文總志　玉海　經義考）佚　《玉海》作十卷。

6 ：《論語品類》七卷　唐　陳銳（宋志　藝文總志　經義考）佚　《經義考》作陳蛻，《舊唐志》、《新唐志》未收。

7 ：《論語注》十卷　唐　韓愈（新唐志　藝文總志　經義考）佚。

8 ：《論語筆解》二卷　唐　韓愈（宋志　四庫總目　經籍考　藝文總志　玉海　晁志　尤目　陳錄　鄭堂志　國學圖　書總目　經義考　叢書子目類編　京都漢籍目錄　東京漢籍目錄　宋四庫闕書目）舊本題韓愈、李翺同注，今傳有宋刻本。《舊唐志》、《新唐志》未收。

9 ：《論語問》不著卷數　唐　侯喜（經義考）《舊唐志》、《新唐志》未收。

10：《論語注辨》二卷　唐　張籍（新唐志　藝文總志　經義考）佚。

11：《論語樞要》十卷　唐　馬總（宋志　藝文總志　經義考　宋四庫闕書目）佚　《舊唐志》、《新唐志》未收。

12：《注論語》不著卷數　唐　李磎（經義考）《藝文總志》未收。

13：《論語注》十卷　□　張氏（舊唐志　新唐志　藝文總志）佚　《舊唐志》作孫氏，《經義考》未收。

14：《論語雜義》十三卷　不著撰人（舊唐志　新唐志　藝文總志　經義考）佚。

15：《論語剔義》十卷　不著撰人（舊唐志　新唐志　藝文總志　經義考）佚。

（二）文字音義

1 ：《論語釋文》一卷　唐　陸德明（舊唐志　新唐志　宋四庫闕書目　藝文總志　陳錄　文淵目　內閣書目　經義考　叢書子目類編　宋四庫闕書目）又名《論語音義》。

2 ：《論語刊誤》二卷　唐　李涪（新唐志　宋四庫闕書目　宋志　四庫總目　藝文總志　經義考）《新唐志》入〈子部小說家類〉、《四庫》入〈子部雜家類〉、《藝文總志》入〈五經總義類〉。

（三）其　它

1 ：《次論語》十卷　唐　王勃（舊唐志　新唐志　藝文總志　經義考）佚

《舊唐志》作五卷，《經義考》入〈擬經類〉。

（四）雕板、石經

另有唐開成石經、後唐雕板論語、後蜀石經論語。

第二節　隋唐五代論語學概述

隋唐兩代論語學與秦漢類似，在政治上，秦、隋是漢、唐的過渡期；如就經學的研究而言，秦、隋兩代皆無重大貢獻，而漢、唐則由於國家統一較久，國力強大，經學的發展遂有走向大一統之趨勢。

南北朝末年，南北經學已逐漸趨於合流，南學北化，北學輸南。至隋代，在政治上雖是北方統一南方；然就經學而言，卻是北學漸衰，南學獨盛〔註 1〕。至於隋代論語學的情形是：「何、鄭並行，鄭氏盛於人間」（《隋書・經籍志》），此乃與《隋志》在前面所提及：「梁陳之時，唯鄭玄、何晏立於國學，而鄭氏甚微」之言相形比較的結果。隋文帝即位之初，雖然也曾崇儒尊學，然晚年，竟不喜儒學，甚至廢天下之學；煬帝即位，雖「復開庠序，國子郡縣之學，盛於開皇之初」，但卻是「空有建學之名，而無弘道之實，其風漸墜，以至滅亡」（《隋書・儒林傳》），加以國祚不久，經學上也就無重大特殊成就，在《論語》著述方面，僅有張沖的《論語義疏》、徐孝克的《論語講疏文句義》、劉炫的《論語章句》等數家之言，而此輩，概為南北朝時期，所遺留下來之老師宿儒，其著作至今亦皆亡佚而無從一探究竟。

唐代經學乃上承南北朝，以正義、義疏之學為主流，復與當時科舉制度也上承南北朝有密切關係。初唐時，高祖及太宗，皆致力於經術的弘揚。因治經之需，須先求文字上的一致，遂有顏師古五經訂本的產生；由經書文字之統一，更纂修《五經正義》，使治學者於文字和訓義上皆有所遵循。高宗時，將《五經正義》立為官修之經學標準本，亦為明經科舉之依據，皮錫瑞即稱：

> 自《正義》定本頒之國胄，用以取士，天下奉為圭臬。唐至宋初數百年，士子皆謹守官書，莫敢異議矣。故論經學，為統一最久時代。（《經學歷史・經學統一時代》）

〔註 1〕北學反并入南學之原因，馬宗霍《中國經學史》第九篇〈隋唐之經學〉、皮錫瑞《經學歷史》第七章〈經學統一時代〉、汪惠敏《南北朝經學初探》（六十五年輔大中文碩士論文）第六章〈南學之盛與北學之衰〉，皆曾提及，可參看。

而據《唐六典》所載，參加明經科考試，除了要通五經外，且須兼通《孝經》、《論語》〔註2〕，而《論語》係採鄭玄、何晏兩家注〔註3〕。唐代乃經學統一時代，科舉上雖是鄭、何注並行，然自隋統一天下以來，向來是南學獨盛之局，陸德明稱：

> （何晏）爲《集解》，正始中上之，盛行於世，今以爲主。（〈經典釋文序錄〉）

又文宗開成年間刻石經，《論語》是用何晏《集解》注本之經文，由此可看出，唐代所流行本子，正是南學所尊之何晏《集解》。而鄭玄注，在唐人早年的著述中，如孔穎達《五經正義》、歐陽詢《藝文類聚》、虞世南《北堂書鈔》……諸書，晚至開元年間的《大唐開元占經》、徐堅《初學記》等，都曾徵引《集解》所未引之《論語》鄭氏注；然自天寶末年安史之亂起，經歷五代十國，凡二百年間，鄭玄注則因戰亂而亡佚不存〔註4〕。

唐代治經，最大成就是義疏之學，而缺少宏揚經義之鉅著產生，其原因，一來由於群經經過一千年來之研究，前人用力已深，後人難再有所突破；二來受到唐代科舉明經的影響〔註5〕。官學執守一家之言，而明經取士又重記憶，爲了帖經〔註6〕，不講究思考，當然便不求貫通經義。利祿之途使然，便少有人能專心爲治經而治經。唐代學者多致力佛學及文學，研治儒學者漸稀〔註7〕；初唐時尚有陸德明撰《論語音義》、賈公彥撰《論語疏》、王勃撰《次論語》，此後則從事於箋注論語者益鮮。於群經義疏大一統主流下，亦有反正統之支流〔註8〕；《新唐書》記載：

〔註 2〕《唐六典》卷二〈吏部員外郎〉條。

〔註 3〕《唐六典》卷二一〈國子祭酒司業〉條。

〔註 4〕以上所言《鄭氏注》存佚情形，乃據鄭靜若之說，詳參鄭著《論語鄭氏注輯述》，第五章〈論語鄭氏注之流傳與存佚〉。

〔註 5〕高明士有〈唐代貢舉對儒學研究的影響〉（六十年國科會論文）、王萬福有〈唐代科舉制度與經學教育〉（《第一屆國際唐代學術會議》發表論文）、李師威熊《中國經學發展史論》，第六章〈隋唐經籍及義疏之學〉，皆曾論及科舉制度對治經的影響。

〔註 6〕帖經也稱爲帖括，即顧炎武所稱的：「令其全寫注疏，謂之帖括」（《日知錄》卷十六），馬端臨《文獻通考》也談到帖經的情形：「帖經者，以所習經，掩其兩端，中間唯開一行，裁紙爲帖，凡帖三字，隨時增損，可否不一，或得四、或得五、或得六，爲通。」（卷二十九〈選舉考〉）

〔註 7〕牟潤孫以爲「才智之士，講求名理者，乃多皈依釋氏，逃之方外，開中國佛教史上唐代之新局」（〈唐初南北學人論學之異趣及其影響〉，《香港中文研究所學報》第一卷）；而高宗武后以後，重文吏、薄儒術，又明經考試以帖經墨義爲功，因此「士鄙其學而不習，國家亦賤其科而不取，故惟以攻詩賦中進士舉者爲貴」（《文獻通考》卷三十〈選舉〉三）。

〔註 8〕此思想上之反動，於社會上並未造成普遍風氣，眞正形成風潮，須至宋以後，王應麟《困學紀聞》引陸游之言：「唐及國初，學者不敢議孔安國、鄭康成，況聖人乎？

大曆時，助、匡、質以春秋，施士匄以詩，仲子陵、袁彝、韋彤、韋茝以禮，蔡廣成以易，強蒙以論語，皆自名其學。（卷二百〈儒學傳〉）

雖然唐代宗大曆年間，有強蒙治論語不守舊說，但本身卻無多大影響，直至中唐憲宗時，韓愈、李翺作《論語筆解》，以意說經，開宋儒以義理解經之先河，劉師培即云：

唐韓愈、李翺作《論語筆解》，附會穿鑿，緣詞生訓，遂開北宋說經之先。（《經學教科書》第一冊）

又云：

即韓愈、李翺，亦作《論語筆解》，緣詞生訓，曲說日繁，此皆以己意說經之書也。蓋《正義》之失，在于信古過篤；惟信古過篤，故與之相反者，即以蔑古逞奇。故唐人說經之穿鑿，不可謂非孔氏《正義》之反動力也。（《國學發微》）

從《筆解》中可看出有強烈排斥舊注之態度，因此極易導致尋求新解的方向，正因力求新解，故不免有以己意說經之弊。而《論語筆解》雖以引儒家言爲主，但亦不乏老莊語，並雜有佛家語，與其說是一種會通，毋寧說是爲儒家心性之學；藉禪宗新起之方法論，尋找論證之根據；帶來儒學研究之新氣象〔註 9〕。

《唐書》稱唐代儒學自安祿山之禍後，其大事僅「文宗定五經，鑱之石，張參等是正訛文，寥寥一二可紀」（卷二百〈儒學傳〉）。唐石經始刊於太和七年，完成於開成二年（837），由鄭覃主其事。據《唐會要》卷六十六所載，所刻除九經外，並《孝經》、《論語》、《爾雅》，共十二經。其中《論語》所刻字數，據朱彝尊〈唐國子學石經跋〉（《曝書亭集》五十），共一萬六千五百九字。而唐石經皆白文無注，標題次行書「某某注」，即其所據版本，其中《論語》所據的本子，今拓本尚多稱其爲何晏《集解》（〈唐石經校文〉）。

唐後的五代十國，天下動盪五十餘年，於經學上，自無重大成就，値得一說者，僅後蜀刻石經及後唐雕版印刷經書兩件大事。蜀石經始刊於孟昶廣政元年，成於宋徽宗宣和元年，據曾宏父所稱，石經論語完成於廣政七年（〈石刻鋪敘〉），其所據版本是唐石經，然唐石經僅白文無注，西蜀石經依集解本並刻其注文，共三萬五千三

（卷八）

〔註 9〕以上《論語筆解》之特色，乃本王明蓀〈論語筆解試探〉之說，《孔孟學報》第五十二期。另有王能傑《李習之研究》（六十六年東海中文碩士論文）第六章第二節也有專文討論。

百六十八字〔註 10〕。蜀石經今已亡佚，馮登府曾就殘碑遺字，考核異文，可供參考。而據《五代會要》卷八所載，知後唐宰相馮道，創議刻書，凡刻《易》、《詩》、《書》、《三禮》、《三傳》、《孝經》、《論語》、《爾雅》、《五經文字》、《九經字樣》、《經典釋文》等書，稱之爲五代監本。王國維〈五代兩宋監本考〉、昌彼得〈論語版本源流概述〉(《孔孟月刊》二卷八期)，皆以此次所刻，是以唐石經經文做藍本，另加何晏《集解》注文而成，然惜無傳本。

〔註 10〕數字依據《郡齋讀書志》趙希弁附志所記，曾宏父〈石刻鋪敘〉則爲三萬五千七百三十九字，差三百七十一字。

第五章　兩宋《論語》著述綜錄及論語學概述

第一節　兩宋《論語》著述綜錄

有關宋代《論語》著述，綜理諸家目錄所得計二百八十五種。其中《宋志》所收詳於《論語》，略於《四書》；而未見於其他宋代書目者，凡三十三種，反之，爲十七種，據此，則《宋志》舛謬未如趙士煒〈宋國史藝文志輯本序〉所稱：「元以異族入主中華，其史官學識淺陋，故《宋史》疏略，而〈藝文志〉尤紕謬，重覆顛例，不可枚數，《四庫》譏其爲諸史志中最叢脞者」之嚴重。宋代諸目未載而經後代書目所補者計一百七十四種，其中《經義考》獨得一百五十九種、《內閣書目》三種、《四庫提要》二種、《千頃目》一種。而宋代諸書目獨載，有《晁志》一種、《宋四庫闕書目》、《尤目》各二種、《玉海》六種，其中王應麟考據精審，所作《玉海》雖爲類書，但不無參考價值，惜後人罕知引用。《經義考》所載雖多有他家所未收者，惜多不詳其所自來者，使人覽之茫然，而此期《論語》著述，其未收者計二十三種。見於他家書目而《藝文總志》未收者，達一百八十四種，佔總數六成以上。

一、《論語》部分

（一）傳　注

1 ：《論語正義》十卷　宋　邢昺（宋志　四庫總目　經籍考　藝文總志　崇文總目　玉海　晁志　尤目　陳錄　鄭堂志　國學圖書總目　經義考

叢書子目類編　京都漢籍目錄　東京漢籍目錄）今僅存與何晏《集解注疏》合刻本，《四庫》著錄作二十卷即注疏合刻本，今傳有宋嘉泰間兩浙東路刊本，爲注疏合刻之祖本。

2：《論語解義》十卷　宋　鄭汝（宋志　藝文總志）佚　《經義考》未收。

3：《論語講義》二卷　宋　陳儀之（宋志　藝文總志）佚　今有詒經堂本，《經義考》未收。

4：《論語傳》一卷　宋　高端叔（宋志　藝文總志）佚　《經義考》未收。

5：《論語增注》十卷　宋　宋咸（宋志　藝文總志　尤目　經義考）佚。

6：《論語集解辨誤》十卷　宋　周式（宋四庫闕書目　宋志　藝文總志　玉海　經義考）佚　《經義考》載別有《續》一卷，《宋四庫闕書目》入小學類，《宋志》作《周武集解辨誤》，《藝文總志》複出。

7：《論語摘科辨解》十卷　宋　紀亶（宋志　《藝文總志》　經義考）佚。

8：《論語集解》十卷　宋　杜莘老（經義考）佚　《藝文總志》未收。

9：《論語集解》不著卷數　宋　余象（經義考）佚　《藝文總志》未收。

10：《論語增注》不著卷數　宋　阮逸（經義考）佚　《藝文總志》未收。

11：《論語精義》二十一卷　宋　勾徽（宋四庫闕書目　藝文總志　文淵目　經義考）佚　《宋四庫闕書目》入小學類，《經義考》作《勾徽論語精義》二十卷。

12：《論語》　不著卷數　宋　周敦頤（經義考）佚　《藝文總志》未收。

13：《論語註》十卷　宋　王令（宋志　經籍考　藝文總志　晁志　尤目　陳錄　經義考）佚。

14：《論語解》十卷　宋　王安石（經籍考　玉海　晁志　經義考）佚　《藝文總志》未收。

15：《論語通類》一卷　宋王安石（宋志　藝文總志　經義考）佚。

16：《論語口義》十卷　宋王雱（宋志　經籍考　藝文總志　玉海　尤目　經義考）佚　宋志作《王雱解》，今從《經義考》。

17：《語義》十卷　宋　呂惠卿（宋志　藝文總志　經義考）佚。

18：《論語說》十卷　宋　孔武仲（宋志　藝文總志　經義考）佚。

19：《論語纂》十卷　宋　蔡申（宋四庫闕書目　宋志　藝文總志　經義考）佚　《秘書續目》入小學類。

20：《論語解》不著卷數　宋　王端禮（經義考）佚　《藝文總志》未收。

21：《論語說》不著卷數　宋　史通（經義考）佚　《藝文總志》未收。

22：《論語講義》不著卷數　宋　何執中（經義考）佚　《藝文總志》未收。

23：《元祐論語要義》不著卷數　宋　呂公著（玉海）佚　《藝文總志》、《經義考》未收。

24：《論語解》四卷　宋　蘇軾（宋志　經籍考　藝文總志　玉海　晁志　陳錄　文淵目　經義考）佚　《經義考》別引《通考》作十卷，云未見。

25：《論語傳》不著卷數　宋　蘇軾（尤目）佚　《藝文總志》、《經義考》未收。疑即《論語解》。

26：《論語拾遺》一卷　宋　蘇轍（宋志　四庫總目　經籍考　藝文總志　玉海　尤目　陳錄　文淵目　內閣書目　鄭堂志　國學圖書總目　經義考　叢書子目類編　京都漢籍目錄）無單行本，載《欒城集》及《兩蘇經解》中。

27：《論語注》十卷　宋　王鞏（經籍考　玉海　經義考）佚　《經籍考》作《王定國論語》，《藝文總志》未收。

28：《論語解》十卷　宋　鄒浩（宋志　藝文總志　經義考）佚　《經義考》作《論語解義》。

29：《重注論語》十卷　宋　劉正容（宋志　藝文總志　經義考）佚　《經義考》「容」作「叟」。

30：《論語解》不著卷數　宋　龔原（宋志　藝文總志　經義考）佚　《經義考》作《論語全解》。

31：《論語全解》十卷　宋　陳祥道（四庫總目　藝文總志　文淵目　內閣書目　國學圖書總目　經義考　叢書子目類編）今傳本或作《論語全解義》，有洽經堂本。

32：《論語講義》五卷　宋　晁說之（宋志　經籍考　藝文總志　晁志　尤目　經義考）佚　《經義考》引《通考》作十卷，云未見。

33：《論語說》一卷　宋　程頤（宋志　經籍考　藝文總志　玉海　晁志　尤目　國學圖書總目　經義考）今傳本載《二程全書》伊川經說中，《經義考》別引《通考》、《玉海》作十卷，云未見。

34：《論語說》二十卷　宋　范祖禹（宋志　經籍考　藝文總志　玉海　晁志　經義考）殘存於朱熹《論語集義》中，《經義考》別引《通考》、《玉海》作十卷，云未見。

35：《論語解》十卷　宋　呂大臨（宋志　經籍考　藝文總志　玉海　晁志　尤目　經義考）殘存於朱熹《論語集義》中。

36：《論語解》十卷　宋　謝良佐（宋志　經籍考　藝文總志　玉海　晁志　陳錄　經義考）《經義考》云未見。　殘存於朱熹《論語集義》中。

37：《論語說》一卷　宋　侯仲良（宋志　藝文總志　經義考）殘存於朱熹《論語集義》中。

38：《論語解》十卷　宋　游酢（經籍考　玉海　陳錄）佚　《藝文總志》、《經義考》未收。

39：《論語雜解》一卷　宋　游酢（宋志　四庫未收書　藝文總志　經義考）佚　《經義考》云未見，今無單行本，收入《游定夫先生集》中，《四庫全書》有之。

40：《論語解》二卷　宋　楊時（宋志　經籍考　藝文總志　玉海　晁志　尤目　陳錄　文淵目　經義考）佚　殘存於朱熹《論語集義》中，《經義考》云未見，《尤目》、《陳錄》作《龜山論語解》，《文淵目》作《論語慈湖解》。

41：《論語解》十卷　宋　尹焞（宋志　經籍考　藝文總志　玉海　晁志　陳錄　經義考）《經義考》云未見，《藝文總志》「焞」誤作「淳」。　殘存於朱熹《論語集義》中

42：《論語說》一卷　宋　尹焞（宋志　藝文總志　經義考）佚　《經義考》云未見，《藝文總志》「焞」誤作「淳」。

43：《論語集解》不著卷數　宋　王蘋（尤目　經義考）佚　《尤目》作《王伯信論語解》，蘋字伯信。《藝文總志》未收。

44：《論語講義》不著卷數　宋　劉弇（經義考）佚　《藝文總志》未收。

45：《論語義》十卷　宋　湯巖起（經義考）佚　《藝文總志》未收。

46：《論語直解》十卷　宋　汪革（宋志　藝文總志　玉海　晁志　經籍考　經義考）佚。

47：《論語解》二十卷　宋　錢復觀（經義考）佚　《藝文總志》未收。

48：《論語釋言》十卷　宋　葉夢得（宋志　經籍考　藝文總志　玉海　尤目　陳錄　經義考）《經義考》云未見，今有清光緒間長沙葉氏校刊《葉石林遺書本》。

49：《論語略解》不著卷數　宋　上官愔（經義考）佚　《藝文總志》未收。

50：《論語解》不著卷數　宋　曾元忠（經義考）佚　《藝文總志》未收。

51：《論語類觀》不著卷數　宋　黃鍰（經義考）佚　《藝文總志》未收。
52：《論語辨》不著卷數　宋　朱申（經義考）佚　《藝文總志》未收。
53：《論語說》五卷　宋　江奇（經義考）佚　《藝文總志》未收。
54：《論語解》不著卷數　宋　倪登（經義考）佚　《藝文總志》未收。
55：《論語解》不著卷數　宋　程瑀（經義考）佚　《藝文總志》未收。
56：《論語講義》不著卷數　宋　林之奇（經義考）佚　《藝文總志》未收。
57：《論語傳》十卷　宋　陳禾（宋志　藝文總志　經義考）佚　《藝文總志》未收。
58：《論語詳說》十卷　宋　李綱（經義考）佚　《藝文總志》未收。
59：《論語解》四卷　宋　張浚（經義考）佚　《藝文總志》未收。
60：《論語感發》十卷　宋　王居正（宋志　經籍考　藝文總志　尤目　陳錄　經義考）佚　《經義考》作《竹西論語感發》。
61：《論語解》二十卷　宋　劉安世（經義考）佚　《藝文總志》未收。
62：《論語解》不著卷數　宋　許翰（經義考）佚　《藝文總志》未收。
63：《論語講義》五卷　宋　王庭珪（經義考）佚　《藝文總志》未收。
64：《論語解》二十卷　宋　王綯（經義考）佚　《藝文總志》未收。
65：《論語義》二卷　宋　曾幾（宋志　經籍考　藝文總志　玉海　陳錄　經義考）佚。
66：《論語解》不著卷數　宋　許文瑞（經義考）佚　《藝文總志》未收。
67：《論語解》三卷　宋　鄭剛中（經義考）佚　《藝文總志》未收。
68：《論語直解》十卷　宋　朱震（晁志　經義考）佚　《藝文總志》未收。
69：《論語續解》十卷《考異》一卷《說例》一卷　宋　吳棫（宋志　藝文總志　玉海　經籍考　陳錄　尤目　經義考）佚　《經義考》云《宋志》共十卷，誤。
70：《論語詳說》不著卷數　宋　胡寅（玉海　陳錄　經義考）佚　《陳錄》作《致堂論語詳說》，《藝文總志》未收。
71：《五峰論語指南》一卷　宋　胡宏（宋志　經籍考　藝文總志　玉海　尤目　陳錄　經義考）佚　《藝文總志》依《宋志》作《論語指南：黃祖禹、沈大廉、明宏辨論》；禹、明實舜、胡之字誤，且本書爲胡氏評論黃沈二氏之說所作。《四庫全書》、《五峰集》卷五有之。
72：《論語會義》不著卷數　宋　胡憲（經義考）佚　《藝文總志》未收。

73：《論語訓釋》不著卷數　宋　鄭耕老（經義考）佚　《藝文總志》未收。
74：《論語口義》不著卷數　宋　王賓（玉海　經義考）佚　《藝文總志》未收。
75：《論語解義》十卷　宋　黃祖舜（宋志　藝文總志　玉海　經義考）或名《論語講義》，胡宏《論語指南》間有引之。
76：《論語說》十卷　宋　洪興祖（宋志　經籍考　藝文總志　玉海　經義考）佚。
77：《論語探古》二十卷　宋　畢良史（宋志　經籍考　藝文總志　陳錄　經義考）佚　《宋志》作章良史，《經義考》復從之而另著錄之。
78：《論語解》不著卷數　宋　藺敏修（經義考）佚　《藝文總志》未收。
79：《論語發揮》不著卷數　宋　黃開（經義考）佚　《藝文總志》未收。
80：《論語傳》不著卷數　宋　程迥（經義考）佚　《藝文總志》未收。
81：《論語解》不著卷數　宋　徐椿年（經義考）佚　《藝文總志》未收。
82：《論語解》不著卷數　宋　趙敦臨（經義考）佚　《藝文總志》未收。
83：《論語解》不著卷數　宋　徐珣（經義考）佚　《藝文總志》未收。
84：《玉泉論語學》四卷　宋　喻樗（宋志　經籍考　藝文總志　陳錄　經義考）佚　《經義考》除引《宋志》外，另引《通考》作十卷。
85：《論語集解》十卷　宋　何逢原（經義考）佚　《藝文總志》未收。
86：《論語解》十卷　宋　張九成（宋志　經籍考　藝文總志　玉海　晁志　陳錄　經義考）佚　《經義考》云未見。
87：《論語解》二十卷　宋　謝諤（經義考）佚　《藝文總志》未收。
88：《論語口義》二十卷　宋　史浩（宋志　藝文總志　尤目　內閣書目）佚　《藝文總志》未收。
89：《論語解》二卷　宋　徽宗（經義考）佚　《藝文總志》未收。
90：《論語解》不著卷數　宋　蘇總龜（經義考）佚　《藝文總志》未收。
91：《論語發微》二卷　宋　吳沆（經義考）佚　《藝文總志》未收。
92：《論語知新》十卷　宋　林栗（宋志　藝文總志　經義考）佚。
93：《論語大意》二十卷　宋　卞圜（宋志　藝文總志　陳錄　經義考　經籍考）佚　《經義考》云未見，《宋史》「圜」作「圖」，今據《書錄解題》卷三、《通考》卷一八四改。
94：《論語解義》十卷　宋　葉隆古（宋志　藝文總志　經義考）佚。
95：《論語訓解》不著卷數　宋　劉懋（經義考）佚　《藝文總志》未收。

96：《論語解》不著卷數　宋　王炎（經義考）佚　《藝文總志》未收。

97：《論語精義》十卷　宋　朱熹（宋志　經籍考　藝文總志　國學圖書總目　經義考　晁志　陳錄　叢書子目類編　內閣書目）《四庫提要》稱朱熹於隆興元年集諸家說《論語》者爲《要義》，後九年復取二程、張子十二家之說爲《論孟精義》，而自爲之序。後又改其名曰《集義》，見於《年譜》。《經義考》作《集義》，《宋志》除《精義》外，複出《集義》十卷、《四庫》著錄朱氏之《論孟精義》三十四卷，其中《論語》二十卷。今刊本作《精義》，蓋從朱子原序名。

98：《論語詳說》不著卷數　宋　朱熹（玉海　經義考）舊名《訓蒙口義》，趙順孫《四書纂疏》間有引之。

99：《論語集注》十卷　宋　朱熹（宋志　藝文總志　晁志　陳錄　經籍考　鄭堂志　國學圖書總目　經義考　叢書子目類編）《四庫》著錄將《大學章句》、《孟子集註》、《中庸章句》合爲一書。今傳有元至正二十六年上虞泳澤書院修補燕山嘉氏覆宋宣城本。

100：《論語或問》二十卷　宋　朱熹（宋志　四庫總目　經籍考　藝文總志　陳錄　內閣書目　國學圖書總目　經義考叢書子目類編　東京漢籍目錄）《四庫》著錄與《大學或問》、《中庸或問》、《孟子或問》合稱《四書或問》。

101：《論語通釋》十卷　宋　黃榦（宋志　經籍考　藝文總志　玉海　陳錄　文淵目　晁志　經義考）佚　《經義考》云《一齋書目》有之，則明末尚有傳本。《宋志》另著錄朱熹《論語注義問答通釋》，《晁志》、《經義考》書名與《宋志》同，但云作者爲黃榦。《經義考》引魏了翁序通釋曰勉齋黃直卿合朱文公三書爲《論語通釋》云云，則《宋志》或以此題作朱熹所作，實同一書也。榦或作幹、榦。

102：《論語意原》一卷　宋　黃榦（宋志　陳錄）《經籍考》、《經義考》皆著錄有《論語意原》一卷不知作者，疑即爲此書。《宋志》別著錄有《意原》十卷，《藝文總志》以爲即是《經義考》等所指之《論語意原》一卷者，竊以爲當是二書，趙順孫《四書纂疏》間有引之。

103：《論語答問》不著卷數　宋　輔廣（經義考）趙順孫《四書纂疏》間有引之，《藝文總志》未收。

104：《論語輯說》不著卷數　宋　馮椅（經義考）佚　《藝文總志》未收。

105：《論語解》不著卷數　宋　劉砥（經義考）佚　《藝文總志》未收。

106：《論語解》不著卷數　宋　陳易（經義考）佚　《藝文總志》未收。
107：《論語問答》不著卷數　宋　吳英（經義考）佚　《藝文總志》未收。
108：《論語說》不著卷數　宋　何鎬（經義考）佚　《藝文總志》未收。
109：《論語贅解》不著卷數　宋　鄒補之（玉海）《藝文總志》、《經義考》未收。
110：《論語注》不著卷數　宋　鄒補之（經義考）佚　疑即是前書，《藝文總志》未收。
111：《論語說》不著卷數　宋　滕璘（經義考）佚　《藝文總志》未收。
112：《南軒先生論語解》十卷　宋　張栻（宋志　四庫總目　經籍考　藝文總志　玉海　晁志　尤目　陳錄　文淵目　內閣書目　鄭堂志　國學圖書總目　經義考叢書子目編　京都漢籍目錄　東京漢籍目錄）《經義考》作《南軒論語解》，《四庫》作《癸巳論語解》，另或作《論語說》，今傳有四庫本。
113：《論語少學》二卷　宋　薛季宣（宋志　玉海　經義考）佚　《宋志》「少」誤字作「小」，《藝文總志》未收。
114：《論語直解》不著卷數　宋　薛季宣（經義考）佚　《藝文總志》未收。
115：《論語解》不著卷數　宋　沈文炳（經義考）佚　《藝文總志》未收。
116：《論語集解》不著卷數　宋　胡公武（經義考）佚　《藝文總志》未收。
117：《論語後傳》不著卷數　宋　陳知柔（經義考）佚　《藝文總志》未收。
118：《論語解》不著卷數　宋　林亦之（經義考）佚　《藝文總志》未收。
119：《論語集撰解》不著卷數　宋　梁億（經義考）佚　《藝文總志》未收。
120：《論語說》不著卷數　宋　諸葛說（經義考）佚　《藝文總志》未收。
121：《家塾編次論語》不著卷數　宋　李舜臣（經義考）佚　《藝文總志》未收。
122：《論語說》不著卷數　宋　沈大廉（經義考）佚　胡宏《論語指南》間有引之，《藝文總志》未收。

123：《論語纂訓》一卷　宋　丘義（經義考）佚　《藝文總志》未收。
124：《論語義證》二十卷　宋　倪思（宋志　藝文總志　經義考）佚。
125：《論語解》三卷　宋　章服（經義考）佚　《藝文總志》未收。
126：《論語解》不著卷數　宋　徐存（經義考）佚　《藝文總志》未收。
127：《論語解》一卷　宋　高元之（經義考）佚　《藝文總志》未收。
128：《論語說》不著卷數　宋　馬之純（經義考）佚　《藝文總志》未收。
129：《論語略解》二十卷　宋　宋蘊（經義考）佚　《藝文總志》未收。
130：《論語拾遺》二十卷　宋　張琨（玉海　經義考）《藝文總志》未收。
131：《論語講義》二卷　宋　許奕（宋志　藝文總志　經義考）佚　《宋志》經解類著錄許奕《論語尚書周禮講義》十卷，此爲其中一種。今從《經義考》著錄。
132：《論語本旨》一卷　宋　姜得平（宋志　經籍考　藝文總志　陳錄　文淵目　經義考）佚。
133：《論語解》三十卷　宋　楊泰之（經義考）佚　《藝文總志》未收。
134：《論語衍說》不著卷數　宋　胡泳（經義考）佚　《藝文總志》未收，趙順孫《四書纂疏》間有引之。
135：《集程氏論語說》二卷　宋　湯烈（宋志　藝文總志　經義考）佚　《藝文總志》「湯」誤作「楊」。
136：《石鼓論語問答》三卷　宋　在戴溪（宋志　四庫總目　經籍考　藝文總志　陳錄　文淵目　內閣書目　國學圖書總目　經義考　叢書子目類編）《宋志》作《石鼓答問》，今有四庫本。
137：《論語說》不著卷數　宋　潘好古（經義考）佚　《藝文總志》未收。
138：《論語說》不著卷數　宋　孫應時（經義考）佚　《藝文總志》未收。
139：《論語解》不著卷數　宋　陳藻（經義考）佚　《藝文總志》未收。
140：《論語訓傳》不著卷數　宋　王時會（經義考）佚　《藝文總志》未收。
141：《論語講義》不著卷數　宋　葉秀發（經義考）佚。
142：《論語大義》不著卷數　宋　時少章（經義考）佚。
143：《論語記蒙》六卷　宋　陳耆卿（宋志　經籍考　藝文總志　陳錄　經義考）佚。
144：《論語解》二卷　宋　羅維藩（經義考）佚　《藝文總志》未收。
145：《論語注義問答》不著卷數　宋　陳宓（經義考）佚　《藝文總志》未

收。

146：《論語解》不著卷數　宋　黃宙（經義考）佚　《藝文總志》未收。

147：《論語解》不著卷數　宋　夏良規（經義考）佚　《藝文總志》未收。

148：《論語釋》二十篇　宋　丁明（經義考）佚　《藝文總志》未收。

149：《論語集傳》不著卷數　宋　傅子雲（經義考）佚　《藝文總志》未收。

150：《復庵讀論語》十卷　宋　馮誠之（經義考）佚　《藝文總志》未收。

151：《論語說》不著卷數　宋　王萬（經義考）佚　《藝文總志》未收。

152：《論語集編》十卷　宋　眞德秀（宋志　藝文總志　內閣書目　經義考　國學圖書總目）佚　此爲眞氏《四書集編》之一，《四庫》著錄《四書集編》爲二十六卷。

153：《論語要義》十卷　宋　魏了翁（宋志　藝文總志　玉海　經義考）佚　《經義考》云未見。

154：《論語大意》十卷　宋　趙善湘（經義考）佚　《藝文總志》未收。

155：《論語意原》二卷　宋　鄭汝諧（四庫總目　藝文總志　內閣書目　鄭堂記　國學圖書總目　經義考　叢書子目類編　東京漢籍目錄）《文淵閣四庫》本四卷。

156：《論語發微》不著卷數　宋　陳孜（經義考）佚　《藝文總志》未收。

157：《論語說》一卷　宋　趙燮（經義考）佚　《藝文總志》未收。

158：《論語說》不著卷數　宋　魏天祐（經義考）佚　《藝文總志》未收。

159：《論語翼》不著卷數　宋　梁椅（經義考）佚　《藝文總志》未收。

160：《論語童蒙說》不著卷數　宋　柴中行（經義考）佚　《藝文總志》未收。

161：《論語講義》不著卷數　宋　蔡元鼎（經義考）佚　《藝文總志》未收。

162：《論語傳贊》二十卷　宋　錢文子（宋志　藝文總志　經義考）佚。

163：《論語贅言》二卷　宋　徐煥（宋志　藝文總志　經義考）佚。

164：《論語注》十卷　宋　曹峦（經義考）佚　《藝文總志》未收。

165：《論語纂遺》不著卷數　宋　葉由庚（補元志　藝文總志　經義考）佚。《經義考》作《論語纂》，擬經類又收有《論語纂遺》。

166：《論語解》不著卷數　宋　柴元祐（經義考）佚　《藝文總志》未收。

167：《論語約說》不著卷數　宋　鐘宏（經義考）佚　《藝文總志》未收。
168：《論語釋》不著卷數　宋　胡侁（經義考）佚　《藝文總志》未收。
169：《論語問答》不著卷數　宋　陳如晦（經義考）佚　《藝文總志》未收。
170：《論語歸趣》二十卷　宋　王汝猷（宋志　藝文總志　經義考）佚。
171：《論語集疏》不著卷數　宋　蔡模（經義考　文淵目）佚　《藝文總志》未收，《文淵目》作《論語蔡覺軒集疏》。
172：《論語集說》不著卷數　宋　孔元龍（經義考）佚。
173：《論語解》不著卷數　宋　李用（經義考）佚　《藝文總志》未收。
174：《晦庵語類》二十七卷　宋　潘墀（經籍考　陳錄　經義考）《藝文總志》未收。
175：《論語解》一卷　宋　林文昭（經義考）佚　《藝文總志》未收。
176：《論語講說》不著卷數　宋　蕭山（經義考）佚　《藝文總志》未收。
177：《論語講義》不著卷數　宋　傅蒙（經義考）佚　《藝文總志》未收。
178：《論語講義》不著卷數　宋　黃方子（經義考）佚　《藝文總志》未收。
179：《論語講義》不著卷數　宋　呂中（經義考）佚　《藝文總志》未收。
180：《論語本義》不著卷數　宋　鄭奕夫（補遼金元志　補元志　藝文總志　千頃目　經義考）佚。
181：《論語集說》十卷　宋　蔡節（宋志補　藝文總志　四庫總目文淵目　千頃目　鄭堂記　國學圖書總目　經義考　叢書子目類編　東京漢籍目錄）《經義考》著錄二十卷，今傳本宋淳祐刻本亦分十卷。
182：《論語演義》不著卷數　宋　劉元剛（經義考）佚　《藝文總志》未收。
183：《論語傳解補》不著卷數　宋　李春叟（經義考）佚　《藝文總志》未收。
184：《論語石洞紀聞》十七卷　宋　饒魯（宋志補　補元志　藝文總志　千頃目　經義考）《經義考》云未見，《千頃堂》、《補元志》、《宋志補》皆不著撰人，《宋志補》作十卷，茲從《經義考》。
185：《論語日抄》一卷　宋　黃震（經義考）四庫全書《黃氏日抄》卷二有之，《藝文總志》未收。
186：《論語發揮》不著卷數　宋　何基（經義考）佚　《藝文總志》未收。
187：《論語通旨》二十卷　宋　王柏（經義考）佚　《藝文總志》未收。

188：《論語衍義》七卷　宋　王柏（經義考）佚　《藝文總志》未收。

189：《論語集注纂疏》十卷　宋　趙順孫（內閣書目　千頃目）《藝文總志》、《經義考》未收、通志堂《四書纂疏》本。

190：《論語集註考證》十卷　宋　金履祥（補遼金元志　補三史志　四庫總目　藝文總志　文淵目　內閣書目　千頃目　鄭堂記國學圖書總目　經義考　叢書子目類編　東京漢籍目錄）《經義考》云《一齋書目》二卷，《補三史志》作《論語孟子集註考證》十七卷，蓋《論語》十卷。

191：《論語解》不著卷數　宋　周氏（經義考）佚　《藝文總志》未收。

192：《論語章旨》不著卷數　宋　劉莊孫（補元志　藝文總志　經義考）佚

193：《論語懸說》一卷　宋　釋贊寧（宋四庫闕書目　藝文總志　經義考）佚　《宋四庫闕書目》入小學類，《經義考》引《通考》作《論語陳說》。

194：《論語玄義》十卷　不著撰人（宋四庫闕書目　宋志　藝文總志　經義考）佚　《宋四庫闕書目》入小學類。

195：《論語要義》十卷　不著撰人（宋四庫闕書目　宋志　藝文總志　經義考）佚。

196：《論語口義》十卷　不著撰人（宋志　藝文總志　經義考）佚。

197：《論語展掌疏》十卷　不著撰人（宋四庫闕書目　宋志　藝文總志　經義考）佚　《秘書續目》作《論語措展掌疏》，入經部小學類。

198：《論語閱義疏》十卷　不著撰人（宋志　藝文總志　經義考）佚。

199：《論語意原》十卷　不著撰人（宋志　藝文總志）佚　《陳錄》、《經籍考》、《經義考》皆著錄《無名氏論語意原》一卷，未審是否指黃榦之《論語意原》，抑或它書；《藝文總志》逕以《經義考》所指爲本書。《經義考》未收。

200：《論語樞要》不著卷數　不著撰人（經義考）佚　唐馬總亦著有《論語樞要》，不知同書否？《藝文總志》未收。

201：《習齋論語講義》不著卷數　宋　不著撰人（經義考）未見　《藝文總志》未收。

202：《東谷論語》一卷　不著撰人（宋志　藝文總志）佚　《經義考》未收。

（二）《魯論》

1　：《魯論集議》不著卷數　宋　向子愍（經義考）佚　《藝文總志》未收。

2　：《魯論明微》十卷　宋　張演（宋志　藝文總志　經義考）佚。

3 :《魯經章句》不著卷數　宋　王柏（經義考）佚　《藝文總志》未收。

（三）其　它

1 :《本經論語釋文》十一卷　不著撰人（宋四庫闕書目　藝文總志）佚　《宋四庫闕書目》入經部小學類，《經義考》未收。

2 :《孔子世家補》十二卷　宋　歐陽士秀（千頃目）《藝文總志》、《經義考》未收。

3 :《論語人物志》不著卷數　宋　黃補（補三史志　藝文總志　經義考）佚　《補三史志》、《藝文總志》作黃季全，季全乃補之字也；《藝文總志》且誤作元人。

4 :《七十二子名籍》一卷　宋　李燾（玉海）佚　《藝文總志》、《經義考》未收。

5 :《孔子弟子別傳》不著卷數　宋　蘇過（經義考）佚　《藝文總志》、《經義考》未收。

6 :《論語世譜》三卷　不著撰人（宋志　藝文總志　經義考）佚。

7 :《論語撰人名》一卷　不著撰人（經義考）佚　《藝文總志》未收。

8 :《論語井田圖》一卷　不著撰人（宋志　經籍考　藝文總志　陳錄　經義考）佚　述周井田之法，其曰論語者，蓋為論語學者引用。

9 :《論語絕句》一卷　宋　張九成（國學圖書總目　叢書子目類編　東京漢籍目錄）《藝文總志》、《經義考》未收，今傳有藝海珠塵本。

10 :《論語詩》五十首　林子充（經義考）未見　《藝文總志》未收

11 :《兵書論語》三卷　宋　不著撰人（宋志　藝文總志　經義考）佚　《宋志》入子部兵書類，《經義考》入擬經類，作符彥卿撰，似誤。

二、《四書》部分

傳　注

1 :《晦庵四書語類》十八冊　宋　朱熹（文淵目　內閣書目　經義考）《藝文總志》未收。

2 :《四書章句集註》二十六卷　宋　朱熹（四庫總目　藝文總志　販書偶記　文淵目　內閣書目　經義考　叢書子目類編　東京漢籍目錄　國學圖書總目　京都漢籍目錄　鄭堂記）今有元延祐五年溫州路學稽古閣刊本，

作《四書集註》二十八卷、《四庫》著錄作《大學章句》一卷《論語集註》十卷《孟子集註》七卷《中庸章句》一卷，凡十九卷。

3 :《四書或問》三十九卷　宋　朱熹（藝文總志　文淵目　經義考　國學圖書總目　叢書子目類編　東京漢籍目錄）《經義考》作三十六卷，今有四庫全書本。

4 :《論孟精義》三十四卷　宋　朱熹（四庫總目　藝文總志　尤目　晁志　陳錄　內閣書目　國學圖書總目　叢書子目類編　東京漢籍目錄）今有四庫全書本。

5 :《四書通》十一冊不全　宋　朱熹（內閣書目）《藝文總志》、《經義考》未收。

6 :《或問小註》三十六卷　題　宋　朱熹撰（四庫總目　藝文總志　國學圖書總目）未見　《四庫提要》稱其爲近人依託無疑，《經義考》未收。

7 :《四書問目》不分卷　題　宋　朱熹講授　劉炳、劉爚述記（四庫總目　藝文總志）未見　《經義考》劉爚有《四書集成》、劉炳有《四書問目》，並注以佚，故《四庫提要》疑爲後人所依託。《經義考》未收。

8 :《融堂四書管見》十三卷　宋　錢時（宋志補　四庫總目　內閣書目　千頃目　叢書子目類編　東京漢籍目錄）《四庫總目》入五經總義類，以其所解不及《孟子》，而爲《孝經》、《易》，與朱子所稱《四書》者異。今有四庫本。《藝文總志》、《經義考》未收。

9 :《四書性理窟》不著卷數　宋　喻樗（經義考）佚　《藝文總志》未收。

10 :《四書解》六十五卷　宋　張九成（宋志　藝文總志　經義考）佚。

11 :《四書集解》不著卷數　宋　陳舜中（經義考）佚　《藝文總志》未收。

12 :《四書紀聞》不著卷數　宋　黃幹（經義考）佚　《藝文總志》未收。

13 :《四書說》不著卷數　宋　葉味道（經義考）佚　趙順孫《四書纂疏》間有引之，《藝文總志》未收。

14 :《四書集成》不著卷數　宋　劉爚（經義考）佚　《藝文總志》未收。

15 :《四書問目》不著卷數　宋　劉炳（經義考）佚　《藝文總志》未收。

16 :《四書講義》不著卷數　宋　潘柄（經義考）佚　趙順孫《四書纂疏》間有引之，《藝文總志》未收。

17 :《四書訓解》不著卷數　宋　童伯羽（經義考）佚　《藝文總志》未收。

18 :《四書訓詁》六卷　宋　江默（經義考）佚　《藝文總志》未收。

19 :《四書講義》不著卷數　宋　黃士毅（經義考）佚　趙順孫《四書纂疏》

間有引之，《藝文總志》未收。

20：《四書疑義》不著卷數　宋　程永奇（經義考）佚　《藝文總志》未收。

21：《四書衍說》不著卷數　宋　胡泳（經義考）佚　《藝文總志》未收。

22：《四書解義》不著卷數　宋　王遇（經義考）佚　《藝文總志》未收。

23：《四書說》十卷　宋　王時敏（經義考）佚　《藝文總志》未收。

24：《四書說》不著卷數　宋　劉伯諶（經義考）佚　《藝文總志》未收。

25：《四書述》不著卷數　宋　葛紹體（經義考）佚　《藝文總志》未收。

26：《四書家說》不著卷數　宋　戴侗（經義考）佚　《藝文總志》未收。

27：《四書說約》不著卷數　宋　田疇（經義考）佚　《藝文總志》未收。

28：《四書集編》二十六卷　宋　眞德秀（宋志補　四庫總目　藝文總志　文淵目　內閣書目　千頃目　國學圖書總目　叢書子　目類編　東京漢籍目錄　經義考　鄭堂記）四庫本作二十九卷。

29：《四書疑義》不著卷數　宋　張津（經義考）佚　《藝文總志》未收。

30：《四書解》不著卷數　宋　諸葛泰（經義考）佚　《藝文總志》未收。

31：《恕齋四書解》不著卷數　宋　謝升賢（經義考）佚　《藝文總志》未收。

32：《四書疑義》不著卷數　宋　吳觀（經義考）佚　《藝文總志》未收。

33：《四書要義》七篇　宋　沈貴珤（宋志　藝文總志　經義考）佚　珤或作瑤。

34：《四書輯語》四十卷　宋　陳應隆（宋志　藝文總志　文淵目　內閣書目　經義考）佚　《經義考》云未見，「隆」或作「龍」。

35：《四書疑義》不著卷數　宋　石賡（經義考）佚　《藝文總志》未收。

36：《四書遺說》不著卷數　宋　黃績（經義考）佚　《藝文總志》未收。

37：《四書集義》一百卷　宋　盧孝孫（補遼金元志　藝文總志　千頃目　經義考）佚。

38：《四書集略》四十二卷　宋　盧孝孫（補遼金元志　藝文總志　文淵目　內閣書目　千頃目　經義考）佚　《經義考》云未見。

39：《四書管見》不著卷數　宋　章允崇（經義考）佚　《藝文總志》未收。

40：《四書講義》不著卷數　宋　蔡元鼎（經義考）佚　《藝文總志》未收。

41：《四書集疏》不著卷數　宋　蔡模（經義考）佚　《藝文總志》未收。

42：《四書集成》不著卷數　宋　吳眞子（經義考）《藝文總志》未收，今有元刊本《論語諸儒集成》，疑即其《論語》部分。

43：《四書纂疏》二十六卷　宋　趙順孫（補遼金元志　四庫總目　藝文總志文淵目　千頃目　鄭堂記　國學圖書總目　經義考　叢書子目類編東京漢籍目錄）今有四庫本，《補遼金元志》、《藝文總志》依適園叢書初印本《千頃目》著錄不著撰人、不著卷數之《四書纂疏》，而後印增補本《千頃目》所載即趙順孫之書，《藝文總志》、《補遼金元志》所乃複出，實即趙氏之書。

44：《四書說》不著卷數　宋　魏天祐（經義考）佚　《藝文總志》未收。

45：《四書集註附錄》不著卷數　宋　祝洙（宋志補　藝文總志　千頃目經義考　內閣書目）佚　《宋志補》題祝泳撰，誤，今從《經義考》。《經義考》既著錄祝洙此書，復因《內閣書目》所著錄莫詳姓氏之《四書附錄》十一冊別錄一書，《藝文總志》亦因《經義考》及適園叢書本《千頃目》所載而別錄祝氏《四書集注附錄》十一冊。今考適園叢書增印本《千頃目》所載：祝氏詠（洙字之誤）《四書集注附錄》十一冊，知兩者實爲一書。

46：《四書增釋》不著卷數　宋　胡升（經義考）未見　《藝文總志》未收。

47：《四書講義》不著卷數　宋　江愷（經義考）佚　《藝文總志》未收。

48：《四書定本》不著卷數　宋　馮去疾（經義考）佚　《藝文總志》未收。

49：《四書管闚》不著卷數　宋　胡仲雲（經義考）佚　《藝文總志》未收。

50：《四書講義》不著卷數　宋　陳元大（經義考）佚　《藝文總志》未收。

51：《標注四書》口卷　宋　王柏（經義考）佚　《藝文總志》未收。

52：《四書句解》不著卷數　宋　陳普（宋志補　藝文總志　千頃目）佚《經義考》未收，別有陳氏《四書句解鈐鍵》及《四書講義》，諸志未載。《宋志補》、《藝文總志》、適園叢書初印本《千頃目》「句」作「集」，今依適園叢書後印增補本《千頃目》作「句」。

53：《四書講義》二卷　宋　陳普（經義考）《經義考》云存，《藝文總志》未收。

54：《四書句解》鈐鍵　不著卷數　宋　陳普（經義考）佚　疑即《四書句解》，《藝文總志》未收。

55：《四書講稿》不著卷數　宋　黃淵（經義考）佚　《藝文總志》未收。

56：《四書要指》二十卷　宋　鄭樸翁（補遼金元志　補元志　藝文總志千頃目　經義考）佚　《補元志》、《經義考》作《指要》，《經義考》且云《一齋書目》有之，則明末尚有傳本。

57：《四書朱陸會同注釋》二十九卷《舉要》一卷　宋　龔霆松（補遼金元志　補元志　藝文總志　千頃目　經義考）未見　《宋志補》、《千頃目》「龔」誤作「張」；《經義考》云未見。
58：《四書疏義》不著卷數　宋　董鼎（經義考）佚　《藝文總志》未收。
59：《四書衍義》不著卷數　宋　丘漸（經義考）佚　《藝文總志》未收。
60：《四書衍義》不著卷數　宋　周焱（經義考）佚　《藝文總志》未收。
61：《四書發揮》不著卷數　宋　吳梅（經義考）佚　《藝文總志》未收。
62：《四書補注》不著卷數　宋　陳煥（經義考）佚　《藝文總志》未收。
63：《四書解》不著卷數　宋　曾子良（經義考）佚　《藝文總志》未收。
64：《四書考證》不著卷數　宋　衛富益（經義考）佚　《藝文總志》未收。
65：《四書通紀》不著卷數　宋　梁志道（經義考）佚　《藝文總志》未收。
66：《四書解說》不著卷數　宋　何逢原（補三史志　藝文總志　經義考）佚。
67：《四書標題》不著卷數　宋　熊禾（補遼金元志　補元志　藝文總志　文淵目　千頃目　經義考）佚。
68：《端本堂經訓要義》十冊　宋　李好文編（內閣書目）《藝文總志》、《經義考》未收。
69：《論語孟子類》七卷　宋　楊泰之（經義考）佚　《經義考》入論語類，《藝文總志》未收。
70：《拙齋論孟說》不著卷數（經義考）佚　入論語類。
71：《論語集注考證》十卷　《孟子集注考證》七卷　宋　金履祥（叢書子目類編　東京漢籍目錄）金華叢書有之，《藝文總志》、《經義考》未收。
72：《論語孟子義》一卷　宋　黃裳（集目）四庫珍本初集演山集。

第二節　兩宋論語學概述

宋初經學，大都遵循唐人之舊，九經注疏外，眞宗咸平三年時，更重訂《孝經》、《論語》、《爾雅》三疏，以爲官學，惟三書所主，一魏一晉一唐，仍是南學餘波，馬宗霍即稱宋初經學：

> 惟是因襲雷同，即不出唐人《正義》之範，則宋初經學，猶是唐學，不得謂之宋學。（《中國經學史》第十篇宋之經學）

邢昺所修定的《論語正義》，主要也是改定舊疏而成，但已有所改變，《四庫提要》

稱：

其書大抵翦皇氏之枝蔓而稍傳以義理，漢學宋學茲其轉關。（卷三五）

皇侃處魏晉南朝玄虛學風正盛之時，其所裒集諸儒舊說，大抵皆帶有玄虛色彩，邢疏則對皇疏舊注中有涉及玄冥詭異者多加芟削，又注重章句訓詁名物，而使之復歸於平實。於是論語注解儒道釋糅混情形，才稍見廓清。此後宋儒觝排異端，攘斥佛老之風，至孫復、石介、胡瑗以後乃臻於極盛，邢昺可說是前導人物。學術隨時代思潮遞嬗而興衰，自邢昺出而皇疏漸微，後歷百八十餘年而遂絕於中土。

宋神宗時，王安石改明經科帖經之試爲默義，即改記誦注疏爲以經義論策試士，令其筆答。當時有王安石等人所著的《三經新義》頒行天下，用以取士，然其不守陳義，自闢新術，即異於漢唐之訓詁，復不同道學之義理，故翁注《困學紀聞》稱：

自漢儒至於慶曆間，談經者守訓詁而不鑿，七經小傳出而稍尚新奇矣。至三經義行，視漢儒之學若土梗。（卷八）

王安石及其子弟王雱、呂惠卿、鄒浩、陳祥道，都有《論語》方面著述，至今唯陳氏《論語全解》傳世。安石嘗作《字說》，因此王學一派解經，多援引《字說》爲訓詁，並雜據《莊子》之文，從全祖望《宋元學案》引陳用之《論語解序》和《四庫提要》所云，即可見端倪：

荊公嘗自解《論語》，其子雱又衍之，而成于祥道。長樂陳氏兄弟，深于禮樂，至今推之，乃其得荊公之傳，則獨在《論語》。……諸家爲荊公之學者，多遷于《字說》，祥道疵纇獨寡，爲可喜也。況荊公父子之《論語》不傳，而是書獨存，亦已幸矣。（《宋元學案》卷九十八）

祥道長於三禮之學，所作禮書，世多稱其精博，故詮釋《論語》，亦於禮制最爲明晰。……此類俱不免創立別解，而連類引伸，亦有稗於考證，惟其學術本宗信王氏，故往往雜據《莊子》之文，以作佐證，殊非解經之體。以其間徵引詳核，可取者多，故不以一眚掩焉。（《四庫提要》卷三五）

馬端臨稱王安石、王雱、陳祥道三人《論語》之作，紹聖後皆行於場屋〔註1〕；哲宗、徽宗時，王學仍然流行，獨行於世六十年〔註2〕，宋室南渡之後，王學遂罕爲人道，又因政治上攻新法者，并其解經新義而攻之，造成王學一派著作多已亡佚，

〔註 1〕此處爲《文獻通考》卷一百八十四〈經籍考〉引晁公武言，《四庫提要》於陳祥道〈論語全解提要〉中亦引晁氏之言，與《經籍考》同。

〔註 2〕陳振孫《直齋書錄解題》卷二稱王學獨行於世六十年。

且評價不高，若依《四庫提要》所言，以及當時道學中人，如程頤取其《易解》、朱子取其《尚書義》、《論語解》，可見王學亦非全然一無可取。王學有《論語》著作者列表如下：

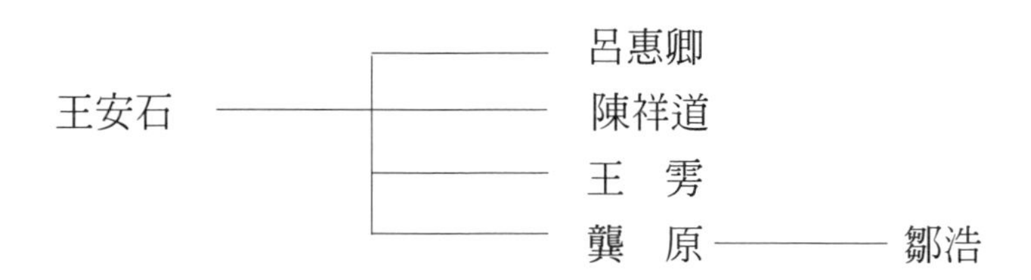

在當時反王安石新學之學者爲蘇氏蜀學，全祖望言：

> 《三經新義》累數十年而始廢，而蜀學亦遂爲敵國。(《宋元學案》卷九十八〈荊公新學略序錄〉

在《論語》方面，蘇軾、蘇轍及蘇軾弟子王鞏皆有著作，至今僅轍所作《論語拾遺》存世，《四庫提要》評爲「頗涉禪理」，「蓋眉山之學，本雜出於二氏故也」(卷三五)，是蘇氏蜀學亦非全然篤守舊說。

宋代理學昌盛，大家輩出，故《宋史》儒林、文苑二傳外，另立道學傳。然經學與理學關係密切，周敦頤於〈論語〉早有成書，程頤亦有其門人記伊川之言，成《論語說》一書，甘鵬雲謂：

> 宋儒惟程朱之門人及其後學說《論語》最盛。(〈經義源流考〉卷七)

今以《宋元學案》爲主，參考諸家目錄所載及近人研究成果〔註3〕，列程朱學者爲簡表，以明其師說傳承，並分別略述之〔註4〕。本表僅列其中有〈論語〉著作者，雖無〈論語〉方面著作加括弧者，是爲便於介紹師承時而列，又各家如非從一人學，爲簡潔起見，僅列於主要師承之下。

〔註3〕諸家目錄即本論文所取材之目錄，近人研究成果，主要是楊玉成〈二程弟子研究〉(七十六年政大中文所碩士論文)，和陳榮捷所著〈朱子門人〉一書。

〔註4〕傅武光〈四書學考〉(六十二年師大國文所碩士論文)卷三「宋元明論語學流別」亦分派論述之，可參看。其中如呂大臨雖爲二程門人，但晁公武《郡齋讀書志》稱：「解經不盡用其師說」；鄒浩爲王安石再傳，龔原門人，今皆不列入二程門人簡表之中。

一、二程門人

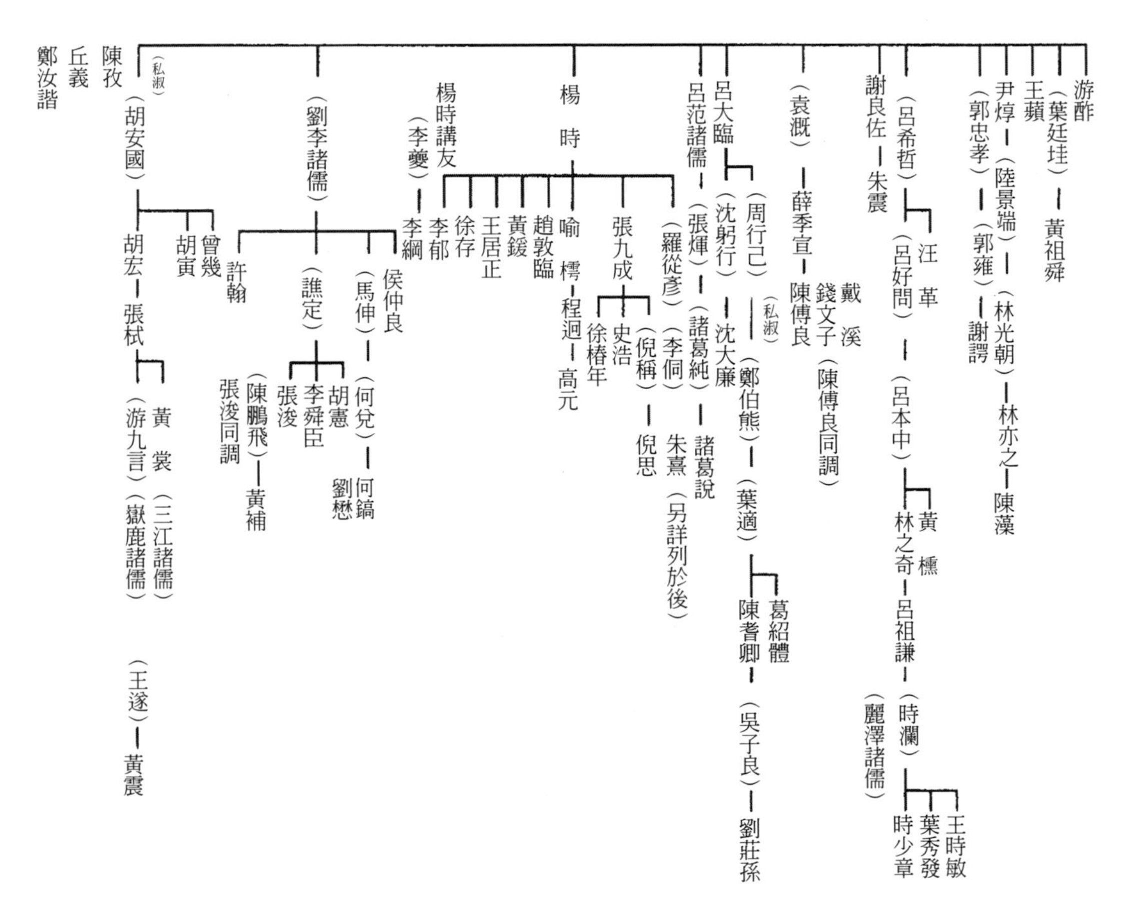

唐代以前，儒者雖常周孔並稱，政府所立太學，必以〈五經〉爲教本，〈論語〉尚不和〈五經〉平等同視。至北宋二程，尊信〈大學〉、〈中庸〉而表章之，〈論語〉、〈孟子〉亦各有論說，以爲學者當以此爲標旨，而達於〈五經〉。二程與其門徒曾論道：

> 或問窮經旨，當以何先？于語、孟二書，知其要約所在，則可以觀〈五經〉矣。（〈二程全書〉卷一）

朱熹亦稱：

> 河南程夫子之教人，必先使之用力乎〈大學〉、〈論語〉、〈中庸〉、〈孟子〉之言，然后及乎六經。蓋其難易、遠近、大小之序，固如此而不可亂也。（〈晦庵文集〉卷八二）

本此精神，朱熹平日教人，必教其致力於〈四書〉，而五經轉非所急，他以爲：

> 語孟工夫少，得效多。六經工夫多，得效少。（〈語類〉卷十九）

> 今欲直得聖人本意不差，未須理會經，先于〈論語〉、〈孟子〉中專意看他（〈語類〉卷一〇四）

正因爲如此，宋儒之中唯程朱之門及其後學說〈論語〉最盛。二程之學得之於〈論語〉者，在於對仁的體認，二程論仁，大體以爲，學者須先識仁，仁者渾然與萬物同體，因此能物我兼照。從程門後學眞德秀〈論語發微序〉中，不難看出程朱學者對仁之重視：

> 學者所習莫先於〈論語〉，而讀〈論語〉者莫先於知仁，先儒有是言矣。……夫子之所罕言者，仁之體而已，至若求仁之方、爲仁之要，則舉凡二十篇之中，莫非是也。……凡聖人之動容周旋，皆仁之符也。……自河南二先生以來，闡幽析微，亡復餘蘊。（〈經義考〉卷二百十九引）

二程門人，遍布於中國，多能秉承師說，其中薛季宣、陳傅良、葉適等人，形成所謂永嘉學派，「其學主禮樂制度，以求見之事功」〔註5〕，「然爲考亭之徒所不喜，目之爲功利之學」〔註6〕。又胡宏（五峰）一派，號稱湖湘學派，朱熹曾和湖湘學者就有關「仁」問題之理解，發生一場大辯論，議論的焦點有〈論語〉中「觀過，斯知仁矣」，這實因義理系統已有所不同，故不能有相應之契知〔註7〕。

朱熹也曾和湖湘學派張栻商訂栻所作〈癸巳論語解〉，抉摘瑕疵，多至一百一十八條，栻從朱熹改正者，有二十三條〔註8〕。朱熹和當時這些學派學者的往復論辯，對其哲學思想之發展與完成，無疑有相當影響〔註9〕。

簡表之中，列有陳孜、丘義、鄭汝諧，他們雖和二程無師承關係，但眞德秀稱陳孜所作〈論語發微〉爲：「此編大略不外乎河洛之傳」（經義考卷二百十九引）；稱鄭汝諧〈論語意原〉爲：「東谷鄭公之學，本於伊洛諸君子」（同前）；朱子序丘

〔註 5〕〈宋元學案〉卷五十二，艮齋學案序錄，全祖望案語。

〔註 6〕前揭書卷五十二，文憲薛艮齋先生季宣，黃百家案語。

〔註 7〕關於此義理之辨析，詳參牟宗三著〈心體與性體〉，第三冊第四章第四節。

〔註 8〕此處並不表示朱張二人的優劣，誠如〈鄭堂讀書記〉所言：「蓋解經貴乎各抒所見，以待後人之采擇，本不必曲相附和也。」（〈南軒論語解〉提要語），又〈四庫提要〉所言，堪稱得其實：「蓋講學之家，於一字一句之異同，務必極言辨難，斷不肯附和依違。中間筆舌相攻，或不免於激而求勝，迨學問漸粹，意氣漸平，乃是是非非，坦然共白，不復回護其前說。此造詣之淺深，月異而歲不同者也。然則此一百一十八條者，特一時各抒所見，共相商榷之言，未可以是爲栻病。且二十三條之外，栻不復改，朱子亦不復爭，當必有渙然冰釋，始異而終同者，更不必執文集舊註，以朱子之說相難矣。（卷三五）」

〔註 9〕關於朱熹哲學思想發展中的經歷與論辨，可參看劉述先所著〈朱子哲學思想的發展與完成〉，第三、四章。

義〈論語纂訓〉，云：「大抵宗程子」（同前），因此也附於表後。

二、朱熹門人

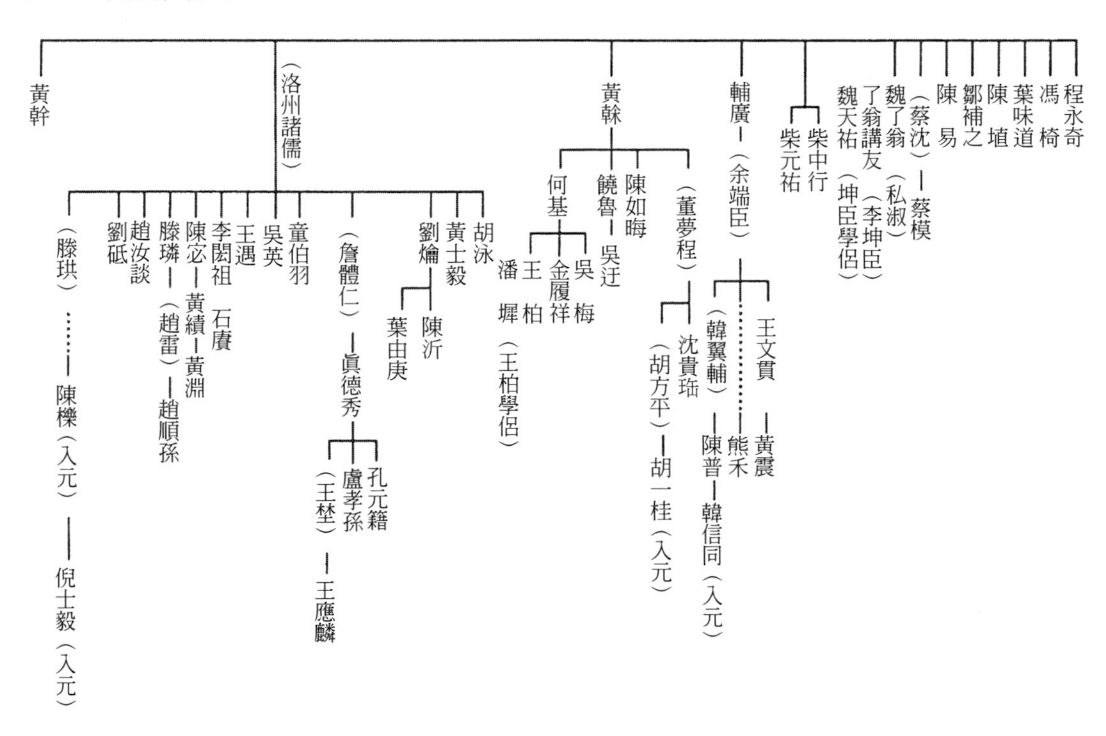

二程以語孟學庸並重，而《四書》之正式結集，則成於朱熹。其爲語孟集注、學庸章句，乃竭畢生精力，爲朱熹生平著述中之最所用心者，朱熹集宋儒理學與自漢以下經學之大成而綰於一身，集注乃其結晶品〔註10〕，朱子重視《四書》，尤勝於《五經》，從其門人黎德靖所編的《語錄》，亦是《四書》在先，《五經》在後，而《四書》部份佔全書篇幅三分之一以上。

朱子之後，至南宋亡國止，以《四書》爲名刊刻之書籍，依前節目錄所收，即有五六十種之多。此後學風，以四書、五經並稱，而《四書》在前，《四書》地位的提昇與確立，實是朱熹之功。

雖然朱熹學說曾一度因政爭而被斥爲僞學〔註11〕，但在朱熹死後不久，由於政治與內在因素的湊合，而終導致朱學的再興〔註12〕。先是宋寧宗嘉定五年，朱熹之

〔註10〕錢穆撰〈朱子之四書學〉，《復興崗學報》第六期。

〔註11〕見《宋史》卷四二九。

〔註12〕在政治因素方面：史彌遠於嘉定四年復起爲相後，即積極地拉攏朱門學者，用以彌

《論孟集注》立爲官學，寶慶三年，更將《四書集注》全部列爲官學，元仁宗皇慶二年，將朱註《四書》定爲取士之標準本，此一規定爲後來明、清兩代所因循。

朱熹有關《論語》的著述，〈論語要義目錄序〉曰：

> 河南二程先生，獨得孟子以來不傳之學於遺經，熹十三四時，受其說於先君，未通大義，而先君棄諸孤。中間歷訪師友，以爲未足，於是徧求古今諸儒之說，合而編之，誦習既久，益以迷眩。晚親有道（指李侗），竊有所聞，然後知其穿鑿支離者，固無足取。至於其餘，或引據精密，或解析通明，非無一辭一句之可觀，顧其於聖人之微意，則非程氏之儔矣。隆興改元，屏居無事，與同志一二人從事於此，慨然發憤，盡刪餘說，獨取二先生（此五字依《王懋竑年譜》補入）及其門人朋友數家之說，補緝訂正，以爲一書，目之曰《論語要義》。蓋以爲學者之讀是書，其文義名物之詳，當求之注疏，有不可略者。若其要義，則於此其庶幾焉。（文集卷七十五）

由「合而編之」，得知在《論語要義》前，朱熹曾編過一部書，諸家書目並無記載，在朱熹答許順之一信中稱：

> 熹論語說方了第十三篇，小小疑悟時有之，但終未見道體親切處。如說仁者渾然與物同體之類，皆未有實見處。（《朱子大全文集》卷三九）

蓋即此書，然朱熹「誦習既久，益以迷眩」，及至「晚親有道，竊有所聞」，始毅然「盡刪餘說，獨取二先生及其門人朋友數家之說」，成《論語要義》。這也是朱熹思想由迷離未定階段，轉變至純正的伊洛之學。《要義》著重在義理，朱熹又著《論語訓蒙口義》（後改名《論語詳說》），其序云：

> 予既序《論語要義》，因爲刪錄以成此編。本之注疏以通其訓詁，參之釋文以正其音讀，然後會之於諸老先生之說以發其精微。一句之義，繫

補他在權力鬥爭所造成的不良形象。紹定六年，鄭清之繼史彌遠爲相，朱門學者如眞德秀、魏了翁皆位居高位（《宋史》卷四一）；國際政治因素方面，則從朱子年譜記載中，可看出朱熹或朱學因受外族注意，才受到朝廷的重視：

或傳：是冬（光宗紹熙四年）使人自虜中回，虜問南朝朱先生安在？答以見已擢用。歸白廟堂，遂有是除。（卷四上）

過甲寅年，見先生聞朋黨說，昨歲虜人問使人云：南朝朱先生出處如何？歸白廟堂，所以得帥長沙之命。（同上）

而朱熹學說本身的優越，使得能在眾多學說中脫穎而出，甚至被選爲官學。這主要是朱熹一生所完成大量的經典註作，不僅和朱熹自身的學說互相呼應，而且成爲後人研習經典必經的梯階。以上諸論點，可參看黃進興：〈學案體裁產生的思想背景〉，《漢學研究》二卷一期。

> 之本句之下，一章之指，列之本章之右。又以平生所聞於師友而得於心思者，間附見一二條焉。本末精粗，大小詳略，無或敢偏廢也。然本其所以作，取便於童子之習而已，故名之曰《訓蒙口義》。(《文集》卷三五)

知《訓蒙口義》，則注重在章句訓詁之際，朱熹治學，能不偏頗義理、考據，並匯通理學、經學，在此已見端倪。《要義》、《訓蒙口義》都成書於孝宗隆興元年(1163)，時朱熹年三十四，書皆已佚。

孝宗乾道八年（1172），朱子四十三歲，《論孟精義》成。其序文云：

> 論孟之書，學者所以求道之至要。古今爲之説者，蓋已百有餘家。……宋興百年，河洛之間有二程先生者出，然後斯道之傳有繼。具於孔子孟氏之心，蓋異世而同符也。其所以發明二書之説，言雖近而索之無窮，指雖遠而操之有要，所以興説斯文，開悟後學，可謂至矣。間嘗蒐輯條疏，以附本章之次，既又取夫學之有同於先生者，與其有得於先生者，若横渠張公、范氏、二呂氏、謝氏、游氏、楊氏、侯氏、尹氏凡九家之説以附益之，名曰《論孟精義》。或曰，然則説之行於世而不列於此者，皆無取已乎？曰，不然也。漢魏諸儒正音讀，通訓詁，考制度，辨名物，其功博矣。學者苟不先涉其説，則亦何以用力於此？（《文集》卷七五）

於此，朱熹以二程直接傳承孔孟之道的觀念，已是顯然可見。又朱熹雖以理學名家，但其對漢儒，仍極推崇，後世儒者，實無須於漢宋相爭。《精義》仍一本二程，與九年前爲《論語要義》時意見，並無大異。

孝宗淳熙四年，朱熹年四十八，成《論孟集注》、《或問》兩書。年譜稱：

> 先生既編次《論孟集義》，又作《訓蒙口義》，既而約其精粹妙得本旨者爲《集注》，又疏其所以去取之意爲《或問》。然恐學者轉而趨薄，故《或問》之書未嘗出以示人。時書肆有竊行者，亟請於學官，追索其板，故惟學者私傳錄之，其後《集注》刪改日益精密，而《或問》則不復釐正，故其去取間有不同者。然辨析毫釐，互有發明，亦學者所當熟味也。(卷二上)

《朱子語類》中載有朱熹對《集注》的看法：

> 《論語集注》如秤上稱來無異，不高些，不低些。(卷十九)
>
> 某於《論孟》，四十餘年理會。中間逐字稱等，不教偏些。(同前)
>
> 某《語孟集注》添一字不得，減一字不得。又曰：止多一箇字，不少一箇字。(同前)

雖《集注》是採攝《要義》精要而成，但《精義》仍有存在價値。《四庫提要》説：

朱子初集是書，蓋本程氏之學，以發揮經旨。其後採擷精華，撰成《集註》，中間異同疑似，當加剖析者，又別著之於《或問》，似此書乃已棄之糟粕。然考諸《語錄》，乃謂「讀論語須將精義看」，又謂「論孟集義中，所載諸先生語，須是熟讀，一一記於心下，時時將來玩味，久久自然理會得」。又似不以《集註》廢此書者，故今亦仍錄存之焉。

故朱熹於淳熙七年，五十一歲時，更增刻《精義》，改名《要義》：

熹頃年編次此書，鋟版建陽，學者傳之久矣。後細考之，程張諸先生說尚或時有所遺脫，既加補塞，又得毗陵周氏說四篇有半於建陽，復以附於本章，豫章郡文學南康，黃某商伯見而悅之，既以刻於其學，又慮夫讀者疑於詳略之不同，屬熹書於前序之左，且更定其故號《精義》者曰《要義》云。淳熙庚子冬十一月。（卷八一）

可知上次所刻的《精義》是在建陽，《要義》則在豫章，《精義》所集有十一家言，《要義》則加補程張諸先生說及周孚先之說，共十二家言。年譜中又云《要義》後改名為《集義》（卷一下，又晁志、陳錄皆言及），照這幾次書名更改來作推想，朱熹起初推崇二程，因及其門人與同時朋友的講法，匯成《要義》。後來愈研究愈發覺其中深趣，故改書名為《精義》。但過一段時候，又覺其說法有些並不很「精」，故又改名為《要義》，此時只認為其所收諸家之說，亦甚重要，卻不一定皆精確。但再過一段時候，他又感「要義」亦不很「要」，因此終於改為《集義》。由朱子寫定此書之經過，便可知道朱子為學逐步前進之層次〔註 13〕。今列一簡表，以明諸書關係：

時　間	書　名	內　容	存　佚
不詳	論語說	古今諸儒之說	佚
孝宗隆興元年（1163）三十四歲	論語要口義	二程及其朋友門人數家	佚
	論語訓蒙口義（又名論語詳說）	本注疏、參釋文、會諸老先生之說、間附己見	佚
孝宗乾道八年（1172）四十三歲	論孟精義	二程、張載、范祖禹、呂大臨、呂布哲等十一家之說	存
孝宗淳熙四年（1177）四十八歲	論孟集注	本程氏學，通取注疏古今諸儒之說，間復斷以己見	存

〔註 13〕錢穆〈談朱子的論語集注〉，《孔孟月刊》六卷五期。

	論孟或問	疏其所以去集義，口義爲集注之意	存
孝宗淳熙七年（1180）五十一歲	論孟集義	初名要義，爲精義增訂程張諸先生說及周孚先說而成，共十二家言〔註14〕。	存

馬宗霍稱：「世謂朱子集宋學之大成，猶漢學之有鄭康成，非過譽也」(《中國經學史》第十篇〈兩宋經學〉)，從《集注》所集諸家之說，雖以宋儒之說爲主，共四十一家，而漢代有八家、魏代二家、梁代一家、唐代四家〔註15〕，已非僅囿於宋人解經之說而已。朱熹早先所著的《精義》，僅將十幾家宋人經說，依次附於論孟各章之次，乃是以宋儒義說孔孟，非就孔孟而說孔孟，《語類》稱：

如《精義》諸老先生說非不好，只是說得忒實，易使人向別處去，某所以做箇《集注》，便要人只恁地思量文義，曉得了，只管玩味，便見聖人意思出來（卷一百十一）

又云：

程先生解經，理在解語內，某集注《論語》，只是發明其辭，使人玩味經文，理皆在經文內。(卷十九)

兩條語類，皆欲學者直接從明白經文文義，而體會出聖人的眞義。理在解語內，是解者自說己理，此乃解者之自有發明，今可謂之理學；理在經文內，此非解者自持己理，特玩味經文而有得，爲之發明其辭，此理皆經文之理，非解者自持之理，此可謂之經學。故朱子之《論孟集注》，實乃朱子當時從程門理學轉入《語孟》經學一大轉手〔註16〕。

朱學能在元明清大樹旗幟者，其門人闡揚師說，亦是因素之一。朱學完整齊全，體用兼顧，難有發展餘地〔註17〕，其門人大都以傳道爲職志，如柴中行、陳埴等人，從游以數百計，彼等或築書院、或掌教、或會講。當時書院林立，朱子實紀書中所述與朱熹有關之書院，已有二十七。而黃榦之傳，使朱學盛於浙：

黃勉齋榦得朱子之正統。其門人一傳于金華何北山基，以遞傳于王魯齋柏、金仁山履祥、許白雲謙，又于江右傳饒雙峰魯。其後遂有吳草

〔註14〕《四庫》著錄爲《精義》本，《提要》卻云集十二家之說，是未細察耳，說參日人大槻信良：《朱子四書集注典據考》。

〔註15〕說參日人大槻信良：《朱子四書集注典據考》。

〔註16〕同註10。

〔註17〕詳參陳榮捷，〈朱門之特色及其意義〉，收在《朱學論集》。

盧澄上接朱子之經學，可謂盛矣〔註 18〕。

又如朱熹之私淑魏了翁：

築室白鶴山下，以所聞于輔廣、李燔者開門授徒，士爭負笈從之。由是蜀人盡知義理之學〔註 19〕。

此外尚有輔廣傳至黃震，詹體仁傳至眞德秀以至王應麟，朱學能滿播全國，則是眾門人宣教之力。其中黃榦所傳，除元代南方諸儒外，黃榦又曾知德安，元儒竇默避元兵逃至德安，縣守以程朱性理之書與之〔註 20〕；元師伐宋，屠德安，姚樞得俘虜趙復，攜之北歸，北方學者，始讀朱子之書，樞又刊行朱子小學與《論孟》、《或問》等書，元代北方諸儒許衡、郝經、劉因皆得其書而尊信之〔註 21〕，朱學已傳播于德安，當係黃榦之力。

宋人著作中，羽翼朱注傳至今日較有名者，有眞德秀、趙順孫、金履祥三人。金氏《論語集注考證》，且自謂爲集注之疏，其跋云：

古書之有注者必有疏，《論孟考證》，即集注之疏也。舉凡書中事跡之舛錯，名物之異同，山川都會之區，典要音義之訓，朱子所未詳者，靡不引經據史，博采諸子百家，考覈詳明，折衷至當。

是志在拾遺補闕，彌縫朱注之隙，而眞、趙二氏之作，亦是朱注之疏，周中孚《鄭堂讀書記》稱：

自朱子作章句集注而後，西山始創爲依注作書之例。從此以迄永樂《大全》，而集其成，自永樂以迄今茲，改修《大全》者，又更樸難數，然皆是書之濫觴也。(卷一三)

攷眞西山集編，專采朱子之說，以疏朱注。此編則又兼采諸儒爲朱子之學者之說，以疏朱注。至元倪氏士毅《輯釋》、明胡氏廣《大全》，更擴而充之，冗濫益甚。是書尚繁而不殺，可備宋學之一種焉。(同上)

金、眞、趙三人之作，雖皆爲朱注作疏，但金氏主要在於補朱注名物訓詁考證之未備；而眞氏、趙氏則是以朱說朱，重在思想的發揮。《四庫提要》曾云：

朱子以後，解《四書》者，如眞德秀、蔡節諸家，主於發明義理而已。金履祥始作《論語孟子集註考證》，後有杜瑛《論語孟子旁通》，薛延年《四書引證》，張存中《四書通證》，詹道傳《四書纂箋》，始考究典

〔註 18〕《宋元學案》卷八十三，黃百家案語。
〔註 19〕《宋史》卷四三七，輔、李二氏俱是朱熹門人。
〔註 20〕《元史》卷一五八。
〔註 21〕《元史》卷一五八、一八九。

故，以發明經義。今杜薛之書不傳，惟金氏、張氏、詹氏書，尚傳於世。三人皆篤信朱子，然金氏於集註之承用舊文，偶失駁正者，必一一辨析，張氏、詹氏，皆於舛誤之處，諱而不言，其用意則小異（卷三六）。

眞氏是對朱熹經說作整理，《四庫提要》稱：

朱子以《大學》、《中庸》、《論語》、《孟子》合爲《四書》，其《章句》多出新意，其《集註》雖參取舊文，而亦多與先儒異。其去取之意，散見《或問》、《語類》、《文集》中，不能一一載也。而《或問》、《語類》、《文集》，又多一時未定之說，與門人記錄失眞之處，故先後異同、重覆顚舛，讀者往往病焉。（卷三五）

眞氏是將其中譌異、牴牾之處，作一番去除工作，使朱熹之說，能更圓通。趙氏則是集朱門學者之說，來伸明朱注，二者互爲表裡。而趙氏《纂疏》，一如何晏《集解》採漢魏諸儒之說，朱子《集義》採北宋諸儒之說，當時所集諸家著作已亡佚者，亦藉其略存梗概。薈萃眾家學說之作，一方面因爲擷取諸家精華，而使人往往捨原作不觀而造成亡佚，一方面卻因此而保存諸家之說。

與朱熹同時，而學說大不同者，即陸九淵象山一派學者。朱陸異同，主要是一主性即理，一主心即理；一主道問學，一主尊德性〔註22〕，因此朱學又稱理學，陸學又稱心學。象山自稱其學「因讀孟子而自得之」〔註23〕，本人又不喜文字著作，主張「學苟知本，六經皆我註腳」〔註24〕，欲先發明人之本心，而後使之博，陸學宋元時，不如朱學之盛，至明代，王守仁遠紹陸學，爲天下學者景從，風行二百年。今將此派學者，有《論語》著作者，以簡表列於後：

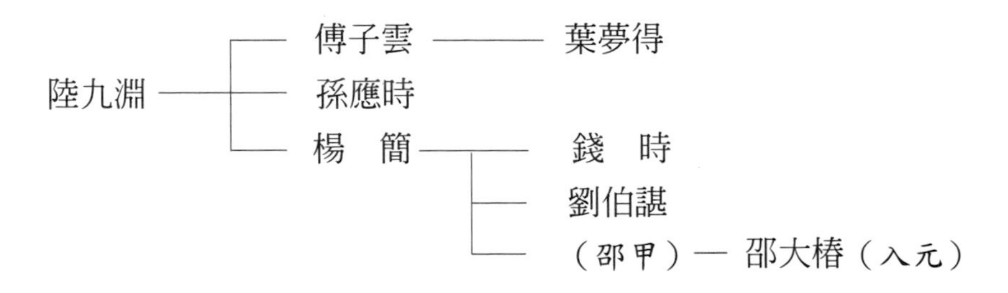

兩宋都有石經的刊刻，一在北宋慶曆間，分眞隸二體，又稱二字石經，一在

〔註22〕此處言異同，蔡仁厚：《宋明理學》南宋篇，第七章，〈象山心學與朱陸異同〉（下），有詳論，可參看。

〔註23〕《陸九淵集》卷三五。

〔註24〕同上卷三十四。

南宋紹興間，而都有《論語》〔註 25〕，北宋石經，清顧亭林、萬斯同、杭世駿均有考異之作，而南宋石經，現已不甚完整。由於雕版印刷術發達，經書刊刻風氣大盛，馬宗霍稱：

> 蓋自有鏤板，學者無復筆札之勞，經籍流布，由是益廣，斯實文藝上一大發明，且各經皆詳加校定而後頒行，則舛誤亦自較傳鈔爲少。宋槧之見寶於後世，實在於此。是故唐以前但有官學，宋以來又有官書，其於扶翼聖道，豈曰小補之哉。(《中國經學史》第十篇：宋之經學)

由於有國子監刊印經書，石經作爲標準本的功能，便被刻本所取代，直至清代，才又有石經的刊行。根據王國維〈五代兩宋監本考〉，北宋所刻的經注本爲何晏《集解》，又有《論語正義》單疏本的刊行，到了南宋更有《論語注疏解經注疏》合刻本的刊行〔註26〕。

〔註25〕詳參張國淦《歷代石經考》。

〔註26〕詳參昌彼得〈論語版本源流概述〉，《孔孟月刊》二卷八期。

第六章　遼金元《論語》著述綜錄及論語學概述

第一節　遼金元《論語》著述綜錄

遼金元三史皆無經籍、藝文志，綜理諸家書目得知，遼金二代《論語》著述僅寥寥數種，元代以經術顯著者，盛于遼金，故倪燦〈明史藝文志序〉云：「白姚樞得趙復，江漢之傳，紫陽之學，盛行於北，大儒許衡輩挺生其間，故文雅彬郁，度越遼金諸代」。元代《論語》著述以《補元志》、《補遼金元志》、《補三史志》三家所收最多，其中《補元志》附以遼金，而更富于其他二家，計有三十三種，爲其他二家未收；其他二家所收，爲《補元志》未收者，有十七種，而多爲補遼金元所收，是《補遼金元志》又富於《補三史志》，而三家未收，爲他志所載者，凡七種。三家書目之外，《文淵目》、《內閣書目》、《千頃目》亦間載此期著作，其中《千頃目》有一種爲他家書目所未載。《千頃目》「于有明一代之書後復載宋遼金元，其意蓋欲補此四代史家所遺漏之書也」（吳騫〈四朝經籍志補自序〉），清代補志一事，實黃稷虞《千頃目》導其先路，如吳騫即從《千頃目》中單採宋遼金元之書爲《四朝經籍志補》，流風所及，又不僅限於宋遼金元四朝。然《千頃目》今所據者爲適園叢書初印本及後印增補本，後者雖較前者爲佳，但其論語類後所增補元明之著作，如施澤之《孔氏實錄》、郭子章《聖門人物志》，…等，似應歸入史部爲妥，今皆不錄，僅列入附錄中。《藝文總志》於元代《論語》著述，未收者僅七種，較《經義考》三十四種爲少，然其中誤以何文淵爲明人，爲其較明顯錯誤。《經義考》有三種爲他家書目未載，然以董彝爲明成化間常熟進士，《藝文總志》因之，倪燦、盧文弨《補遼金元志》已辨其非，乃《經義考》偶而失察。

一、《論語》部分

（一）傳　注

1 ：《論語新義》不著卷數　遼　金仁存（補遼志　藝文總志　經義考）佚　實係高麗人。

2 ：《論語小義》二十卷　西夏　斡道沖（補遼志　西夏志　補元志　藝文總志　經義考）佚。

3 ：《刪集論語解》十卷　金　趙秉文（補遼金元志　補三史志　金史藝文略　補元志　千頃目　藝文總志　經義考）佚　《經義考》作《刪存論語解》。

4 ：《論語辨惑》五卷　金　王若虛（金史藝文略　補元志　藝文總志　經義考）收在《滹南遺老集》卷三至七。

5 ：《論語集注箋義》三卷　元　趙悳（國學圖書總目）今傳有守山閣叢書本，《藝文總志》、《經義考》未收。

6 ：《緱山論語旁通》二卷　元　杜瑛（補遼金元志　補三史志　補元志　藝文總志　經義考）佚　《經義考》作四卷，云未見。注云一作四卷。

7 ：《論語集義》一卷　元　王鶚（補遼金元志　補三史志　補元志　藝文總志　千頃目　經義考）佚。

8 ：《增集論語說約》不著卷數　元　單庚金（補元志　藝文總志　經義考）佚。

9 ：《論語講義》一卷　元　戴表元（經義考）載《剡源集》中，《藝文總志》未收。

10：《論語訓蒙口義》不著卷數　元　陳櫟（補遼金元志　補元志　千頃目　藝文總志　經義考）佚　《千頃目》、《補遼金元志》作《論孟訓蒙口義》，茲依《經義考》。《藝文總志》誤稱《補元志》作《論孟訓蒙口義》。

11：《論語叢說》三卷　元　許謙（四庫未收書　藝文總志　叢書子目類編）今傳有宛委別藏本，《經義考》未收。

12：《論語義》不著卷數　元　郭好德（補三史志　藝文總志　經義考）佚。

13：《論語正義》二十卷　元　陳立大（補遼金元志　補三史志　藝文總志）

佚　《經義考》未收。

14：《論語指要》不著卷數　元　任士林（補遼金元志　補三史志　藝文總志　千頃目　經義考）佚。

15：《論語提要》不著卷數　元　吳簡（補遼金元志　補元志　藝文總志　千頃目　經義考）佚。

16：《論語句解》十二卷　元　劉豈蟠（補遼金元志　補元志　藝文總志　內閣書目　千頃目　經義考）佚　《千頃目》、《補遼金元志》作劉豈播，《內閣書目》作劉豈磻。

17：《論語旁訓》不著卷數　元　沈易（補元志　藝文總志　經義考）佚　《經義考》云未見。

18：《論語訓蒙》不著卷數　元　俞杰（補元志　藝文總志　經義考）佚　《經義考》云未見。

19：《論語口義》四卷　元　歐陽溥（補遼金元志　補元志　藝文總志　千頃目　經義考）佚　《補元志》、《經義考》作《魯論口義》，《經義考》云未見。《千頃目》注云：一作歐陽博或歐陽淖《魯論口義》。

20：《論語衍義》十卷　不著撰人（藝文總志　千頃目）佚　《經義考》未收。

21：《論語本旨》一冊　不著卷數　不著撰人（藝文總志　千頃目）佚　《經義考》未收。

（二）專　著

1　：《孔子集》不著卷數　元　薛搜（補三史志　藝文總志）佚　《經義考》未收。

2　：《論語言仁通旨》二卷　元　齊履謙（補遼金元志　補三史志　補元志　藝文總志　千頃目　經義考）佚。

3　：《論語圖》不著卷數　元　林起宗（補元志　藝文總志　經義考）佚

（三）譯　語

1　：《金國語論語》不著卷數　金　不著譯人（補元志　藝文總志）佚　《補元志》入譯語類，《藝文總志》、《經義考》未收。

2　：《論語注譯》不著卷數　西夏　斡道沖（補遼志）佚。

二、《四書》部分

（一）傳　注

1：《四書集注說》不著卷數　金　王若虛（金史藝文略　藝文總志）佚　《經義考》未收。

2：《四書辨惑》六卷　金　王若虛（補遼金元志　金史藝文略　補元志　藝文總志　千頃目）其單行本不傳，今《滹南遺老集》中卷三至八凡六卷，載《論語孟子辨惑》，《學》、《庸》則未見。《經義考》未收。

3：《四書通旨》六卷　元　朱公遷（補遼金元志　補三史志　補元志　四庫總目　藝文總志　千頃目　鄭堂志　國學圖書總目　經義考　叢書子目類編　東京漢籍目錄）今有四庫本。

4：《四書約說》四卷　元　朱公遷（補遼金元志　補元志　藝文總志　千頃目）佚　《經義考》未收。

5：《四書提綱》不著卷數　元　胡一桂（補元志　藝文總志　經義考）佚。

6：《四書箋義纂要》十二卷《紀遺》一卷　元　趙德（補遼金元志　補元志　四庫未收書　藝文總志　千頃目　販書偶記　國學圖書總目　經義考　叢書子目類編　東京漢籍目錄）《販書偶記》著錄作《四書箋義》十二卷《補遺》一卷《續遺》一卷，《千頃目》另複出著錄《四書箋義》不著卷數。

7：《四書集義精要》三十六卷　元　劉因（補遼金元志　補三史志　補元志　藝文總志　文淵目　內閣書目　千頃目　經義考　叢書子目類編　四庫總目）今有元至順元年江南行省刻本，凡三十六卷。《四庫》著錄二十八卷，僅至《孟子・滕文公上篇》，且卷九、十、二十、二十一凡四卷注原闕，僅得二十四卷。

8：《四書語錄》不著卷數　元　劉因（補三史志　金史藝文略　藝文總志）佚　《補元志》著錄《小學四書語錄》，入子部儒家類。

9：《四書選注》二十六卷　元　陳天祥（補元志　藝文總志　經義考）佚

10：《四書辨疑》十五卷　元　陳天祥（補遼金元志　補三史志　補元志　藝文總志　四庫總目　鄭堂志　國學圖書總目　經義考　叢書子目類編）《經義考》作《四書集注辨疑》，《補三史志》云撰人失名。

11：《四書辨疑》十五卷　元　不著撰人（東京漢籍目錄）重刊通志堂經解有

之，題闕名；元有陳天祥《四書辨疑》十五卷，不知同書否。元另有胡炳文、陳紹大、孟夢恂之《四書辨疑》，皆不著卷數，佚。

12：《四書通》二十六卷　元　胡炳文（補遼金元志　補三史志　補元志　四庫總目　藝文總志　文淵目　鄭堂志　國學圖書總目　經義考　叢書子目類編　東京漢籍目錄）《千頃目》、《補遼元志》、《補三史志》、《補元志》作三十四卷、今有四庫本。

13：《四書辨疑》不著卷數　元　胡炳文（補三史志　補元志　鄭堂志　藝文總志　經義考）佚　《經義考》云未見，《鄭堂志》疑即《四書通》三十四卷本。

14：《四書拾遺》不著卷數　元　張淳（補遼金元志　補三史志　補元志　藝文總志　千頃目　經義考）佚　《經義考》云未見。

15：《四書述》不著卷數　元　郭隍（補元志　藝文總志　經義考）佚　《補元志》作郭鎧，誤，茲從《經義考》。

16：《四書纂釋》不著卷數　元　劉霖（補元志　藝文總志　經義考）佚。

17：《四書演義》不著卷數　元　蕭元益（補元志　藝文總志　經義考）佚。

18：《四書家訓》不著卷數　元　石鵬（補元志　藝文總志　經義考）佚。

19：《四書說》不著卷數　元　何安子（補元志　藝文總志　經義考）佚。

20：《四書引證》不著卷數　元　薛延年（補遼金元志　補元志　藝文總志　千頃目　經義考）佚　《經義考》云未見。

21：《四書辨疑》不著卷數　元　陳紹大（補元志　藝文總志　經義考）佚。

22：《四書疑義》不著卷數　元　牟楷（補元志　藝文總志　經義考）佚。

23：《四書提要》不著卷數　元　劉彭壽（補元志　藝文總志　經義考）佚。

24：《四書發明》三十八卷　元　陳櫟（補遼金元志　補三史志　補元志　藝文總志　千頃目　文淵目　經義考）佚　《經義考》云未見，《千頃目》作二十八卷。

25：《四書纂箋》二十八卷　元　詹道傳（補遼金元志　補三史志　補元志　四庫總目　藝文總志　文淵目　鄭堂志　國學圖書總目　經義考　叢書子目類編　東京漢籍目錄）《經義考》及《補元志》作二十六卷，《鄭堂志》以《經義考》偶遺其學庸或問二卷，《補元志》多因《經義考》，故同爲二十四卷。今有四庫本。

26:《四書通證》六卷　元　張存中(補遼金元志　補三史志　補元志　四庫總目　藝文總志　文淵目　鄭堂志　國學圖書總目　經義考　叢書子目類編　東京漢籍目錄)今有四庫本。

27:《四書通證》　口卷　不著撰人(補遼金元志　藝文總志　千頃目)疑即張氏之書而補志重出者,《經義考》未收。

28:《四書經疑貫通》八卷　元　王充耘(補遼金元志　補元志　四庫總目　藝文總志　文淵目　千頃目　國學圖書總目　經義考　叢書子目類編)今有四庫本,《四庫提要》云其本第二,八卷中各脫一頁,無從校補。

29:《四書類編》二十四卷　元　汪九成(補遼金元志　補元志　藝文總志　文淵目　內閣書目　千頃目　經義考)《經義考》云未見。

30:《四書大義》不著卷數　元　解觀(補元志　藝文總志　經義考)佚。

31:《四書講義》不著卷數　元　邵大椿(補遼金元志　補元志　藝文總志　千頃目　經義考)佚。

32:《讀四書叢說》八卷　元　許謙(補遼金元志　補三史志　補元志　四庫總目　續四庫提要　藝文總志　內閣書目　鄭堂志　國學圖書總目　經義考　叢書子目類編　東京漢籍目錄)《經義考》、《遼金元志》、《補三史志》、《補元志》著錄二十卷,題《四書叢說》,未審何據。《千頃目》著錄七卷,《四庫》及《欽志》著錄四卷,皆非全帙,阮元始配成全璧,以之進呈,《四庫未收書目》著錄《論語叢說》三卷,《讀中庸叢說》二卷,元所補也。

33:《四書纂釋》二十卷　元　程復心(補遼金元志　補三史志　補元志　藝文總志　文淵目　內閣書目　千頃目　經義考)今有元後至元三年刊本作《四書章圖纂釋》二十一卷,《經義考》及《補元志》題作《四書章圖》,《補三史志》作《四書章圖纂釋》,皆二十二卷。

34:《四書章圖隱栝總要發義》二卷　元　程復心(補遼金元志　補元志　藝文總志　千頃目)今有傳本作《四書章圖隱栝總要》,或三卷,或不分卷。《經義考》未收。

35:《四書語錄》不著卷數　元　吳存(補遼金元志　補元志　藝文總志　千頃目　經義考)佚。

36:《四書講義》不著卷數　元　薛大猷(補元志　藝文總志　經義考)佚。

37:《四書儀對》二卷　元　戚崇僧(補元志　藝文總志　經義考)佚。

38：《四書待問》二十二卷　元　蕭鎰（補遼金元志　補元志　四庫未收書　藝文總志　文淵目　千頃目　經義考　叢書子目類編）《補元志》作八卷，今有影鈔元本。

39：《四書釋疑》不著卷數　元　歐陽光（補元志　藝文總志　經義考）佚。

40：《四書一貫》四十卷　元　黃清老（補遼金元志　補三史志　補元志　藝文總志　千頃目　經義考）佚　《經義考》云未見，《千頃目》不著卷數，《補遼金元志》作十卷，《補三史志》作數十卷。《一齋書目》有之，則明末尚有傳本。

41：《四書通辨》不著卷數　元　陳剛（補遼金元志　補元志　藝文總志　千頃目　經義考）《經義考》云未見。

42：《四書訓詁》不著卷數　元　王桂（補元志　藝文總志　經義考）佚　《經義考》云未見。

43：《四書講義》不著卷數　明　何文淵（藝文總志　千頃目）佚　《經義考》未收，《千頃目》另著錄何氏《四書文字引證》，注云泰定間人；《補遼金元志》、《補元志》亦同。案泰定年號一在元，一在明，此當指元，《藝文總志》誤作明人。

44：《四書集釋》不著卷數　元　陳尚德（補遼金元志　補三史志　補元志　藝文總志　千頃目　經義考）佚　《經義考》云未見。

45：《四書闕疑》不著卷數　元　瞻思（補遼金元志　補三史志　補元志　藝文總志　千頃目　經義考）佚。

46：《四書明辨》不著卷數　元　祝堯（補遼金元志　補元志　藝文總志　千頃目　經義考）佚。

47：《四書斷疑》不著卷數　元　涂縉生（補遼金元志　補元志　藝文總志　千頃目　經義考）闕　《補遼金元志》縉作溍；《補元志》作搢，今有明初刊本，作《四書經疑主意》，殘存卷二至四及卷六，凡四卷，當即此書。

48：《四書箋惑》不著卷數　元　蔣玄（補元志　藝文總志　經義考）佚　「玄」《宋元學案》避諱作「元」，《藝文總志》依《補元志》著錄作蔣子晦，乃其字也。

49：《四書答疑》不著卷數　元　馬瑩（補元志　藝文總志　千頃目）佚　《經義考》未收。

50：《四書本旨》不著卷數　元　陳樵（補遼金元志　補元志　藝文總志

千頃目　經義考）佚　《經義考》云未見。

51：《四書講稿》不著卷數　元　傅定保（補遼金元志　補元志　藝文總志　千頃目　經義考）佚　《經義考》云未見。

52：《四書直解》不著卷數　元　馮崋（補元志　藝文總志　經義考）佚　《經義考》云未見。

53：《四書輯釋》三十六卷　元　倪士毅（補遼金元志　補元志　四庫總目　續四庫提要　文淵目　內閣書目　千頃目　販書續記　國學圖書總目　經義考　東京漢籍目錄）今有元至正刊本，作《四書輯釋大成》，《續四庫》即據其本著錄；《偶記續編》則著錄日本重刊本、《四庫存目》與《欽志》著錄《重訂四書輯釋》二十卷，乃經明代王逢訂定。

54：《四書管窺》八卷　元　史伯璿（補遼金元志　補元志　四庫總目　藝文總志　文淵目　內閣書目　千頃目　國學圖書總目　經義考　叢書子目類編）《千頃目》、《經義考》作五卷，《四庫提要》疑其爲五冊之誤。今有四庫本，乃毛晉汲古閣舊鈔，論語闕先進以下，可與今傳之明洪武刻本配成完帙。

55：《四書標注》不著卷數　元　韓信同（補元志　藝文總志　經義考）佚。

56：《四書輯義》十六卷　元　馬豫（補遼金元志　補元志　藝文總志　文淵目　內閣書目　千頃目　經義考）佚　《經義考》云未見，不著卷數，《補遼金元志》與《補元志》皆作六卷。

57：《四書集疏》不著卷數　元　汪炎昶（經義考）佚　《藝文總志》未收。

58：《四書問答》一卷　元　趙遷（補遼金元志　補元志　藝文總志　千頃目經義考）佚　《經義考》云未見。

59：《四書辨疑》不著卷數　元　孟夢恂（補遼金元志　補三史志　補元志　藝文總志　千頃目　經義考）佚　《經義考》云未見。

60：《四書疑解》十二卷　元　袁俊翁（補遼金元志　補元志　四庫總目　藝文總志　文淵目　千頃目　國學圖書總目　經義考　叢書子目類編）《千頃目》作《新編待問集四書疑解》。

61：《四書類辨》不著卷數　元　曾貫（補元志　文淵目　藝文總志　經義考）佚。

62：《四書節義》不著卷數　元　邊昌（補元志　藝文總志　經義考）佚。

63：《四書附纂》不著卷數　元　黃寬（補元志　藝文總志　經義考）佚。

64：《四書一貫錄》不著卷數　元　楊維楨（補元志　藝文總志　千頃目　經義考）佚　《經義考》云未見。

65：《四書解》不著卷數　元　朱本（補遼金元志　藝文總志　千頃目）佚《經義考》未收。

66：《四書日講》不著卷數　元　邱葵（補三史志　藝文總志）佚　《經義考》未收。

67：《四書通義》不著卷數　元　桂本（補元志　藝文總志）佚　《經義考》未收。

68：《四書講義》不著卷數　元　黃仲元（宋志補　補元志　藝文總志）佚　《經義考》未收。

69：《四書經疑問對》八卷　元　董彝（補遼金元志　補元志　藝文總志　經義考　千頃目）《經義考》云未見，誤以爲明成化間常熟進士，《藝文總志》因之，《千頃目》入經解類。今有明初刊黑口本。

70：《朱眞四書》十二冊　元　不著撰人（補遼金元志　藝文總志　文淵目　內閣書目　千頃目）佚　乃輯晦庵、西山二家注，不著卷數。《經義考》未收。

71：《朱張四書》十四冊　元　不著撰人（補遼金元志　藝文總志　文淵目　內閣書目　千頃目）佚　乃輯晦庵、南軒講義，不著卷數。《經義考》未收。

72：《四書集注》不著卷數　元　不著撰人（經義考）《經義考》云未見，《藝文總志》未收。

73：《四書通義》三十六卷　不著撰人（補遼金元志　藝文總志　千頃目）佚《經義考》未收。

74：《四書通成》三十六卷　不著撰人（補遼金元志　藝文總志　千頃目）佚《經義考》未收。

75：《四書詳說》十卷　不著撰人（補遼金元志　藝文總志　千頃目）佚《經義考》未收。

76：《四書釋要》十九卷　不著撰人（補遼金元志　藝文總志　千頃目）佚《經義考》未收。

77：《四書提要》不著卷數　不著撰人（補遼金元志　藝文總志　文淵目　千頃目）佚　《經義考》未收，未審即劉彭壽之《四書提要》否？

78：《語孟旁通》八卷　元　杜瑛（補三史志　金史藝文略　補元志）《藝文總志》、《經義考》未收，《文淵目》作《論孟旁通》。

79：《論孟類次》不著卷數　元　吳迂（補遼金元志　藝文總志　千頃目）佚　《千頃目》入論語類，《補遼金元志》作語孟類次，亦入論語類，《經義考》未收。

80：《論孟眾記》不著卷數　元　吳迂（補遼金元志　藝文總志　千頃目）佚　《千頃目》、《補遼金元志》俱入孟子類，《經義考》未收。

81：《大學論語說》不著卷數　元　陳沂（補三史志　藝文總志）佚　《經義考》未收。

（二）專　著

1：《點四書凡例》不著卷數　元　包希魯（補遼金元志　補元志　藝文總志千頃目　經義考）佚　《經義考》云未見。

2：《四書人名考》不著卷數　元　周良佐（補元志　藝文總志　經義考）佚。

3：《四書指掌圖》不著卷數　元　林處恭（補元志　藝文總志　經義考）佚。

4：《四書圖》不著卷數　元　吳大成（補元志　藝文總志　經義考）佚。

5：《四書圖解》不著卷數　元　林起宗（補三史志　補元志　藝文總志）佚　《經義考》未收，《補元志》作《中庸大學論語孟子諸圖》，不著卷數。

6：《四書考異》十卷　元　陳櫟（補遼金元志　補三史志　補元志　藝文總志　內閣書目　經義考）佚　《經義考》云未見。

7：《四書精要考異》不著卷數　元　安熙（補元志　藝文總志　經義考）佚

（三）文字翻譯

1：《四書文字引證》九卷　元　何文淵（補遼金元志　補元志　藝文總志　內閣書目　千頃目　經義考）佚　《經義考》云未見。

2：《四書譯解》不著卷數　金　溫迪罕締達等譯（補三史志　藝文總志）佚　《經義考》未收。

第二節　遼金元論語學概述

兩宋在武功方面雖不敵遼金元諸國，然文化方面卻對他們有相當影響。《遼史·義宗傳》：

> 神冊元年春，立爲皇太子，時太祖問侍臣曰：「受命之君，當事天敬神，有大功德者，朕欲祀之，何先？」皆以佛對。太祖曰：「佛非中國教。」倍曰：「孔子大聖，萬世所宗，宜先。」太祖大悅，即建孔子廟，招皇太子春秋釋奠。（卷七二）

又宋洪皓：

> 遼道宗朝，有漢人講《論語》至北辰居所而眾星拱之，道宗曰：「吾聞北極之下爲中國，此豈其地邪？」至夷狄之有君，疾讀不敢講，則又曰：「上世獯鬻獫狁，蕩無禮法，故謂之夷，吾修文物彬彬，不異中華，何嫌之有？」卒令講之。（《松漠紀聞》卷上）

雖然遼代並無《論語》方面著作，但由上文知遼主亦受到漢化的影響。金人雖攻滅北宋，但卻因文化交流，漢化程度亦頗深。當時治《論語》者，有趙秉文《刪集論語解》、王若虛《論語辨惑》、《四書集注說》、《四書解惑》。蘇天爵〈安熙行狀〉云：

> 國初有傳朱子《集注》至北方者，滹南王公雅以辨博自負，爲說非之。趙郡陳氏獨喜其說，增多至若干言。及來爲眞定廉訪使，出其書以示人，先生（安熙）懼焉，爲書以辨之……其後陳公果深悔而焚其書。（《滋溪文稿》卷二二）

王氏〈論語辨惑自序〉亦稱：

> 晦庵刪取眾說，最號簡當，然尚有不安，及未盡者。竊不自揆，嘗以所見正其失而補其遺，凡若干章。非敢以傳世也，姑爲吾家童蒙之訓云。（《滹南集》卷三）

由上可知當時朱熹學說已傳至北方，王氏四書方面的著作，正是對朱熹的異議。另如鄭麟趾《高麗史》稱金仁存撰《論語新義》，進講東宮〔註 1〕；西夏斡道沖以西夏文譯《論語注》，並撰有《論語小義》；金溫迪罕締達等譯《四書譯解》，多少顯示出四鄰之嚮慕華風及中國儒學之遠被。

元人論語學所主以朱學爲宗，而朱熹特重《四書》，遂多註解《四書》之作，此後則以《四書》爲主，單獨詮解《論語》者較少，沿至明清亦然。陸學自九淵

〔註 1〕《經義考》卷二百二十引。

歿後而逐漸消沈，至元代幾無傳人，《論語》方面著述，僅邵大椿有《四書講義》之作。另有會同朱陸異同者，自南宋朱陸之爭起，湯巾即先爲之〔註2〕，其後程紹開亦思和會兩家〔註3〕，而宋元之際龔霆松則著有《四書朱陸會同注釋》。程紹開之徒吳澄（草廬）「出于雙峰，固朱學也，其後亦兼主陸學」〔註4〕，已顯出朱學有若干歧出。

朱學自南宋理度兩朝，復顯於世，元代朱學盛行情形，同恕稱「四方學者，家有其書，人習其讀」〔註5〕，虞集亦云：

> 群經四書之說，自朱子折衷論定，學者傳之，我國家尊信其學，而講誦授受，必以是存則，而天下之學皆朱子之書，書之所行，教之所行也，教之所行，道之所行也。（《道園學古錄》卷三六）

自朱熹特重《四書》，朱門學者遂視《四書》及朱註爲治儒學最基本資料，如黃宗羲謂北山（何基）宗旨爲「熟讀《四書》而已」〔註6〕；王柏與其友汪開之同讀《四書》，取朱熹《論孟集義》，別以鉛黃朱墨，以求朱子去取之意〔註7〕；吳師道稱：

> 竊獨惟念昔聞北山首見勉齊（黃榦），臨川將別，授以但熟讀《四書》之訓，晚年悉屏諸家所錄，直以本書深玩，蓋不忘付囑之意，自是以來，諸先生守爲家法，其推明演繹者，將以反朱子之約而已，故能傳緒不差，閎大光明，式克至於今日也〔註8〕。

另如許衡奉《四書》若神明〔註9〕，因許衡掌國子監，《四書》乃盛行於世，蔚爲元代思想之主流。又因《四書》之通行，促使仁宗皇慶二年（1313）下詔以《四書》、《五經》爲國家取士之規定課本，次年，復頒示以朱註爲欽定之疏釋〔註10〕，其制爲明清所沿用。更因《四書》所佔比重甚大〔註11〕，因而提高《四書》地位，

〔註2〕《宋元學案》卷八十四全祖望案語：「鄱陽湯氏三先生，導源於南溪，傳宗于西山，而晦靜（湯巾）由朱而入陸」，另袁桷，《清容居士集》卷二一，〈龔霆松四書朱陸會同序〉，及《結埼亭集・外編》卷四十四，〈奉臨川先生帖子〉、《經義考》卷二百五十三引袁桷之說皆作湯中，王梓材校語則以爲湯中係湯巾傳寫之誤，今依全氏案語作湯中。

〔註3〕《宋元學案》卷九十二，全祖望案語。

〔註4〕同註3。

〔註5〕《榘菴集》卷二，送彭元亮序。

〔註6〕《宋元學案》卷八二。

〔註7〕同註6。

〔註8〕《經義考》卷二百五十三引吳師道序許謙四書叢說。

〔註9〕《魯齋遺書》卷九，與子師可書。

〔註10〕《元史》卷八十一，選舉志一。

〔註11〕據《大元聖政國朝典章》卷三一所載，當時考試分蒙古、色目人及漢、南人兩組，

朱熹在學術史地位遂至不可動搖。科舉以此取士，學風遂隨之而變，《四庫提要》稱：

> 蓋仁宗延祐以前，尚未復科舉之制，儒者多爲明經計，不爲程試計，故其言切實，與後來時文講義異也。（卷三五）

自是闡明義理之書，遂爲弋取利祿之見，因當時經義之外有經疑，故推演經疑一派著作甚多，或稱闕疑、釋疑，或稱答疑、類辨……等。如袁俊翁《四書疑節》、王充耘《四書經疑》「皆程試之式也」〔註12〕，蕭鎰〈四書待問自序〉即云「是書之集本爲舉子觀覽之便」〔註13〕，楊士奇亦譏之爲「爲科舉之學設也」〔註14〕，另有董彝《四書經疑問對》〔註15〕。但因經義經疑并用，學者猶有研究古義之功，故《四庫提要》評袁俊翁之書爲：

> 雖亦是科舉之學，然非融貫經義，昭晰無疑，則格閡不能下一語，非猶夫明人科舉之學也。（卷三六）

評王充耘之書爲：

> 其間辨別疑似，頗有發明，非經義之循題衍說，可以影響揣摩者比。（同上）

阮元亦評蕭氏之書爲：

> 于四子書意，頗多發明。（《四庫未收書目提要》卷一）

總括而言，「有元一代，士猶篤志於研經」〔註16〕。此外科舉對學校教育亦有影響，姚燧謂：

> 今也四海匪獨士子，凡筐筴之吏求售於時，其誦而習，亦先《四書》。（《元文類》卷六十）

雖然「四書之學行，家傳而人誦」〔註17〕，但有袁桷所指陳授受範圍狹隘之弊病：

> 近者江南學校教法，止於《四書》。髫齔諸生，相師成風，字義精熟，蔑有遺忘，一有詰難，則茫然不能以對。（《清容居士集》卷四）

前者佔七分之五，後者佔五分之二。

〔註12〕《四庫提要》卷三六。

〔註13〕《經義考》卷二百五十五。

〔註14〕同註13。

〔註15〕《經義考》誤以董彝爲明成化間常熟進士，《補遼金元志》已辨其非，甘雲鵬《經學源流考》因襲《經義考》之誤，稱明初三科猶經義經疑并用，故董彝尚有《四書經疑問對》之作，案洪武十七改定格式，而經疑之法遂廢，若彝眞爲明人，成化間去明初亦有百年，則無須爲科舉而作《經疑問對》。

〔註16〕《四庫提要》卷三六。

〔註17〕《經義考》卷二百五十五，鄧文原撰《程復心四書章圖》。

學子身體力行之精神，亦由早先王惲所稱：

近年科舉不行，士趨實學，曰師弟子云者，專務講明，收功致效。（《秋澗大全文集》卷四二）

變爲「從之者多而眞知者寡，坐談者易而行之者難」〔註18〕空談之情形。

於外族統治下，朱注能定爲取士之準則，實是由朱學崇信者努力推動普及結果，今以《宋元學案》、《元史》及黃孝光《元代的四書學》〔註19〕，製成簡表，略述元儒論語（四書）學於後。

一、元代北儒之論語（四書）學

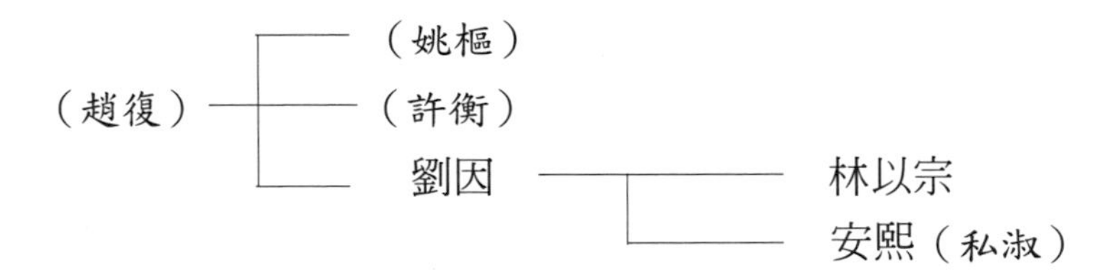

朱學之傳授北方，一般以趙復北上始〔註20〕：

自趙復至中原，北方學者，始讀朱子之書。（《新元史》卷二三四）

先是南北道絕，載籍不相通，至是復以程朱所著諸經傳註，盡錄以付（姚）樞。自復至燕……乃與樞謀，建太極書院，立周子祀，以二程楊游等六君子配焉。……樞既退隱蘇門，乃即復傳其學。由是許衡、郝經、劉因皆得其書而尊信之，北方知有程朱之學，自復始。（《元史》一八九）

趙復有傳承朱學之功，而姚樞則有刊佈朱學之功：

得名儒趙復，始得程頤、朱熹之書。（《元史》卷一五八）

自版小學書、語孟或問、家禮、俾楊中書（惟中）版四書。（《元文類》卷六十）

另外許衡在中央主持國學並尊崇朱學，使朱學於官方教育上之地位確立，並蔚然成爲主流學術：

〔註18〕見前揭書同卷，王約序程復心四書章圖。

〔註19〕木鐸第七期。

〔註20〕以朱熹聲聞於金代而言，早在宋金對峙時期，北方已知朱子之學，如金儒李純甫即斥程朱及其他新儒家排佛之非（《鳴道集說》卷五）、王若虛《四書》方面著作，亦與朱註立異、王得輿《居家教學》，必本朱子小學四書，後復及六經（蒲道源，《閒居叢稿》卷十四）。但就思想體系與知識傳統開始系統的傳講朱學，當自趙復始。

> 迨南北混一，衡爲國子祭酒，謙雖屢徵不起，爲朝廷所敬禮，承學之士，聞而興起，《四書集註章句》及《近思錄》、《小學》通行於海內矣。延祐開科，遂以朱子之書爲取士之規程，終元之世，莫之改易焉。(《新元史》卷二三四)

以上三人雖無《論語》方面著述，但對朱學傳佈之功確不可沒，尤其姚、許二人與忽必烈關係密切〔註 21〕，因他們之影響，使儒學尚能在異族統治下流佈，其功更甚於朱學之推崇。

北儒中許衡於論語學方面之影響，僅詹道傳「用魯齋（許衡）先生所定之句讀，會近代諸儒之箋釋而參訂之」〔註 22〕作成《四書纂箋》。而劉因則著有《四書語錄》(已佚)、《四書集義精要》，後者是劉因就盧孝孫所輯《四書集義》一百卷，「擇其指要，刪其複雜」而成〔註 23〕故蘇天爵稱之「簡嚴粹精，實於集註有所發」〔註 24〕。繼劉因之後，有私淑弟子安熙之《四書精要考異》，以及因之弟子林起宗，所著《論語圖》、《四書圖解》，以圖表闡釋《四書》之蘊義。

二、元代南儒之論語（四書）學

南方諸儒沈潛涵養於朱子學說較北儒久遠，故其發展亦較北儒爲盛。今首述金華四先生之傳承，列表如下：

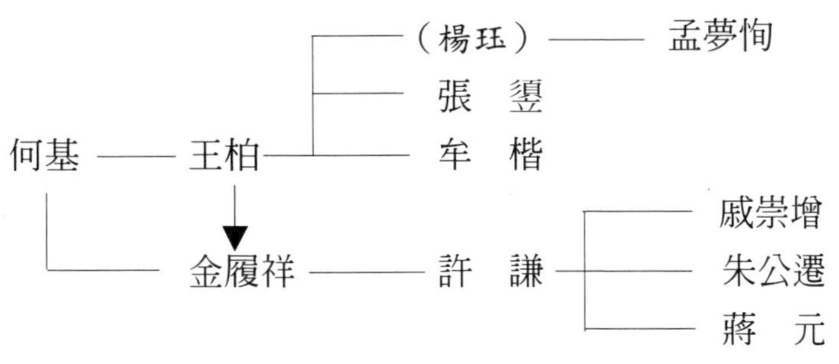

朱熹本系所傳，以何、王、金、許四人最負盛名，有金華四先生之稱。許謙論語學著作是以朱註爲宗：

〔註 21〕蕭啓慶，〈忽必烈時代潛邸舊侶考〉(《大陸雜誌》二十五卷：一～三期）分六個集團，姚許二人皆屬正統儒學集團。此集團份子大半在汗庭是師儒地位，中統、至元之文治，是由此派人物開創而成。

〔註 22〕《經義考》卷二百五十四引胡一中《四書纂箋序》。

〔註 23〕《四庫提要》卷三六。

〔註 24〕《經義考》卷二百五十四引。

嘗曰聖賢之心，盡在《四書》，《四書》之義，備於朱子。(《經義考》卷二百五十四引黃溍墓志語)

其曾師法王柏標注《四書》，而重點朱熹《集註》，吳師道因請監學頒於學官而加以傳習〔註 25〕。而《讀四書叢說》，《四庫提要》評道：

於訓詁名物，亦頗考證，有補足章句所未備，於朱子一家之學，可謂有所發明矣。(卷三六)

所謂「訓詁名物，亦頗考證」，正可見其學承金履祥(《論孟集註考證》)之軌跡。龔運道以其《叢說》集諸家之說，以闡釋朱註之奧旨，厥為充實發揚朱熹之工夫論〔註 26〕。許謙弟子朱公遷今僅《四書通旨》傳世，其書雖「體近類書」〔註 27〕，予人「微嫌其繁」〔註 28〕之感，但其：

於天人性命之微，道德學問之要，多能剖其疑似，詳其次序，使讀者因此證彼，渙然冰釋，要非融會貫通，不能言之成理如是也。(《四庫提要》卷三六)

亦有匠心獨運之處，至於其他各家之作，因已亡佚而無窺其大略。

次述饒魯之傳承，列表如下：

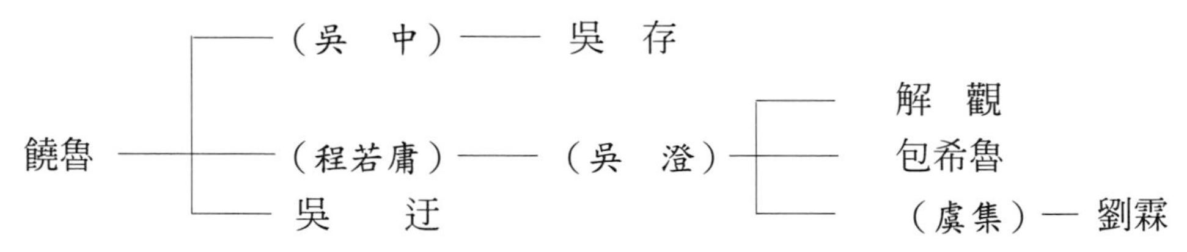

本系雖亦傳自朱熹，但自饒魯起，人即以「晚年多不同于朱子」詆之，「則雙峰蓋亦不盡同于朱子者」〔註 29〕。吳澄亦有人以其所承非朱學〔註 30〕，虞集在言語間亦有不滿朱學之意〔註 31〕，已顯示學術歧出跡象，其中吳迂《四書》方面著述較豐，但亦如他人一般，今已亡佚。

此外元代宗朱學者，有因前人羽翼朱註之作而更出新作，如胡炳文《四書通》因趙順孫《纂疏》、吳眞子《集成》刊削而成；陳櫟《論語訓蒙口義》采黃榦《通

〔註 25〕《吳禮部文集》卷二十，請傳習許益之先生點書公文。
〔註 26〕龔運道著〈元儒許謙之朱子學〉，收在《朱學論叢》。
〔註 27〕《四庫提要》卷三六。
〔註 28〕《經義考》卷二百五十三，朱彝尊案語。
〔註 29〕《宋元學案》卷八十三，全祖望案語。
〔註 30〕《新元史》卷一百七十。
〔註 31〕《元史》卷一百八十一。

釋》、趙順孫《纂疏》……等說而成；倪士毅則合陳櫟《四書發明》、胡炳文《四書通》而成《四書輯釋》；張存中則因杜瑛《論語旁通》、薛延年《四書引證》太繁，而為《通證》。

元代宗朱學者，於發明朱書之義時，有能不苟異，亦不苟同。如許謙《論語義說》，阮元評曰：

> 今考是書發明朱子之學，旁引曲證，不苟異，亦不苟同。(《四庫未收書提要》卷一)

又如何安子《四書說》，程鉅夫後序曰：

> 能於朱子之說，有所發明，不阿隨又不詭異，可謂善學者矣。(《經義考》卷二百五十四引)

然多數仍不敢與朱註稍異，如胡炳文《四書通》，《四庫》評曰：

> 大抵合於經義與否，非其所論，惟以合於註意與否，定其是非。(卷三六)

陳櫟《論語訓蒙口義》，陳氏自序：

> 實未嘗出朱子窠臼。(《經義考》卷二百二十引)

史伯璿《四書管窺》，《新元史》稱：

> 時饒氏（魯）輯講、許氏（謙）草說、胡氏（炳文）通旨、陳氏（櫟）發明，有與朱子背馳者，伯璿著《四書管窺》五卷，多所辨正。(卷二百三十六)

故皮錫瑞稱「元人則株守宋儒之書」〔註 32〕。而刊削不合朱熹之意者，及篤守朱熹之說者，皆正表示出於彰顯朱子思想之正統。元人對於朱熹承繼道統幾乎無異辭，如胡炳文〈四書通自序〉：

> 六經，天地也；四書，行天之日月也。朱子平生精力之所萃而堯舜禹湯文武周孔顏曾思孟之心所寄也。(《經義考》卷二百五十四引)

汪克寬〈重訂四書輯釋序〉中亦云：

> 《四書》者，六經之階梯，東魯聖師以及顏、曾、思、孟傳心之要，舍是無以他求也。孟子歿，聖經湮晦千五百年，迨濂洛諸儒，先抽關發矇，以啓不傳之秘，而我紫陽子朱子，且復集諸儒之大成，擴往聖之餘蘊。(《經義考》卷二百五十五引)

元代朱學興盛，故皆以朱熹為承續道統，亦因此元儒《論語》著述，乃多羽翼之功，而鮮有立異者。

〔註 32〕《經學歷史》第九章，經學積衰時代。

第七章　明代《論語》著述綜錄及論語學概述

第一節　明代《論語》著述綜錄

《明史》雖有藝文志，然從劉知幾說，斷代成編，所錄《論語》著述僅三十四種，不及總數九分之一，餘則多為《經義考》、《四庫》、《續四庫》、《千頃目》……等書目所載。《經義考》獨家所載者，計一百零一種，而他家所收為《經義考》未錄者，有六十三種，其中《續四庫》十三種、《四庫》十二種、《千頃目》十三種，三家最多，餘則《國學圖書總目》、《東京漢籍目錄》、《販書偶記》、《續記》、《叢書子目類編》、《京都漢籍目錄》等失載數種。羅振玉〈經義考目錄附校記序〉：「(朱氏)當時未見之書，厥後四庫全書及存目與諸藏書家恆有著錄；其注闕者，亦往往人間尚有足本」，《四庫》著錄《論語》著述為《經義考》未收者，計十二種，此又得一旁證。然吳騫〈千頃堂書目跋〉稱：「秀水竹垞檢討雅重之，其輯《經義存亡考》(即《經義考》)，多徵引其說。《明詩綜》，則凡爵里姓氏，以及序次先後，一皆依之，其篤信如此」，《千頃目》所載竟有十三種為朱氏未錄，考朱氏與黃氏同年生，朱年八十一，黃年六十三，朱氏後歿，當得見《千頃目》全本，今考校其所引《千頃目》為適園叢書後印增補本，此處未收者，未明其意為何？《藝文總志》於此期《論語》著述未收者達一百四十四種，幾達全數二分之一，其中《經義考》獨載者一百零一種皆未收入。

一、《論語》部分

（一）傳　注

1 ：《論語集註大全》二十卷　明　胡廣等撰（叢書子目類編　東京漢籍目錄）《無求備齋論語集成》有之。

2 ：《論語私抄》十卷　明　楊守陳（經義考）《經義考》云未見，《藝文總志》未收。

3 ：《論語近說》不著卷數　明　王承裕（藝文總志　千頃目　經義考）《經義考》云未見。

4 ：《論語蒙讀》不著卷數　明　王承裕（藝文總志　千頃目　經義考）《經義考》云未見。

5 ：《論語衍義》不著卷數　明　林士元（藝文總志　千頃目　經義考）《經義考》云未見。

6 ：《論語洙泗萬一本旨》不著卷數　明　黃省會（經義考）佚　《藝文總志》未收。

7 ：《論語心義旨》不著卷數　明　萬表（藝文總志　千頃目　經義考）《經義考》云未見。

8 ：《論語筆義》不著卷數　明　劉教（經義考）佚　《藝文總志》未收。

9 ：《論語偶見》不著卷數　明　蔡國熙（經義考）佚　《藝文總志》未收。

10：《近溪子論語答問集》二卷　明　羅汝芳撰　楊起元輯（叢書子目類編）《經義考》、《藝文總志》未收。

11：《論語述》三卷　明　許孚遠（藝文總志　千頃目　經義考）《經義考》云未見，初印本《千頃目》作《論述》，明志著錄《論語學庸述》四卷。今有明萬曆刊本。

12：《論語衍言》不著卷數　明　章潢（藝文總志　千頃目　經義考）《經義考》云未見。

13：《讀論勿藥》四卷　明　余懋學（藝文總志　千頃目　經義考）未見。《經義考》著錄四卷，云存，《藝文總志》因初印本《千頃目》著錄爲六卷。

14：《論語訂釋》十卷　明　管志道（明志　藝文總志　千頃目　經義考）收在《管東溟先生文集》中。

15：《論語大意》十二卷　明　李材（明志　藝文總志　千頃目　經義考）

《經義考》云未見。

16：《論語箋疏》十卷　明　袁黃（經義考）《藝文總志》未收。

17：《論語詳解》二十卷　明　郝敬（藝文總志　千頃目　國學圖書總目　經義考　叢書子目類編　東京漢籍目錄）今傳有明萬曆刊本，并有《附錄》二卷。

18：《論語義府》二十卷　明　王肯堂（明志　藝文總志　四庫總目　千頃目　經義考　京都漢籍目錄）今傳有明刊本，《經義考》另著錄《四書義府》。

19：《論語膚義》不著卷數　明　楊惟相（藝文總志　千頃目　經義考）《經義考》云未見。

20：《論語駁異》二十卷　明　王衡（經義考）佚　《藝文總志》未收，今傳有明刊本。

21：《論語測》不著卷數　明　李頻（藝文總志　千頃目　經義考）《經義考》作李頻，云未見。《藝文總志》因初印本《千頃目》作李穎。

22：《論語或問臆說》不著卷數　明　李頻（藝文總志　千頃目　經義考）《經義考》作李頻，云未見。

23：《論語學案》十卷　明　劉宗周（四庫總目　藝文總志　經義考　叢書子目類編　國學圖書總目）《經義考》作四卷，今傳有四庫本。

24：《論語貫義》二卷　明　陳懿典（經義考）《經義考》云存，《藝文總志》未收。

25：《論語湖南講》四卷　明　葛寅亮（經義考）《藝文總志》未收，今傳有明刊本《四書湖南講》。

26：《論語商》二卷　明　周宗建（四庫總目　藝文總志　鄭堂志　國學圖書總目　經義考　叢書子目類編）今傳有四庫本。

27：《讀論語》二卷　明　曹珖（叢書子目類編）收在《大樹堂說經》，《經義考》、《藝文總志》未收。

28：《論語傳習》二卷　明　虞世愷（經義考）《經義考》云存，《藝文總志》未收。

29：《論語測疑》不著卷數　明　李弘明（經義考）《經義考》云未見，《藝文總志》未收。

30：《論語分篇》二卷　明　羅喻義（經義考）佚　《經義考》云存，《藝文總志》未收。

（二）專　著

1：《論語類編》二卷　明　周是修（明志　藝文總志　千頃目　經義考）佚　《藝文總志》入傳注類。

2：《論語類編》不著卷數　明　羅用俊（經義考）佚　《藝文總志》未收。

3：《論語外編》十卷　明　李栻（藝文總志　千頃目　經義考）今傳有明萬曆十二年刊本爲十八卷，《無求備齋論語集成》亦有之。《藝文總志》入傳注類。

4：《論語類求》不著卷數　明　沈懋孝（經義考）佚　《藝文總志》未收。

5：《論語類考》二十卷　明　陳士元（明志　清志　重修清志　四庫總目　藝文總志　千頃目　鄭堂志　國學圖書總目　經義考　叢書子目類編　東京漢籍目錄）《經義考》作《論語解》，今傳有四庫本。

6：《論語逸編》三十一卷　明　鍾韶（藝文總志　千頃目　經義考）未見　《千頃目》誤作鍾一韶，《四庫存目》入子部儒家類。

7：《論語外篇》四卷　明　潘士達（四庫總目　藝文總志　千頃目　經義考）未見　《經義考》著錄二十卷，入擬經類；《四庫存目》作《增訂論語外編》，稱增訂李拭《論語外篇》而成，入子部儒家類。

8：《論語對偶》二卷　不著撰人（經義考）《經義考》云未見，《藝文總志》未收。

9：《論語會心詩》一卷　明　胡文煥（叢書子目類編）未見　《經義考》、《藝文總志》未收。

10：《孔門弟子傳略》二卷　明　夏洪基（四庫總目　千頃目　經義考）《四庫總目》入史部傳記類存目，《藝文總志》未收。

11：《魯經》不著卷數　明　童品（經義考）佚　《藝文總志》未收。

12：《論語摘輔象》不著卷數　明　孫瑴輯　清　錢熙祚增注（京都漢籍目錄）《守山閣叢書》有之，《藝文總志》未收。

13：《論語摘衰聖》不著卷數　明　孫瑴輯　清　錢熙祚增注（京都漢籍目錄）《守山閣叢書》有之，《藝文總志》未收。

14：《論語陰嬉讖》不著卷數　明　孫瑴輯　清　錢熙祚增注（京都漢籍目錄）《守山閣叢書》有之，《藝文總志》未收。

15：《論語比考讖》不著卷數　明　孫瑴輯　清　錢熙祚增注（京都漢籍目錄）《守山閣叢書》有之，《藝文總志》未收。

16：《論語撰考讖》不著卷數　明　孫瑴輯　清　錢熙祚增注（京都漢

籍目錄）《守山閣叢書》有之，《藝文總志》未收。

二、四書部分

（一）傳　注

1：《四書通義》二十卷　明　劉剡（四庫總目　藝文總志）未見　是書爲訂正倪士毅《輯釋》而作，《經義考》未收。

2：《四書旁注》十九卷　明　朱升（藝文總志　千頃目　經義考）未見　《千頃目》不著卷數，《經義考》云存。

3：《四書纂類》不著卷數　明　蔣允文（藝文總志　千頃目　經義考）《經義考》作蔣允汶，云未見。

4：《四書備遺》不著卷數　明　陶宗儀（明志　補元志　藝文總志　千頃目　經義考）佚　洪武間人，《藝文總志》入元。

5：《四書通義》不著卷數　明　王逢（藝文總志　千頃目　經義考）佚　《四庫存目》著錄《重訂四書輯釋》二十卷，題元倪士毅撰，實即王逢《通義》本。今傳本或作《重訂四書輯釋章圖通義大全》四十卷，題元倪士毅輯釋，明王逢通義。

6：《四書釋要》不著卷數　明　何英（藝文總志　千頃目　經義考）佚　《經義考》云未見。

7：《四書集說啓蒙》　存八卷　明　景星（藝文總志　千頃目　經義考）闕　《千頃目》作《四書啓蒙》，《四庫》著錄《學庸集說啓蒙》二卷，今有明宣德九年及正統三年錢塘夏時遞刊本，殘存八卷，尚缺《論語》。納喇容若僅得學庸本，刊入經解，並將自序凡例改爲《學庸集說啓蒙》。

8：《四書講解》不著卷數　明　鄭濟（藝文總志　千頃目　經義考）《經義考》云未見。

9：《四書說約》不著卷數　明　趙新（藝文總志　千頃目　經義考）佚。

10：《四書直說》不著卷數　明　葉儀（藝文總志　千頃目　經義考）《經義考》云未見。

11：《四書點本》不著卷數　明　張宣（藝文總志　千頃目　經義考）《經義考》云未見。

12：《四書詳說》口卷　明　王廉（經義考）《經義考》云存，《藝文總志》未收。

13：《四書精華》不著卷數　明　冉庸（經義考）佚　《藝文總志》未收。

14：《四書解義》二十卷　明　張洪（藝文總志　千頃目　經義考）《經義考》云未見，今有明初刊本只收《孟子》。

15：《四書精義》不著卷數　明　黃鼎（經義考）《經義考》云未見，《藝文總志》未收。

16：《四書解疑》四卷　明　劉醇（明志　藝文總志　經籍考　經義考）《經義考》云未見。

17：《四書述解》不著卷數　明　朱謐（藝文總志　千頃目　經義考）《經義考》作《述義》，云未見。

18：《四書大全》三十六卷　明　胡廣等奉敕撰（明志　四庫總目　藝文總志　千頃目　國學圖書總目　經義考　京都漢籍目錄　東京漢籍目錄）四庫本作四十卷，今別有三十八卷、十八卷本。

19：《刪定四書大全》十八卷　明　周士顯刪定（鄭堂志）《藝文總志》、《經義考》未收。

20：《四書訓解》不著卷數　明　張文選（經義考）佚　《藝文總志》未收。

21：《四書一得》不著卷數　明　郭恕（經義考）佚　《藝文總志》未收。

22：《四書直說》不著卷數　明　楊範（經義考）《經義考》云未見，《藝文總志》未收。

23：《四書糠秕》不著卷數　明　張楷（經義考）佚　《藝文總志》未收。

24：《四書辨疑》不著卷數　明　楊琦（藝文總志　千頃目　經義考）《經義考》云未見，《藝文總志》複出。

25：《四書精解》四卷　明　周灝（藝文總志　千頃目　經義考）《經義考》云未見。

26：《四書私鈔》不著卷數　明　楊守陳（藝文總志　千頃目　經義考）《經義考》云存，《千頃目》誤作楊守誠。

27：《四書口義》不著卷數　明　沈瑋（經義考）《經義考》云未見，《藝文總志》未收。

28：《四書蒙引》十五卷　明　蔡清（明志　四庫總目　藝文總志　千頃目　鄭堂志　國學圖書總目　經義考　經義考校記　叢書子目類編　東京漢籍目錄）今四庫有著錄，並有《別錄》一卷。《無求備齋論語集成》亦有之。

29：《四書私記》不著卷數　明　王雲鳳（藝文總志　千頃目　經義考）《經

義考》云未見。

30：《四書訂疑》不著卷數　明　吳璉（經義考）經義考云未見，《藝文總志》未收。

31：《四書補注》三卷　明　朱綬（明志　藝文總志　千頃目　經義考）《經義考》云未見。

32：《四書傳注正》不著卷數　明　潘府（經義考）《經義考》云未見。

33：《四書旁訓》不著卷數　明　童品（藝文總志　千頃目　經義考）《經義考》云未見。

34：《四書尚義講章》八卷　明　劉龍（藝文總志　千頃目　經義考）後印增補本《千頃目》入經解類，作《四書尚書講章》，《經義考》作《四書講義》四卷，云未見。

35：《古本四書測》十九卷　明　湛若水（藝文總志　千頃目　經義考）《經義考》作《古本四書訓測》，云存。

36：《四書管天》不著卷數　明　熊熙（藝文總志　千頃目　經義考）

37：《四書中說》不著卷數　明　馮珵（補遼金元志　藝文總志　千頃目）佚　《經義考》未著錄此書，另著錄馮氏《四書發微》，未審即同書否。

38：《四書發微》不著卷數　明　馮埕（經義考）佚　《藝文總志》未收。

39：《四書講義》不著卷數　明　丁徵（經義考）佚　《藝文總志》未收。

40：《四書批點》十八卷　明　王侗（經義考）《經義考》云未見，《藝文總志》未收。

41：《四書證疑》不著卷數　明　顏曄（經義考）《經義考》云未見，《藝文總志》未收。

42：《四書因問》六卷　明　呂柟（明志　四庫總目　藝文總志　內閣書目　千頃目　鄭堂志　國學圖書總目　經義考　叢書子目類編）今有四庫本

43：《四書道一編》不著卷數　明　王大用（藝文總志　千頃目　經義考）《經義考》云未見。

44：《四書邇言》不著卷數　明　王漸逵（藝文總志　千頃目　經義考）《經義考》云未見。

45：《四書解》不著卷數　明　史于光（藝文總志　千頃目　經義考）《經義考》云未見。

46：《四書存疑》十二卷　明　林希元（藝文總志　千頃目　經義考）四庫未收，今有明刊本作十二卷，又有日本刊本作十四卷附考異一卷。

47：《四書語錄》不著卷數　明　鄭佐（經義考）佚　《藝文總志》未收。

48：《四書淺說》十三卷　明　陳琛（續四庫提要　藝文總志　販書偶記　千頃目　經義考　東京漢籍目錄）四庫未收，《續四庫》著錄作十二卷，疑誤。今有明崇禎十年序刊本。

49：《四書私存》三十七卷　明　季本（明志　藝文總志　千頃目　經義考）《經義考》不著卷數，云未見。

50：《四書精意》不著卷數　明　高尚賢（經義考）佚　《藝文總志》未收。

51：《四書集說》十六卷　明　周華（經義考）《經義考》云存，《藝文總志》未收。

52：《四書正學衍說》八卷　明　陶廷奎（明志　藝文總志　千頃目　經義考）《經義考》云存。

53：《碧里疑存》二卷　明　董穀（經義考）《經義考》云存，《藝文總志》未收。

54：《四書本義分解》不著卷數　明　徐獻忠（藝文總志　千頃目　經義考）《經義考》著錄作《四書本義》，云未見。

55：《四書問錄》二卷　明　唐樞（明志　藝文總志　千頃目　經義考）《四庫存目》雜家類著錄唐氏《嘉禾問錄》一卷，提要稱其初名《四書雜問》，原二卷，後門人王愛翻刻併爲一卷云云，當即此書。

56：《四書正蒙》不著卷數　明　陳祥麟（明志　藝文總志　千頃目　經義考）《經義考》云未見。

57：《四書通解》十卷　明　朱潤（明志　藝文總志　千頃目　經義考）《經義考》作《四書通釋》，與《千頃目》俱不著卷數，云未見。

58：《四書測》不著卷數　明　廖暹（經義考）《經義考》云未見，《藝文總志》未收。

59：《四書標指》不著卷數　明　陸鰲（經義考）《經義考》云未見，《藝文總志》未收。

60：《四書紀聞》不著卷數　明　黃光昇（藝文總志　千頃目　經義考）《經義考》云未見，今有明萬曆刊本。

61：《四書正義》十二卷　明　薛甲（明志　藝文總志　千頃目　國學圖書總目　經義考）薛甲，四庫薈要本《經義考》作甲，別本或作串，云未見。

62：《四書口義》三卷　明　馬森（明志　藝文總志　千頃目　經義考）《經義考》云未見，不著卷數，《千頃目》亦作不著卷數。

63：《四書古義補》十卷　明　梁格（明志　藝文總志　千頃目　經義考）《經義考》不著卷數，云未見。《明志》作《集四書古義補》。

64：《四書貞義》不著卷數　明　濮陽淶（經義考）《經義考》云未見，《藝文總志》未收。

65：《四書疑略》不著卷數　明　王復春（經義考）《經義考》云未見，《藝文總志》未收。

66：《四書程朱繹旨》不著卷數　明　莫如忠（經義考）《經義考》云未見，《藝文總志》未收。

67：《四書石堂附語》不著卷數　明　王材（經義考）《經義考》云未見，《藝文總志》未收。

68：《四書講義》不分卷　明　鄭曉（四庫總目　藝文總志）未見　《經義考》未收。

69：《四書問辨錄》十卷　明　高拱（四庫總目　藝文總志　千頃目　國學圖書總目　經義考）今有四庫本，又四庫存目別著錄《日進直講》五卷，蓋此書之初本也。《經義考》作《四書辨問錄》。

70：《日進直講》五卷　明　高拱（四庫總目）《藝文總志》、《經義考》未收。自學庸至論語子路問成人章止，乃非全本。

71：《四書質疑》不著卷數　明　李遜（經義考）《藝文總志》未收。

72：《四書直解》二十六卷　明　張居正（藝文總志　千頃目　經義考）

73：《四書集註直解說約》二十七卷　明　張居正、顧夢麟等撰（續四庫提要　藝文總志　販書偶記　京都漢籍目錄　東京漢籍目錄）清康熙間徐乾學重刊居正書，又取顧氏說約，以細字纂其上。又所附《四書直解》，不知何人作。《續四庫》著錄作七卷，疑誤。今傳有康德四年滿日文化協會排印本。

74：《四書贅說》六卷《四書自訓歌》一卷　明　陰秉暘（藝文總志　千頃目　經義考）《經義考》作陰秉陽，云未見。

75：《四書漢注疏引》不著卷數　明　李先芳（藝文總志　千頃目　經義考）《經義考》云未見，《千頃目》作《漢注疏應》，茲從《經義考》。

76：《四書紹聞編》八卷　不著卷數　明　王樵（藝文總志　千頃目　經義考）《千頃目》、《經義考》俱不著卷數。今有明萬曆二十四年刊本。

77：《四書一貫》不著卷數　明　羅汝芳（藝文總志　千頃目　經義考）《經義考》作《四書一貫編》七卷，云存。

78：《四書約說》六卷　明　孫肇興（藝文總志　販書偶記　續四庫提要）《續四庫》著錄作《四書說約》六卷，《經義考》未收。

79：《刪補四書約說》六卷　明　孫肇興撰　孫鋌重訂（藝文總志　販書續記）《經義考》未收。

80：《四書近語》六卷　明　孫應鰲（續四庫提要　藝文總志　經義考　叢書子目類編）《經義考》作《四書近旨》七卷，今有孫文恭公遺書本。《叢書子目類編》鰲作鼇。

81：《四書初問》十五卷　明　徐爌（經義考）闕　《論語》、《孟子》未見，《藝文總志》未收。今有明嘉靖刊本。

82：《四書初問講義》八卷《附補》一卷　明　徐爌（國學圖書總目）《經義考》、《藝文總志》未收。

83：《四書摘訓》二十卷　明　丘　（藝文總志　販書續記　經義考）今有明萬曆四十五年刊本，《經義考》丘作邱。

84：《四書集說》不著卷數　明　黃襄（藝文總志　千頃目　經義考）《經義考》云未見。

85：《四書口授》不著卷數　明　李文瓚（藝文總志　千頃目　經義考）《經義考》云未見。

86：《四書解酲》不著卷數　明　薛東海（經義考）佚　《藝文總志》未收。

87：《四書古今文注發》九卷　明　楊時喬（明志　藝文總志　千頃目　經義考）《經義考》云存。

88：《四書三說》三十卷　明　管大勳（藝文總志　千頃目　經義考）《經義考》云未見。

89：《四書參考》不著卷數　明　萬表（經義考）《經義考》云未見，《藝文總志》未收。

90：《四書通考補遺》六卷　明　蘇濂（明志　藝文總志　千頃目　經義考）《經義考》云未見。

91：《李氏說書》九卷　明　李贄（清禁燬書目　藝文總志　千頃目　經義考叢書子目類編　京都漢籍目錄）即《說四書》，《李氏全書》有之，作十卷。亦有明王敬宇刊本。

92：《四書評》十九卷　明　李贄（京都漢籍目錄）《經義考》、《藝文總志》未收，今有民國六十四年上海人民出版社排印本。

93：《四書解》不著卷數　明　徐渭（藝文總志　千頃目　經義考）　《經義

考》云未見。

94：《四書正學淵源》十卷　明　章一陽（四庫總目　藝文總志　經義考）未見　《經義考》作《金華四先生四書正學淵源》，蓋輯金華何基、王柏、金履祥、許謙四人發明四書之作為一帙。

95：《四書》一卷　明　金瑤（經義考）《經義考》云存，《藝文總志》未收。

96：《經籍異同》三卷　明　陳禹謨（四庫總目　藝文總志）《經義考》未收，今有舊鈔本，刊本未見。

97：《四書正義》十一卷續一卷　明　林兆恩（藝文總志　千頃目　經義考　東京漢籍目錄）未見　《經義考》作六卷《續》一卷，云存。《東京漢籍目錄》著錄民國七年排印本作三十六卷。增訂本《千頃目》恩誤作思。

98：《四書宗解》八卷　明　劉元卿（明志　藝文總志　千頃目　經義考）《經義考》云未見。

99：《四書說概》不著卷數　明　沈懋嘉（經義考）《經義考》云未見，《藝文總志》未收。

100：《四書脈望》九卷　明　趙台鼎（經義考）《經義考》云未見，《藝文總志》未收。

101：《四書心旨》不著卷數　明　樊問仁（經義考）《經義考》云佚，《藝文總志》未收。

102：《四書浴鑑篇》不著卷數　明　李經綸（經義考）《經義考》云未見，《藝文總志》未收。

103：《四書講義》十卷　明　程嗣光（明志　藝文總志　千頃目　經義考）《經義考》云未見。

104：《四書訓錄》四卷　明　楊世恩（經義考）《經義考》云未見，《藝文總志》未收。

105：《四書啓鑰》九卷（經義考）《經義考》云未見，《藝文總志》未收。

106：《四書知新日錄》三十七卷　明　鄭維嶽（明志　藝文總志　千頃目　經義考）今有刊本作六卷，日本據明潭城余彰德刊翻刻本。

107：《四書原》不著卷數　明　張綸（經義考）《經義考》云未見，《藝文總志》未收。

108：《四書輯訓》不著卷數　明　饒彝（經義考）《經義考》云未見，《藝文總志》未收。

109：《四書翼》五卷　明　陳履祥（經義考）《經義考》云未見，《藝文總志》

未收。

110：《四書參同》十卷　明　管一德（經義考）《經義考》云存，《藝文總志》未收。

111：《四書疑問》十一卷　明　姚舜牧（明志　四庫總目　藝文總志　千頃目　經義考）今有刊本或作六卷，《千頃目》、《明志》作十二卷，疑誤。明萬曆四十五年刊本。

112：《四書宗旨》六卷　明　周汝登（明志　四庫總目　藝文總志　千頃目　經義考）《千頃目》不著卷數，《子學名著集成》有之，茲從之著錄。

113：《四書講義》二卷　明　鄒元標（經義考）《經義考》云存，《藝文總志》未收。今有仁文水田講義合刊本。

114：《四書評》五卷　明　楊起元（經義考）《經義考》云未見，《藝文總志》未收。今有明刊本題《四書評眼》。

115：《四書鏡》不著卷數　明　蘇濬（經義考）《經義考》云未見，《藝文總志》未收。

116：《四書識大錄》不著卷數　明　王豫（經義考）《經義考》云未見，《藝文總志》未收。

117：《二刻禮部增補訂正四書合註篇主意》不著卷數　明　范謙等纂（續四庫提要　藝文總志）《經義考》未收，今有明萬曆三十年刊本。

118：《四書證義筆記》不分卷數　明　錢大復（續四庫提要　藝文總志　經義考）《經義考》作《四書證義合編》四卷，今有明萬曆四十一年序刊本。

119：《四書大指》十二卷　明　于孔兼（經義考）《經義考》云未見，《藝文總志》未收。

120：《元晏齋困思鈔》三卷　明　孫愼行（四庫總目　國學圖書總目　藝文總志）《經義考》未收，今有明天啓間刊本作《玄晏齋困思抄》，與《詩選》五卷《奏議》三卷合刊。

121：《四書考》一卷　明　戴文仲輯，戴應陽註（續四庫提要　藝文總志　販書偶記）今有明刊本。

122：《四書臆說》不著卷數　明　李廷機（藝文總志　千頃目）未見　《經義考》未收。

123：《四書垂世宗意》十卷　明　李廷機（經義考）《經義考》云存，《藝文總志》未收。

124：《四書口義》三卷　明　李廷機（經義考）《經義考》云存，《藝文總志》未收。

125：《四書儒宗要輯》二十九卷　明　徐即登（藝文總志　千頃目　經義考）《經義考》作《四書正學輯要》，云未見。今有明萬曆刊本。

126：《四書正學論答》不著卷數　明　徐即登（藝文總志　千頃目）未見《經義考》未收，《藝文總志》依《千頃目》作《四書論答》。

127：《四書質言》三卷　明　牛應元（藝文總志　千頃目　經義考）《經義考》云未見。

128：《四書講述》十一卷　明　盧一誠（經義考）《經義考》云存，《藝文總志》未收。今有日本慶安四年書林道伴刊本，題《四書便蒙講述》。

129：《四書疑思錄》六卷　明　馮從吾（經義考）《經義考》云存，《藝文總志》未收。《馮少虛集》有之。

130：《四書攝要》十卷　明　郝敬（明志　藝文總志　千頃目　國學圖書總目　經義考　叢書子目類編　東京漢籍目錄）此書收入《山草堂集》內編，作十卷附錄一卷。

131：《四書雜言》五卷（經義考）《經義考》云存，《藝文總志》未收。

132：《四書測》六卷　明　萬尚烈（四庫總目　藝文總志　經義考）未見

133：《四書義府》口卷　明　王肯堂（經義考）《經義考》云存，《藝文總志》未收。

134：《四書說叢》十七卷　明　沈守正（四庫總目　藝文總志　國學圖書總目）今有明萬曆刊本。

135：《四書疑問》五卷　明　史記事（明志　藝文總志　千頃目　經義考）《經義考》云未見。

136：《四書正體》五卷　明　林茂槐（明志　藝文總志　千頃目　經義考）《經義考》云未見。

137：《四書古今道脈》四十五卷　明　徐奮鵬（藝文總志　販書偶記　東京漢籍目錄）《經義考》未收，今有明萬曆刊本。

138：《空山擊碎》六卷　明　陸漸鴻（販書偶記）《經義考》、《藝文總志》未收，今有明刊本。

139：《四書湖南講》十一卷　明　葛寅亮（四庫總目　藝文總志　販書偶記）《經義考》未收，四庫存目著錄作九卷，不足。今有明刊本作十一卷。

140：《四書參解》五卷　明　樊良樞（經義考）《經義考》云存，《藝文總志》未收。

141：《四書辨證》二卷　明　樊良樞（經義考）《經義考》云存，《藝文總志》未收。

142：《四書會解》十卷　明　毛尚忠（四庫總目　藝文總志　經義考）未見。

143：《四書參符》二十卷　明　莊元臣（經義考）《經義考》云存，《藝文總志》未收。

144：《寒燈隨筆》三卷　明　張京元（經義考）《經義考》云存，《藝文總志》未收。

145：《四書攜囊集》不著卷數　明　施鳳來（經義考）《經義考》云未見，《藝文總志》未收。

146：《四書鞭影》二十卷　明　劉鳳翺（續四庫提要　藝文總志　販書續記　京都漢籍目）《經義考》未收，《續四庫提要》、《藝文總志》翔作翺，《販書續記》以其爲清人，今有清道光二十四年刊本。

147：《四書講義》不分卷數　明　高攀龍（續四庫提要　藝文總志　叢書子目類編）《經義考》未收，今有《高子全書》本。

148：《四書講義》一卷　明　顧憲成（續四庫提要　藝文總志　國學圖書總目　叢書子目類編　東京漢籍目錄）《經義考》未收，《小石山房叢書》有之。

149：《四書合喙鳴》十卷　明　許獬（續四庫提要　藝文總志）《經義考》未收，今有金門文獻會印行本。

150：《四書傳翼》不著卷數　明　陸鍵（經義考）《經義考》云未見，《藝文總志》未收。

151：《四書小參》一卷《問答》一卷　明　來斯行（續四庫提要　藝文總志　經義考　京都漢籍目錄　東京漢籍目錄）《續四庫》、《京都漢籍目錄》、《東京漢籍目錄》來誤作朱，《經義考》僅著錄《問答》而無《小參》，今有明刊本存世。

155：《四書副墨》不著卷數　明　殷大白（經義考）佚　《藝文總志》未收

153：《四書證學錄》十三卷　明　宋鳳翔（經義考）《經義考》云存，《藝文總志》未收。

154：《四書說約》不分卷數　明　鹿善繼（四庫總目　藝文總志　國學圖書

總目　經義考　叢書子目類編　京都漢籍目錄）《經義考》不著卷數，今有刊本作三十三卷。《留餘草堂叢書》有之。

155：《四書翼箋》九卷　明　洪啓初（經義考）《經義考》云存，《藝文總志》未收。今有明萬曆四十五年刊本。

156：《四書鍼》八卷　明　黃尊素（經義考）《經義考》云存，《藝文總志》未收。

157：《四書講義》不著卷數　明　唐智（經義考）佚　《藝文總志》未收。

158：《四書酌言》三十一卷　明　寇慎（四庫總目　藝文總志）未見　《經義考》未收。

159：《四書微言》二十卷　明　唐汝諤（藝文總志　千頃目　經義考　東京漢籍目錄）今有二十、十四兩明刊本。

160：《四書私旨》不著卷數　明　陳榮選（經義考）《經義考》云未見，《藝文總志》未收。

161：《四書獨證》二十卷　明　許有聲（經義考）《經義考》云存，《藝文總志》未收。

162：《四書望洋編》二十卷　明　姚光祚（經義考）《經義考》云存，《藝文總志》未收。今有明萬曆刊本。

163：《四書讀》不著卷數　明　馬廣軨（經義考）《經義考》云未見，《藝文總志》未收。

164：《四書提鉤》不著卷數　明　馬廣軨（經義考）《經義考》云未見，《藝文總志》未收。

165：《四書不倦錄》不著卷數　明　張嘉猷（經義考）《經義考》云未見，《藝文總志》未收。

166：《四書說乘》六卷　明　張嵩（經義考）《經義考》云未見，《藝文總志》未收。今有明刊本。

167：《四書問答》二卷　明　商惠（經義考）《經義考》云未見，《藝文總志》未收。

168：《四書彙解》不著卷數　明　陸弘銘（經義考）《經義考》云未見，《藝文總志》未收。

169：《四書演注》不著卷數　明　陸弘銘（經義考）《經義考》云未見，《藝文總志》未收。

170：《四書粹言》不著卷數　明　姚之鳳（經義考）《經義考》云未見，《藝文總志》未收。

171：《求己齋說書》四卷　明　李竑（經義考）《經義考》云存，《藝文總志》未收。今有明天啓二年刊本。

172：《四書庭訓》不著卷數　明　韓宗琦（經義考）《經義考》云未見，《藝文總志》未收。

173：《四書釋義》十卷　明　張睿卿（經義考）《經義考》云未見，《藝文總志》未收。

174：《四書語錄》一卷　明　張睿卿（經義考）《經義考》云未見，《藝文總志》未收。

175：《四書永業》十九卷　明　張維機（經義考）《經義考》云存，《藝文總志》未收。

176：《四書申注》十四卷　明　潘游龍（經義考）《經義考》云存，《藝文總志》未收。

177：《四書語錄》一百卷　明　陳仁錫（明志　藝文總志　千頃目　經義考）《經義考》云未見。

178：《四書析疑》十卷　明　陳仁錫（藝文總志　千頃目　經義考）《經義考》云未見。

179：《四書語錄》五卷　明　艾南英（國學圖書總目）《經義考》、《藝文總志》未收。

180：《四書大全纂編》不著卷數　明　華允誠（藝文總志　千頃目　經義考）《藝文總志》依適園叢書初印本《千頃目》作《四書纂補》，今依適園叢書後印增訂本《千頃目》及《經義考》改。

181：《四書通義》三十八卷　明　魯論（四庫總目　藝文總志　經義考）《經義考》著錄作十卷。

182：《三經見聖編》一百八十卷　明　譚貞默（四庫總目　藝文總志　經義考）以《大學》、《中庸》爲一孔經，故合語、孟爲三經。今有清刊本。

183：《四書注疏大全合纂》三十七卷　明　張溥（明志　藝文總志　千頃目　販書偶記　經義考）《千頃目》、《明志》作《四書纂注大全》。

184：《四書微響》不著卷數　明　葉樹聲（經義考）《經義考》云未見，《藝文總志》未收。

185：《四書鐸》口卷　明　申嘉胤（經義考）《經義考》云未見，《藝文總志》未收。

186：《四書遺旨》六卷　明　楊以任（經義考）《經義考》云存，《藝文總志》未收。

187：《慧眼山房說書》二十卷　明　陳天定（經義考）《經義考》云存，《藝文總志》未收。今有明刊本。

188：《四書事實》不著卷數　明　張爾禎（經義考）《經義考》云未見，《藝文總志》未收。

189：《四書大旨》六卷　明　黃淳耀（經義考）《經義考》云存，《藝文總志》未收。

190：《四書集說》二十八卷　明　徐養元、趙漁撰（四庫總目　藝文總志　經義考）《經義考》誤作二十四卷，今有清順治五年刊本。

191：《四書日衷》不著卷數　明　徐學顏（藝文總志　千頃目　經義考）佚

192：《四書內外傳》不著卷數　明　易道暹（經義考）《經義考》云未見，《藝文總志》未收。

193：《四書膚見》不著卷數　明　侯君擢（經義考）《經義考》云未見，《藝文總志》未收。

194：《四書釋義》不著卷數　明　李鳳翔（經義考）《經義考》云未見，《藝文總志》未收。

195：《四書救弊編》　明　賈明孝（經義考）《經義考》云未見，《藝文總志》未收。

196：《四書經正錄》十九卷　明　張雲鸞編（藝文總志　千頃目　經義考）《千頃目》、《經義考》作張雲鶩撰，不著卷數，《千頃目》後有張雲鸞《四書說統刪補》，當係同一人，茲從明崇禎四年序刊本著錄。

197：《四書說統刪補》不著卷數　明　張雲鸞（藝文總志　千頃目）佚　《經義考》未收。

198：《四書大全節要》不著卷數　明　楊彝（經義考）《經義考》云未見，《藝文總志》未收。

199：《四書說約》二十卷　明　顧夢麟（藝文總志　千頃目　經義考　京都漢籍目錄）楊彝序，《千頃目》作顧夢麟、楊彝撰，今有明崇禎刊本題《增補纂序四書說約》，顧夢麟、楊彝原輯，劉曰珩纂序。

200：《四書筆旨》不著卷數　明　鄒期相（藝文總志　千頃目）佚　《經義考》未收。

201：《四書正刪正》不著卷數　明　陳幼學（藝文總志　千頃目）佚　《經

義考》未收。

202：《四書一貫》不著卷數　明　陳雅言（藝文總志　千頃目）佚　《經義考》未收。

203：《四書詳說》不著卷數　明　曹端（藝文總志　千頃目）佚　《經義考》未收。

204：《刪補四書剖》十三卷　明　丘兆麟（國學圖書總目）《經義考》、《藝文總志》未收，今有明萬曆四十一年刊本。

205：《四書翼注》　六卷　明　王納諫（國學圖書總目　東京漢籍目錄）《經義考》、《藝文總志》未收，今有嘉永元年和刊本。

206：《四書會解新意》十卷　明　王德純（國學圖書總目）《經義考》、《藝文總志》未收。

207：《四書則》不分卷數　明　桑拱陽（四庫總目　藝文總志）未見　《經義考》未收。

208：《圖書衍》五卷　明　喬中和（四庫總目　藝文總志）未見　《經義考》未收。

209：《四書讀》十卷　明　陳際泰（四庫總目　藝文總志　千頃目　叢書子目類編）《經義考》未收，《千頃目》不著錄卷數，今有一卷傳本。

210：《四書守言》不著卷數　明　黃佑（藝文總志　千頃目）佚　《經義考》未收。

211：《四書會心語錄》不著卷數　明　黃佑（藝文總志　千頃目）佚　《經義考》未收。

212：《四書釋義》不著卷數　明　張四知（藝文總志　千頃目）佚　《經義考》未收。

213：《四書辨疑論》三卷　明　周洪謨（藝文總志　千頃目）佚　《經義考》未收。

214：《四書廣炬訂》不分卷數　明　楊松齡（續四庫提要　藝文總志）《經義考》未收。

215：《四子書塵言》六卷　明　戴宮華（續四庫提要　藝文總志　販書續記）《經義考》未收。

216：《四書定本辨正》六卷　明　胡正言等輯（續四庫提要　藝文總志　東京漢籍目錄）《經義考》未收，今有清咸豐元年刊本。

217：《眞珠船》二十卷　明　黃焜　輯（藝文總志　販書續記　國學圖書

總目）《經義考》未收，今有明末刊本題《舉業眞珠船》。

218：《四書留書》六卷　明　章世純（四庫總目　鄭堂志　國學圖書總目　叢書子目類編　東京漢籍目錄）《經義考》、《藝文總志》未收，《鄭堂志》題《章子留書》，今有四庫本。

219：《臨川章大力新藝》一卷　明　章世純（東京漢籍目錄）《經義考》、《藝文總志》未收，《章氏四種》所收。

220：《四書備旨》十九卷　明　鄧林（國學圖書總目）《經義考》、《藝文總志》未收，今有清乾隆四十四年杜定基增定本，上海福記景原印本題作《新訂四書補註備旨》，又名《重訂新增四書補註附考備旨》；另有嘉慶間翰文堂石印本，題《四書題竅匯參補註備旨》，云清鄒汝達參補。

221：《四書大全纂》口卷　明　倪晉卿（經義考）《經義考》云存，《藝文總志》未收。

222：《四書新義》不著卷數　明　葛承杰（經義考）《經義考》云未見，《藝文總志》未收。

223：《四書大全辨》三十八卷《附錄》六卷　明　張自烈（四庫總目　藝文總志　經義考）《經義考》著錄作三十六卷，今有清順治間刊本作四十卷釋義六卷辨略十卷或問五卷首五卷。

224：《四書說》六卷　明　辛全（叢書子目類編）《經義考》、《藝文總志》未收，《山右叢書初編》有之。

225：《四書蕅益解》不著卷數　《附周易乾坤二卦圖解》一卷　明　釋智旭撰　民國江謙注並撰附錄（京都漢籍目錄）《經義考》、《藝文總志》未收，民國六十二年台北先知出版社用排印本景印。

226：《四書群言折衷》二十卷　明　白翔（經義考）《經義考》云存，《藝文總志》未收。

227：《口口四書補注》十九卷　明　何磻口（經義考）《經義考》云存，《藝文總志》未收。

228：《四書衍注》不著卷數　明　李心（經義考）《經義考》云未見，《藝文總志》未收。

229：《四思堂說書》六卷　明　傅維鱗（經義考）《經義考》云存，《藝文總志》未收。

230：《四書定解》二十卷　明　陸在新（經義考）《經義考》云存，《藝文總志》未收。

231：《四書管窺》二卷　明　廖紀（明志　藝文總志　千頃目　經義考）《明史志》作四卷，《經義考》云未見。四庫存目僅著錄《大學》、《中庸管窺》各一卷。

232：《大學大意》一卷《中庸大意》一卷《論語解》一卷《孟子解》一卷　明　董懋策（叢書子目類編）《經義考》、《藝文總志》未收，今有清光緒三十二年刊《董氏叢書》本。

233：《語孟敷言》不著卷數　明　趙宧光（藝文總志　千頃目）《經義考》未收，《千頃目》入論語類。

234：《論孟類編》不著卷數　明　熊釗（藝文總志　千頃目）《經義考》未收，《千頃目》入論語類。

235：《論孟語錄》四卷　明　黃汝亨（續四庫提要　藝文總志）《經義考》未收，附於《空山擊碎》後。

236：《孟子說》一卷《論語說》二卷　明　辛全（藝文總志　販書續記）《經義考》未收，今有辛氏之《四書說》，見前。

（二）專　著

1　：《四書人物考》四十卷　明　薛應旂（四庫總目　藝文總志　千頃目　經義考）四庫存目著錄《人物考》四十卷《補考》八卷；補考題薛宗編，間有朱焯注。今有明嘉靖三十七年原刊本，明天啓刊許胥臣訂補本。

2　：《四書人物備考》十卷　明　薛應旂撰、陳仁錫增定（續四庫提要　藝文總志　國學圖書總目）《經義考》未收，《國學圖書總目》題四十八卷，疑係《人物考》及《補考》之合訂本。

3　：《注解四書人物考》八卷　明　朱焯（藝文總志　千頃目　經義考）今有明萬曆刊《新刻七十二朝四書人物考註釋》四十卷，明刊《新刻註釋四書人物備考》四十卷，皆有朱焯注。

4　：《彙定四書人物名物經文合考》十二卷　明　張溥輯（續四庫提要　藝文總志）《經義考》未收，今有明刊本。

5　：《四書圖史合考》二十卷　明　蔡清（續四庫提要　藝文總志）《經義考》未收，今有日本寬文九年（1669）中野氏刊本。

6　：《四書雜考》六卷　明　薛宗纂（續四庫提要　藝文總志）《經義考》未收。

7　：《經言枝指》一百卷　明　陳禹謨　錢受益、牛斗星補訂（明志　四庫總

目　藝文總志　千頃目　經義考）《四庫提要》云凡〈漢詁纂〉十九卷、〈名物考〉二十卷、〈人物概〉十五卷、〈談經菀〉四十卷、〈引經釋〉五卷，實九十九卷。《千頃目》著錄亦作九十九卷：其中〈漢詁纂〉作二十卷、〈引經釋〉作四卷。《明志》著錄作一百卷：其中〈漢詁纂〉作二十卷、〈引經釋〉作五卷；又著錄《經言枝指》十卷。《清史志》僅著錄〈名物考〉二十卷。今有傳本作九十九卷。

8 ：《談經苑》四十卷　明　陳禹謨（國學圖書總目）今有明刊本。

9 ：《四書漢詁纂》十九卷　明　陳禹謨（叢書子目類編）今有明應城張之厚刊本。

10：《人物概》十五卷　明　陳禹謨（叢書子目類編　東京漢籍目錄）今有明刊本。

11：《別本四書名物考》二十四卷　明　陳禹謨撰、錢受益、牛斗星補訂（重修清志　四庫總目　清禁燬書目　藝文總志　叢書子目類編　東京漢籍目錄）今有明刊本作《四書名物考》；又有傳錢受益、王道焜補訂本作《重訂四書名物備考》。讀書坊藏版。

12：《四書備考》八十卷　明　陳仁錫（藝文總志　千頃目　經義考　東京漢籍目錄）《經義考》云存，原本未見，《東京漢籍目錄》作二十八卷首一卷。今有明崇禎七年陳氏原刊本。

13：《增補四書精繡圖像人物備考》十二卷　明　陳仁錫（東京漢籍目錄）《經義考》、《藝文總志》未收，今有明古吳越盛堂刊本。

14：《四書考》二十八卷《四書考異》一卷　明　陳仁錫（四庫總目）經義考藝文總志未收

15：《四書人物考》十二卷　明　張星（東京漢籍目錄）《經義考》、《藝文總志》未收，今有明崇禎十四年序刊本。

16：《新刻鄒魯故事》五卷　明　魏時應（東京漢籍目錄）《經義考》、《藝文總志》未收，即《四書故事》，刊本寬文九年山村傳右衛門據萬曆四十六年序刊本重刊本。

17：《四書孝語》一卷　明　朱鴻　輯（東京漢籍目錄）《孝經大全》所收。

18：《四書經學考》十卷《補遺》一卷　明　徐邦佐（四庫總目　藝文總志　經義考）今有明崇禎元年刊本。

19：《四書續經學考》六卷　明　陳鵬霄（藝文總志　經義考）《藝文總志》云未見，今有明刊本。

20：《增補四書聚考》二十二卷《圖》一卷　明　鍾惺撰　汪武曾、陳宏謀等增訂（藝文總志　販書偶記）《經義考》未收。

21：《四書通考》二十卷　明　顧夢麟（藝文總志　千頃目　經義考）傳本作《四書十一經通考》，今有明刊本。

22：《四書引經纂》五卷　明　鄒隆纂（續四庫提要　藝文總志）《經義考》未收。

23：《四書引經節解圖考》十七卷　明　吳繼仕（藝文總志　販書偶記　經義考　東京漢籍目錄）《經義考》作《四書引經節解圖》二十六卷，今有明崇禎九年刊本。

24：《四書圖考》不著卷數　明　吳蒼舒（經義考）《經義考》云存，引吳應箕序稱之爲《四書節解圖考》，疑係同一書，《藝文總志》未收。

（三）文字音義

1　：《四書音考》不著卷數　明　李果（藝文總志　千頃目　經義考）《經義考》云未見，《藝文總志》依適園叢書初印本《千頃目》誤作李杲撰。

2　：《四書音考》不著卷數　明　周賓（藝文總志　千頃目　經義考）佚　《經義考》云未見。

3　：《四書音考》不著卷數　明　周寅（經義考）佚　《藝文總志》未收。

4　：《四書明音》二卷　明　王覺（經義考）《經義考》云存，《藝文總志》未收。

5　：《四書音釋》一卷　明　王廷熤（經義考）《經義考》云存，《藝文總志》未收。

6　：《四書正音》一卷　明　趙師伊輯（藝文總志　販書續記）佚　《經義考》未收。

7　：《四書正體校定字音》不著卷數　明　不著撰人（續四庫提要　藝文總志）《經義考》未收，今有清道光二年刊本。

第二節　明代論語學概述

明代經學之發展，學者多視爲經學積衰時代〔註1〕，本期論語學之發展，主要

〔註 1〕如顧炎武《日知錄》卷十八「竊書」條：「若有明一代之人，其所著書，無非竊盜

爲程朱、陸王兩派興衰互替，《四庫提要》曾提及：

朱陸二派，在宋已分。洎乎明代，弘治以前，則朱勝陸。久而患朱學之拘，正德以後，則朱陸爭詬。隆慶以後，則陸竟勝朱。又久而厭陸學之放，仍伸朱而黜陸。(卷九七《朱子聖學考略》)

宗朱者多半缺乏獨創性，黃宗羲稱：

有明學術，從前習熟先儒之成說，未嘗反身理會，推見至隱，所謂此亦一「述朱」，彼亦一「述朱」耳。(《明儒學案》卷十〈姚江學案敘錄〉)

倫明亦稱：

明人講章，大都宗朱，然拘迂空泛，尠能自抒心得。(《續修四庫提要．四書近語提要》)

尤其科舉以程朱之說爲宗，《四書大全》出，影響學風甚鉅，顧炎武稱其：

自八股行而古學廢，《大全》出而經說亡。(《日知錄》卷二十)

而宗王者，自王畿而流爲禪悟，再傳至顏鈞、何心隱、李贄一派而流爲狂禪，「遂復非名教之所能羈絡矣」〔註2〕，其病在空疏，流於異端。於程朱、陸王之外，明人《論語》著述另有考訂文字音義、名物制度之作，其數量較前代爲多，漢學於明中葉已漸復興，此一學風爲清代學術之遠源〔註3〕，然因前修未密，清人於此類著作評價不同，或譏之爲駁雜，以其「蓋浮慕漢儒之名而不能得其專門授受之奧者也」〔註4〕。由上述明人治論語學三大方向而言，確實難超越漢宋，此誠如馬宗霍而言：

明自永樂後，以《大全》取士，四方秀艾，因于帖括，以講章爲經學，以類書爲策府，其上者復高談性命，蹈于空疏，儒林之名，遂爲空疏藏拙之地。故《明史儒林傳》序曰：「有明諸儒，專門經訓，授受源流，則二百七十餘年間，未聞以此名家者。」黃宗義亦曰：「明人講學，襲語

而已」又云：「吾讀明弘治以後經解之書，皆隱沒古人名字，將爲己說而已」；皮錫瑞《經學歷史》第九章，經學積衰時代：「論宋元明三朝之經學，元不及宋，明又不及元」「經學至明爲極衰時代」；馬宗霍、本田成之《中國經學史》中，於明代經學亦未予好評。而閻若璩曾論其因：「予嘗發憤太息，三百年來學問文章，不能上追漢唐，下不及宋元者，其故有三：一壞於洪武十年甲子定制，以八股取士，其失也陋。再壞於李夢陽等，提倡古學而不以六經爲根本，其失也俗。三壞於王守仁，講致良知之學，至於以讀書爲禁，其失也虛。」(《皇清經解》第十九冊《潛邱劄記》卷二)

〔註 2〕《明儒學案》卷三二，黃宗義語。

〔註 3〕說詳林慶彰，〈晚明經學的復興運動〉，《書目季刊》十八卷，第三期。

〔註 4〕《四庫提要》卷三七。

錄之糟粕，不以六經爲根柢，束書不觀，但從事于遊談。」阮元亦曰：「終明之世，學案百出，而經訓家法，寂然無聞，蓋科舉盛而儒術衰，理學昌而經學微，亦其勢然也。」《中國經學史》

《明史・儒林傳》載：

原夫明初諸儒，皆朱子門人之支流餘裔。師承有自，矩矱秩然，曹端、胡居仁篤踐履，謹繩墨，守先儒之正傳，無敢改錯。學術之分，則自陳獻章王守仁始，宗獻章者曰江門之學，孤行獨詣，其傳不遠。宗守仁者曰姚江之學，別立宗旨，顯與朱子背馳，門徒徧天下，流傳逾百年，其教大行，其弊滋甚。嘉隆而後，篤行程朱不遷異說者，無復幾人矣。（卷二百八十二）

明代程朱學者述朱學風，由《明儒學案》所稱「一稟宋人成說」〔註 5〕、「恪守宋人矩矱」〔註 6〕、「宋人規範猶在」〔註 7〕，亦可看出，此派學者於論語學之著作，亦是篤守程朱之說，如楊守陳《論語私抄》「獨抄經與集注以誦味之」〔註 8〕、范謙等《二刻禮部增補訂正四書合注篇主意》「遵守朱注，闢眾家之紛紜，一以朱注爲準」〔註 9〕、許獬《四書合喙鳴》「以朱注爲宗」〔註 10〕、顧夢麟《四書說約》「窮究指歸，則斷以晦翁爲正」〔註 11〕、自翔《四書群言折衷》「必以紫陽爲依歸」〔註 12〕、張居正《四書集註直解說約》「先標舉四書章句爲綱，次朱註，次直解」〔註 13〕，莫如忠《四書程朱繹旨》、呂柟《四書因問》、章一陽《四書正學淵源》〔註 14〕……等，皆屬朱學。其中亦有能抒己見者，如景星《四書集說啓蒙》「其書就朱子章句而闡發之……蓋大旨宗朱子而亦頗有出入，不似胡氏仲虎（炳文）等於章句集注字字尊若六經也」〔註 15〕、孫肇興《四書說約》「雖仍宗朱注……絕不沾

〔註 5〕卷一，崇仁學案敘錄。
〔註 6〕卷七，河東學案敘錄。
〔註 7〕卷四三，諸儒學案敘錄。
〔註 8〕《經義考》卷二百二十一引自序。
〔註 9〕《續修四庫提要》，頁 1367。
〔註 10〕《續修四庫提要》，頁 1372。
〔註 11〕《經義考》卷二百五十九，引楊彝序。
〔註 12〕《經義考》卷二百五十九，引顧宸語。
〔註 13〕《續修四庫提要》，頁 1366。
〔註 14〕莫如忠之作，由書名即可知爲朱派學者，呂柟「學問則宗法薛瑄」（《四庫提要》卷三六），薛氏爲程朱學者，且柟《明史》本傳稱「時天下學者，不歸王守仁，則歸湛若水，獨守程朱不變者惟柟與羅欽順云」（卷二百八十二），章一陽乃「以闡發金華之宗派」（《四庫提要》卷三七），金華亦朱熹嫡傳。
〔註 15〕《鄭堂讀書》志卷十三。

染講章語錄習套，爲明人說《四書》所僅見」〔註16〕、孫應鰲《四書近語》「與朱注相表裡……是書泛論大義，不爲章解句釋，與朱注互有詳略，不肯苟同，亦不染講章習套」〔註17〕、戴宗華《四子書塵言》「大體遵用朱注，間有違異者，亦足互資發明」〔註18〕。朱學雖多爲學者所遵從，亦有與朱學意見相左者，其中較具價値者，如高拱《問辨錄》「取朱子四書章句集註疑義逐條辨駁……則確有所見，足以備參考而廣見聞」〔註19〕，否則如毛尚忠《四書會解》「議論則務與朱子相左」〔註20〕、譚默貞《三經見聖編》「皆率其胸臆，務與程朱牴牾，可謂敢於異說者矣」〔註21〕，僅爲負氣求勝，借以立名，便無甚可觀之處。

明初官學，稍承元代之舊，當時經疑、經義并用，《四庫提要》稱：

> 明洪武三年，初行科舉，其四書疑問……蓋猶沿元制。至十七年改建格式，而經疑之法遂廢。（卷三六）

四書義則主朱子《集注》，明永樂十二年敕胡廣、楊榮、金幼枚等人修《五經四書大全》，僅用一年時間即完成其中《四書大全》，「不過因元倪士毅《四書輯釋》一書，稍加點竄以成編」〔註22〕，「特小有增刪，或多不如倪氏」〔註23〕。《大全》以宋元人經說爲主，因其定爲科舉考試用書，使仕子棄古注疏而不觀，「漢至宋之經術，於是始盡變矣」〔註24〕，成爲經學興衰之一大關鍵，顧炎武曾論及《大全》定爲科舉用書之弊：

> 而制義初行，一時人士盡棄宋元以來所傳之實學，上下相蒙以饕祿利而莫之問也。嗚呼！經學之廢實自此始，後之君子欲掃而更之，亦難乎其爲力矣。（《日知錄》卷二十）

《四庫提要》謂：

> 初明永樂間胡廣等奉詔撰《四書大全》，陰據倪士毅舊本，潦草成書，而又不善於剽竊，龐雜割裂，痕蹟顯然。雖有明二百餘年，懸爲功令，然講章一派，從此而開，庸陋相仍，遂以朱子之書，專爲時文而設，

〔註16〕《續修四庫提要》，頁1377。
〔註17〕《續修四庫提要》，頁1375。
〔註18〕《續修四庫提要》，頁1378。
〔註19〕《四庫提要》，卷三六。
〔註20〕《四庫提要》，卷三七。
〔註21〕同上。
〔註22〕《鄭堂讀書志》，卷十三。
〔註23〕《日知錄》，卷二十。
〔註24〕《四庫提要》，卷三六。

而經義於是遂荒。（卷三七）

費燕峰亦稱：

明永樂專用熹說，《四書五經大全》命科舉以爲程式，生徒趨時，遞相祖受，七十子所遺漢唐相傳共守之實學殆絕。（《弘道書》，道脈譜論）

至成化後，經義之文盛行所謂八股文章〔註 25〕，學術發展更趨於淺陋，已罕有肯下苦功去鑽研經典之人，當時學者即曾指陳，如詹景鳳謂：

嘉靖中年而後，士人專以誦習時文爲逕捷，不但古經傳生平目未睹見，即國朝經書中傳注義訓一切抹去，止留槐語讀之，以求經書速完。如業易，則不復辨詩、書、春秋、禮記爲何物，或教以誦五經名言，曰：「經語可用者，時文自有之」乃不讀。（《詹氏小辨》卷三十）

李竑亦稱：

故自孔孟以後，世人相沿以爲學者，大都名利之借徑而已。夫何世愈降而人所以射名利者益巧，收名利者益捷。應制者不必談文章，立朝者不必談經術，而惟鑽穴登壟之是騖，則夜氣不足以存，故至此極耳。嗟夫！上之所懸爲功令者既如此，下之所走爲便徑者復如此。（〈求己齋說書自序〉）

祁熊佳道：

洪武三年復定爲科舉格……及文皇帝登極，命諸儒臣彙輯《十三經注疏》、《性理大全》諸書頒行天下……風會遷流，制沿弊起，父兄所教，子弟所習，非時文不爲工，而於國初頒行諸書，高束不讀。（《經義考》卷二百五十九引）

經術日趨功利庸俗，尤以《四書》爲著，《四庫提要》道：

《四書大全》初與《五經大全》並頒，然當時程式以《四書》義爲重，故《五經》率皆度閣，所研究者惟《四書》，所辨訂者亦惟《四書》。後來《四書》講章，浩如煙海，皆是編者之濫觴。（卷三六）

《四書大全》已是轉相剽襲，其後繼者，如周士顯《刪定四書大全》「（大全）已在無足輕重之數，此本又取《大全》而刪定之，乃當時坊賈射利之所爲」〔註 26〕，

〔註 25〕《日知錄》卷十六：「經義之文，流俗謂之八股，蓋始於成化以後。股者，對偶之名也。天順以前經義之文，不過敷演傳註，或對或散，初無定式，其單句題亦少……每四股之中，一反一正，一虛一實，一淺一深。其兩扇立格，則每扇之中，各有四股，其次第之法，亦復如之，故今人相傳謂之八股。」

〔註 26〕《鄭堂讀書志》卷十三。

學風至此，乃多點竄以成編之作，《四庫提要》於劉剡《四書通義》提要中嘗論道：

是書因倪士毅《四書輯釋》重爲訂正……自剡以後，重訂者又不知凡幾，蓋隸首不能算其數也。而大旨皆曰前人未善，吾不得已而作焉。實則轉相剽襲，改換其面貌，更易其名目而已。輯一四書講章，是何名山不朽之業，而紛紛竊據如此，是亦不可以已乎。（卷三七）

此類著作數量之多，但卻無甚學術價值，僅供科舉弋獲而作，《續修四庫提要》即曾言及：

明清之交，注四子書者，大抵爲舉業起見，斤斤於文法語氣，甚且引時文以代傳疏。（頁 1378）

如楊松齡《四書廣炬訂》「專論相題爲文之法」〔註 27〕、黃汝亨《論孟語錄》「係爲舉業家說法」〔註 28〕、陳際泰《四書讀》「詮發四書大義，亦略如制藝散行之體」〔註 29〕、徐養元、趙漁《四書集說》「不出流俗講章之派」〔註 30〕、范謙等《二刻禮部增補訂正四書合註篇主意》「所爭者大抵在一句一字虛實詳略輕重之間，殆爲舉業家認題起見，故不得絲毫假借也」〔註 31〕、陳琛《四書淺說》「是書及蒙引皆爲舉業而作」〔註 32〕，其中較有成就者，首推蔡清《四書蒙引》，《四庫提要》評曰：

此書雖爲科舉而作，特以明代崇尚時文，不得不爾，至其體認眞切，闡發深至，猶有宋人講經講學之遺，未可以體近講章，遂視爲揣摩弋獲之書也。（卷三六）

刁包亦稱：

《大全》而後惟蔡文莊《蒙引》專以發明朱注爲主。注者，四書功臣，《蒙引》又朱注功臣也。（《經義考》卷二百五十六引）

其後林希元有《四書存疑》之作，據洪朝選序，謂其存朱子之疑，以羽翼程朱子傳義。二書皆有名於當時，於是陳琛《四書淺說》「合蔡虛齋之蒙引、林次崖之存疑，折衷而取裁焉，而大旨則以大全爲宗」〔註 33〕、丘櫁《四書摘訓》「取蔡氏蒙引、林氏存疑二書而折衷以己意」〔註 34〕、管大勳《四書三說》「輯蒙引存疑淺說

〔註 27〕《續修四庫提要》，頁 1378。
〔註 28〕《續修四庫提要》，頁 1373。
〔註 29〕《四庫提要》，卷三七。
〔註 30〕同上。
〔註 31〕《續修四庫提要》，頁 1367。
〔註 32〕《續修四庫提要》，頁 1366。
〔註 33〕《經義考》卷二百五十六，引盧元昌言。
〔註 34〕《經義考》卷二百五十七，引劉應節言。

而加以折衷」〔註35〕、王守誠《四書傳三義》亦是輯蒙引、存疑、淺說三書而成〔註36〕，亦是輾轉相因，承襲舊作而成，此類作品尚多，《四庫提要》四書類存目案語則以爲：

案古書存佚，大抵有數可稽，惟坊刻四書講章，則旋生旋滅，有若浮漚，旋滅旋生，又幾如掃葉，雖隸首不能算其數。蓋講章之作，沽名者十不及一，射利者十恒逾九，一變其面貌，則必一獲其贏餘，一改其姓名，則必一趨其新異，故事同幻化，百出不窮。取其書而觀之，實不過陳因舊本，增損數條，即別標一書目，別題一撰人而已。如斯之類，其存不足取，其亡不足惜，其剽竊重複，不足考辨，其庸陋鄙俚，亦不足糾彈，今但據所見，姑存其目，所未見者，置之不問可矣。（卷三七）

明代《四書》宗朱之著作，以《大全》這一系列之作爲夥，惜《大全》以去取未當，抉擇不精，又因科舉以八股文章取士之不當，故明代程朱學者《四書》之作，多爲利祿而作，而罕能於經義有所發揮，雖然如張自烈有《四書大全辨》「條析而辨之」，但「往往強生分別，不過負氣求勝，借以立名」〔註37〕。無怪乎顧炎武痛斥曰：「八股行而古學廢，大全出而經說亡」，《四庫提要》四書類案語亦稱：

至明永樂中，大全出而捷徑開，八比盛而俗學熾，科舉之文名爲發揮經義，實則發揮註意，不問經義何如也。且所謂註意者，又不甚究其理，而揣測其虛字語氣，以備臨文之摹擬，併不問註意何如也。蓋自高頭講章一行，非惟孔曾思孟之本旨亡，併朱子之四書亦亡矣。（卷三六）

可謂一針見血之論。

《明史‧儒林傳》稱「學術之分，則自陳獻章、王守仁始」，《明儒學案》載：

有明之學，至白沙始入精微，其喫緊工夫，全在涵養，喜怒未發而非空，萬感交集而不動，至陽明而後大。兩先生之學，最爲相近。（卷五）

又載：

有明學術，白沙開其端，至姚江而始大明。（卷十）

明史稱「獻章之學，以靜爲主，其教學者，但令端坐澄心，於靜中養出端倪」〔註38〕，唯「其傳不遠」〔註39〕，陳氏一派學者於《論語》方面著作，湛若水有《四

〔註35〕《千頃目》卷三。
〔註36〕據王守誠序是編乃刪三書而成，分章相附，先淺說、次蒙引、存疑。
〔註37〕《四庫提要》，卷三七。
〔註38〕卷二百八十三，陳獻章傳。
〔註39〕《明史》卷二百八十二，儒林傳。

書講章》，許孚遠有《論語述》，唐樞有《四書問疑》，馮從吾有《四書疑思錄》。湛若水於明中葉甚享盛名，惜其《四書講章》不傳，無由細究其說。顧炎武《日知錄》中謂：

> 以一人而易天下，其流風至於百有餘年之久者，古有之矣：王夷甫之清談，王介甫之新說，其在於今，則王伯安之良知是也。(卷十八)

王學流行於明中葉以後，其心學強調致良知，反對絕對權威，偏重內省，爲明初朱學繁細拘守學風之糾正，其云：

> 夫學貴得之心，求之於心而非也，雖其言出於孔子不敢以爲是也，而況其未及孔子者乎？求之於心而是也，雖其言出於庸常，不敢以爲非也，而況其言出於孔子者乎？(〈答羅整菴書〉)
>
> 學，天下之公也，非朱子可得而私也，非孔子可得而私也。(同上)

雖然後人對王學褒貶俱有〔註40〕，但黃宗羲仍以明代學術「實以大宗屬姚江」〔註41〕。陽明之學，後以弟子眾多，根器不齊，「其教大行，其弊滋甚」〔註42〕，黃宗羲《明儒學案》中嘗謂：

> 陽明先生之學，有泰州、龍溪而風行天下，亦因泰州、龍溪而漸失其傳。泰州、龍溪時時不滿其師說，益啓瞿雲之秘而歸之師，蓋躋陽明而爲禪矣。然龍溪之後，力量無過於龍溪者，又得江右爲之救正，故不至十分決裂。泰州之後，其人多能以赤手搏龍蛇，傳至顏山農、何心隱一派，遂復非名教之所能羈絡矣。(卷三二)

王學末流參雜釋老，尤其幾與禪宗打成一片，故爲傳統學者目爲「陽儒陰禪」，視之爲異端，如林兆恩倡三教調和思想，李贄、管志道等鳩合儒釋。彼等皆有《論語》方面著作，林氏有《四書正義》，李氏有《李氏說書》、《四書評》，管氏有《論語訂釋》，此外羅汝芳有《近溪子論語答問篇》、《四書一貫》，樊問仁有《四書心旨》，鹿善繼有《四書說約》，皆是王學一派學者《論語》方面之著述。梁啓超嘗謂「凡一個有價值的學派，已經成立而且風行，斷無驟然消滅之理，但到了末流，

〔註40〕如黃宗羲於《明儒學案》中云：「自姚江指點出『良知人人現在，一反觀而自得』，便人人有個作聖之路。故無姚江，則古來之學脈絕矣」(卷十)，王夫之卻稱：「姚江王氏陽儒陰釋誣聖之邪說，其究也，刑戮之民、閹賊之黨皆爭附焉，而以充其『無善無惡、圓融事理』之狂妄」。

〔註41〕《明儒學案》莫晉序：「黃黎州先生《明儒學案》一書……一代學術源流，瞭如指掌。要其微意，實以大宗屬姚江」。

〔註42〕《明史》卷二百八十二。

流弊當然相緣而生」〔註 43〕，孫奇逢亦謂：

門宗分裂，使人知反而求諸事物之際，晦翁之功也，然晦翁沒而天下之實病不可不洩。詞章繁興，使人知反而求諸心性之中，陽明之功也，然陽明沒而天下之虛病不可不補。(《夏峰語錄》)

姚江之末派病在蹈入狂禪之習，此風亦見於《論語》方面著作，如王肯堂《論語義府》「其說雜於禪，如解子貢問貧而無諂一章，有境無境之義，豈可以詁儒書哉」〔註 44〕，周宗建《論語商》「標章竪義，極似語錄，而議論頗雜禪宗……其時（萬曆間）講學者俱沿姚江之末派，季侯（宗建）不能出其範圍也。此書雖無裨于經學，而其人自足千古」「其學則沿姚江之末派，乃頗近於禪」〔註 45〕、姚舜牧《四書疑問》「立說多與朱子異……尤以禪機詁儒理矣」「遯庵（舜牧）生當隆萬之際，士大夫多參究二氏之學，援儒入墨，因亦不免以禪機詁儒理，且又喜與章句集注立異」〔註 46〕、萬尚烈《四書測》「議論宗旨則全入異端，如解季路問事鬼神章，專取釋氏輪回因果之說……蓋姚江末流，其弊每至於此，不但季贄諸人，彰彰耳目者然也」〔註 47〕、沈守正《四書說叢》「雖釋道家言，亦頗兼取」〔註 48〕、劉鳳翱《四書鞭影》「往往雜以禪理……其他亦多與朱注牴牾」〔註 49〕、來斯行《四書小參》「是書以禪理說經」〔註 50〕。梁啓超謂學派到了末流，流弊當然相緣而生，繼起之人，往往對該學派內容有所修正，而賦予新生命，然後可維持於不墜。王學在萬曆、天啓間，幾已與禪宗打成一片，東林領袖顧憲成、高攀龍提倡格物以救空談之弊，爲第一次修正，劉宗周繼出提倡愼獨，以救放縱之弊，爲第二次修正〔註 51〕。劉宗周有《論語學案》，《四庫提要》評曰：

宗周講學以愼獨爲宗……其傳雖出姚江，然能救正其失。(卷三六)

顧高二人講學東林時，均不尚空談，而尚實行，兩人皆著有《四書講義》。憲成見於王學末流之弊，乃欲以朱學來匡正王學之缺失，因曰：

以考亭爲宗，其弊也拘，以姚江爲宗，其弊也蕩，拘者有所不爲，

〔註 43〕梁著《中國近三百年學術史》，頁 40。
〔註 44〕《四庫提要》卷三七。
〔註 45〕前者出《鄭堂讀書志》卷十三，後者出《四庫提要》卷三六。
〔註 46〕前者出《四庫提要》卷三七，後者出《鄭堂讀書志》卷十三。
〔註 47〕《四庫提要》卷三七。
〔註 48〕同上。
〔註 49〕《續修四庫提要》頁 1368。
〔註 50〕《續修四庫提要》，頁 1373。
〔註 51〕梁啓超《中國近三百年學術史》。

> 蕩者無所不爲，拘者人情之厭，順而決之爲易。蕩者人情所便，逆而挽之爲難。昔孔子論禮之弊，而曰：與其奢也寧儉。然則論學之弊，亦應曰：與其蕩也寧拘，此所以遜朱子也。(《小心齋劄記》卷三)

又曰：

> 陽明之所謂知，即朱子之所謂物，朱子之所以格物者，即陽明之所以致知也。總只一般，有何同異，可以忘言矣。(《小心齋劄記》卷七)

又曰：

> 朱子即修即悟，陽明即悟即修。以此言之，兩先生所以考之事、爲之著、察之念、慮之微，求之文字之中，索之講論之際者，悉有不同處，要其至於道則均矣，固不容其同耳。(《小心齋劄記》卷七)

可見其旨在調和朱王，另有錢大復《四書證義筆記》亦然，惜評價不高，「其書要旨在以陽明證紫陽……論學而專事調停，多見其牽強無謂耳」〔註 52〕。於調停派外，復有對王學末流發出批判者，如張雲鸞《四書經正錄》「專闢李贄之說」〔註 53〕、郝敬《四書攝提》不滿「百家熒惑佛老」〔註 54〕、馮從吾《四書疑思錄》「力排異端」〔註 55〕，雖未能造成聲勢，但亦可見反動之跡。

明代經學雖如《四庫提要》所稱：「自萬曆以後，經學彌荒，篤實者局於文句，無所發明，高明者騖於玄虛，流爲恣肆」〔註 56〕，但自中葉起亦有倡導漢學，傾向考證者，至晚明時，《論語》亦有所謂經學復興運動起〔註 57〕，考據學風亦因之興起〔註 58〕。明代學者於《論語》文字音義、名物制度之考訂，其數量較前代爲多，其書名多稱「考」，亦可見當時之風氣。其中文字音義之著作凡七種，名物制度之著作凡三十五種〔註 59〕，因這類書大多供時文者獺祭之用，因而評價不高，《四庫提要》謂：

〔註 52〕《續修四庫全書》，頁 1367。

〔註 53〕《千頃書目》卷三。

〔註 54〕《經義考》卷二百五十八，引自序。

〔註 55〕《經義考》卷二百五十八，引楊嘉猷言。

〔註 56〕《四庫提要》卷五。

〔註 57〕說詳林慶彰，〈晚明經學的復興運動〉，《書目季刊》十八卷三期。

〔註 58〕考據學即屬經學復興運動之一，其起因或爲對當日理學家高談心性之反動（梁啓超主之，見《清代學術概論》），或爲因理學家學說對立，因而尋根究柢，取證於古代經典（余英時主之，〈從宋明儒學的發展論清代思想史〉，收在余著《歷史與思想》），或爲前後七子之復古、楊慎之特起、書籍之流傳（林慶彰主之，七十二年東吳大學中文所博士論文）。

〔註 59〕據前節目錄。

明代儒生，以時文爲重，時文以《四書》爲重，遂有此類諸書，襞積割裂，以塗飾試官之耳目，斯亦經術之極弊。非惟程朱編定《四書》之時，不料其至此，即元延祐用四書義，明洪武定三場法，亦不料其至此者矣。(卷三七)

以清人眼光看來，此類前修未密著作，不過爲「餖飣之學」〔註60〕、「疏漏實甚」〔註61〕、「非根柢之學」〔註62〕，另如夏洪基《孔子弟子傳略》，《四庫提要》雖評曰「其蒐擇頗勤」〔註63〕，但終列入存目。眞正爲清人所讚賞者，僅陳士元《論語類考》，《四庫提要》評曰：

士元此書，大致遵履祥之例，於集註不爲苟同。每條必先列舊說，而蒐討諸書，互相參訂，皆以元案二字列之。凡一切杜撰浮談，如薛應旂《四書人物考》，稱有若字子有之類，悉爲糾正。較明代諸家之書，殊有根柢。特以專考《論語》，不備《四書》，故不及應旂書之盛傳，實則有過之，無不及也。(卷三六)

《鄭堂讀書記》稱其：

于朱子集注，糾譌補漏，亦不肯爲苟同，特不似後來毛西河稽求篇之故爲攻擊，故多精核之言，在明代諸書家中，此爲翹楚矣。(卷十二)

此類雖未獲好評，然亦可反映出當時學風，且可視爲清代考據學風之遠源。

明代學者講學之風頗爲盛行，黃宗羲曾謂：

有明事功文章，未必能越前代，至於講學，余妄謂過之(〈明儒學案序〉)

明代論語學著作，名「講義」、「講章」、「講」、「講解」之作，亦復不少，最獲好評者，則爲顧憲成《四書講義》：

就大處闡發，要處指點，精粹切實，使人不敢視講學爲無用……視彼治訓詁，談及空理者，又高一等矣。(《續修四庫提要》)

及高攀龍《四書講義》：

是書爲攀龍平日講學之作，拈某章某節而爲之說，中多體會有得之言。(《續修四庫全書》)

顧高二人尚實行，故使講學不致流於無用，餘者恐不免蹈空談之弊。

綜論明代之論語學，誠如《明史．儒林傳》所言「經學非漢、唐之精專，性

〔註60〕《四庫提要》卷三七，陳仁錫四書考提要。

〔註61〕《四庫提要》卷三七，徐邦佐四書經學考提要。

〔註62〕《四庫提要》卷九六，鍾韶論語逸篇提要。

〔註63〕《四庫提要》卷五九。

理襲宋、元之糟粕，論者謂科舉盛而儒術微，殆其然乎」〔註 64〕，然衰極而盛，至明末乃再盛而駸駸復古。

〔註 64〕《明史》卷二百八十二。

第八章　清代《論語》著述綜錄及論語學概述

第一節　清代《論語》著述綜錄

《清志》及《重修清志》收錄《論語》著述共二百一十八種，佔總數三分之一強，餘則以《販書偶記》、《續記》、《續四庫提要》、《國學圖書總目》所載最多。若以他家書目未收（藝文總志除外），獨家採錄者，以《販書偶記》四十七種、《續四庫提要》四十六種、《販書續記》四十五種，《國學圖書總目》二十五種、《叢書子目類編》二十四種、《四庫總目》共十八種、《清禁燬書目》十種等七家書目，其中《叢書子目類編》多收清人輯佚之作。《經義考》收錄至清初著述，今不計算其失錄數字，至於《藝文總志》於此期《論語》著述未錄者，不含輯佚類，計七十二種，佔總數十分之一強，其中《四庫》、《續四庫》、《清志》、《販書偶記》、《續記》、《經義考》皆在其著述取材範圍之中，各有數種未錄；而《清禁燬書目》有十一種、《國學圖書總目》二十四種、《叢書子目類編》十種、《京都》、《東京漢籍目錄》、《鄭堂記》、《續清經籍考》各有數種爲《藝文總志》所未收，這數種書目，雖不在其取材範圍中，應可考慮納入。至若各家書目舛誤之處，各論述於每條書目之下，茲不贅。

一、《論語》部分

（一）傳　注

1 :《鈔本論語摘要》二本　清　程嘉燧（清禁燬書目）佚　《清禁燬書目》原作徐述夔著，經查《清代禁燬書目》、《違礙書目》當爲程氏所作。《藝文總志》未收。

2 :《論語近指》二十卷　清　孫奇逢（經義考）佚　《藝文總志》未收。

3 :《論語》十卷:《四書反身錄》之三　清　李顒（國學圖書總目）收在《二曲全集》中，《藝文總志》未收。

4 :《論語稽求篇》七卷　清　毛奇齡（清志　重修清志　四庫總目　藝文總志　鄭堂志　經義考　國學圖書總目　叢書子目類編　東京漢籍目錄）《四庫》著錄爲四卷，今有西河合集本，《無求備齋論語集成》有之。

5 :《論語集註大全》二十卷　清　陸隴其輯（叢書子目類編）《藝文總志》未收。

6 :《讀論語劄記》二卷　清　李光地（清志　重修清志　藝文總志　國學圖書總目　叢書子目類編）今有四庫本。

7 :《論語疏略》二十卷　清　張沐（重修清志　藝文總志　叢書子目類編）未見。

8 :《論語傳注》二卷　清　李塨（清志　重修清志　藝文總志　叢書子目類編　東京漢籍目錄）《無求備齋論語集成》有之。

9 :《論語傳注問》一卷　清　李塨（清志　重修清志　藝文總志　叢書子目類編）四庫存目著錄《傳注問》一卷，包括學庸、論語，今傳本爲二卷。

10 :《論語溫故錄》二卷　清　崔紀（四庫總目　藝文總志　國學圖書總目）未見。

11 :《論語廣義》不分卷　清　王又樸（重修清志　藝文總志　叢書子目類編）未見。

12 :《論語札記》二卷　清　范爾梅（重修清志　藝文總志　叢書子目類編）未見。

13 :《論語說》二卷　清　桑調元（清志　重修清志　四庫總目　藝文總志）未見。

14 :《論語隨筆》二十卷　清　牛震運（清志　重修清志　藝文總志　販書偶記　國學圖書總目　叢書子目類編　續清經籍考）《無求備齋論語集成》有之。

15 :《論語注》二十卷　清　牛震運（販書偶記）此書乃《論語隨筆》之底

稿本，前書原闕〈鄉黨〉、〈微子〉、〈堯曰〉三篇，本書俱存。《藝文總志》未收。

16：《論語附記》二卷　清　翁方綱（清志　重修清志　藝文總志　販書偶記叢書子目類編　東京漢籍目錄）《無求備齋論語集成》有之。

17：《論語補注》三卷　清　劉開（清志　重修清志　續四庫提要　藝文總志　續清經籍考　國學圖書總目　京都漢籍目錄）今有同治間重刊本。

18：《論語駢枝》一卷　清　劉台拱（清志　重修清志　續四庫提要　續清經籍考　藝文總志　國學圖書總目　叢書子目類編　東京漢籍目錄）《無求備齋論語集成》有之。

19：《論語讀朱求是編》二十卷　清　林愈蕃（藝文總志　販書續記）未見。

20：《論語後錄》五卷　清　錢坫（清志　重修清志　續四庫提要　續清經籍考　藝文總志　鄭堂志　國學圖書總目　叢書子目類編）今有。

21：《論語廣注》二卷　清　畢憲曾（續四庫提要　藝文總志　販書偶記　鄭堂志）未見。

22：《論語贅言》一卷　清　宋在詩（重修清志　藝文總志　販書續記　叢書子目類編）今有《山右叢書》本。

23：《論語疑問》十卷　清　李灝（藝文總志　販書續記）未見。

24：《論語膚說》一卷　清　唐兆扶（續四庫提要　藝文總志）今有道光刊本。

25：《論語餘說》一卷　清　崔述（清志　重修清志　續清經籍考　藝文總志國學圖書總目　叢書子目類編　東京漢籍目錄）《無求備齋論語集成》有之。

26：《論語古義》一卷　清　惠棟（重修清志　藝文總志　國學圖書總目　叢書子目類編　東京漢籍目錄）《無求備齋論語集成》有之。

27：《論語續言》二卷　清　張秉直（重修清志　藝文總志　叢書子目類編）今有傳本爲一卷。

28：《論語偶記》一卷　清　方觀旭（清志　重修清志　續四庫提要　藝文總志　續清經籍考　國學圖書總目　叢書子目類編　東京漢籍目錄）《無求備齋論語集成》有之。

29：《論語俟質》三卷附校一卷續校一卷　清　江聲（清志　重修清志　續四庫提要　續清經籍考藝文總志　國學圖書總目　叢書子目類編　東京漢

籍目錄)《四庫》著錄無校、續校,《無求備齋論語集成》有之。

30:《皇侃論語義疏參訂》十卷　清　吳騫(續四庫提要　續清經籍考　藝文總志　販書續記　京都漢籍目錄　東京漢籍目錄)今有清乾隆四十六年自序刊本。

31:《論語古訓》十卷　清　陳鱣(清志　重修清志　續四庫提要　續清經籍考　藝文總志　販書偶記　國學圖書總目　京都漢籍目錄　東京漢籍目錄)《無求備齋論語集成》有之。

32:《論語注參》一卷　清　趙良猷(重修清志　藝文總志　叢書子目類編　東京漢籍目錄)《無求備齋論語集成》有之。

33:《論語札記》二卷　清　朱亦棟(重修清志　藝文總志　叢書子目類編　東京漢籍目錄)《無求備齋論語集成》有之,作三卷。

34:《論語說約》二卷　清　聶鎬敏(續四庫提要　藝文總志)今有清道光元年刊本。

35:《論語直旨》四卷　清　何綸錦(重修清志　續四庫提要　藝文總志　販書偶記　叢書子目類編)未見。

36:《論語說》四卷　清　程廷祚(續四庫提要　藝文總志　販書偶記　叢書子目類編)今有《金陵叢書》本。

37:《論語比》一卷　清　沈道寬(重修清志　藝文總志　叢書子目類編)今有光緒三年刊本。

38:《論語經解》二卷　清　朱爲弼(重修清志　藝文總志　叢書子目類編)未見。

39:《論語集解》二十卷《敘說》一卷　清　凌鳴喈(重修清志　藝文總志　續清經籍考　國學圖書總目　叢書子目類編)未見。

40:《論語補疏》三卷　清　焦循(清志　重修清志　續四庫提要　續清經籍考　藝文總志　鄭堂志　國學圖書總目　叢書子目類編　東京漢籍目錄)《無求備齋論語集成》有之,作二卷。

41:《論語通釋》一卷　清　焦循(清志　重修清志　藝文總志　國學圖書總目　叢書子目類編　京都漢籍目錄)今有《木犀軒叢書》本,《無求備齋論語集成》有之。

42:《讀論語質疑》一卷　清　石韞玉(清志　重修清志　續清經籍考　藝文總志　販書偶記　國學圖書總目)未見。

43:《論語集注旁證》二十卷　清　梁章鉅(清志　重修清志　續清經籍考

藝文總志　販書偶記　國學圖書總目　東京漢籍目錄）　《無求備齋論語集成》有之。

44：《論語發微》一卷　清　宋翔鳳（續四庫提要　藝文總志　販書偶記）。

45：《論語說義》十卷　清　宋翔鳳（清志　重修清志　藝文總志　續清經籍考　續四庫提要　國學圖書總目　叢書子目類編　東京漢籍目錄）《無求備齋論語集成》有之，《藝文總志》誤以與《論語纂言》同爲一書。

46：《論語鄭注》二卷　清　宋翔鳳（續清經籍考　藝文總志　販書偶記）。

47：《論語述何》二卷　清　劉逢祿（清志　重修清志　續四庫提要　藝文總志　鄭堂志　國學圖書總目　叢書子目類編　東京漢籍目錄）《續修四庫》不著卷數，《無求備齋論語集成》有之。

48：《論語孔注辨僞》二卷　清　沈濤（清志　重修清志　續四庫提要　續清經籍考　藝文總志　販書偶記　國學圖書總目　叢書子目類編　京都漢籍目錄　東京漢籍目錄）《清史志》兩出，一作《論語孔注辨》二卷，一作《論語孔注辨僞》一卷。《無求備齋論語集成》有之。

49：《論語集注序說》二卷　清　楊京元（藝文總志　販書偶記）未見。

50：《論語古解》十卷　清　梁廷枏（清志　重修清志　續清經籍考　藝文總志　國學圖書總目　叢書子目類編）今有藤花堂十五種，《無求備齋論語集成》收。

51：《論語孔注證僞》二卷　清　丁晏（重修清志　藝文總志　叢書子目類編）今有合眾圖書館叢書本。

52：《論語正義》二十卷　清　劉寶楠撰　子劉恭冕述（清志　重修清志　續四庫提要　續清經籍考　藝文總志　販書偶記　國學圖書總目　叢書子目類編　京都漢籍目錄　東京漢籍目錄）《續修四庫》作二十三卷，《清史志》作二十卷。《無求備齋論語集成》有之。

53：《論語注》無卷數　清　劉寶楠撰（販書偶記）爲底稿本，計二十冊。《藝文總志》未收。

54：《論語注疏長編》不分卷　清　劉寶楠（藝文總志　販書偶記）今未刊行，僅存底稿本，計十冊。

55：《論語正義補》一卷　清　劉恭冕撰　姪孫文興輯（京都漢籍目錄　東京漢籍目錄）今傳有昭和十二年北平橋川氏油印打字本，《無求備齋論語集成》有之。《藝文總志》未收。

56：《何休注訓論語述》一卷　清　劉恭冕（清志　重修清志　續四庫提要

續清經籍考　藝文總志　販書偶記　國學圖書總目　叢書子目類編　京都漢籍目錄　東京漢籍目錄）今有經解續編本。

57：《論語古注集箋》二十卷　清　潘維城（清志　重修清志　續四庫提要　續清經籍考　藝文總志　販書偶記　國學圖書總目　叢書子目類編　京都漢籍目錄　東京漢籍目錄）《販書偶記》著錄江蘇書局刻本作十卷附考一卷；《清史志》著錄一卷考一卷，誤。《無求備齋論語集成》有之。

58：《論語集解校補》一卷　清　蔣曰豫（清志　重修清志　藝文總志　叢書子目類編）今有蔣侑石叢書本。

59：《論語附錄》一卷　清　許翰（藝文總志　販書偶記）未見。

60：《論語雅言》十卷　清　董增齡（藝文總志　販書偶記）未見。

61：《讀論語日記》一卷　清　陳宗誼（藝文總志　販書偶記）未見。

62：《讀論語日記》一卷　清　陳期年（藝文總志　販書偶記）未見。

63：《論語解義》一卷　清　丁大椿（重修清志　藝文總志　販書偶記）今傳有丁氏《來復堂論語講義》二卷。

64：《論語衍義》十卷　清　姚紹崇（重修清志　藝文總志　販書偶記）《清史志》作四卷。

65：《論語述義》一卷續一卷　清　單爲鏓（重修清志　藝文總志　販書偶記）未見。

66：《論語鄭義》一卷　清　俞樾（清志　重修清志　續四庫提要　續清經籍考　藝文總志　國學圖書總目　叢書子目類編　東京漢籍目錄）今有皇清經解續編本。

67：《何劭公論語義》一卷　清　俞樾（清志　重修清志　藝文總志　國學圖書總目　叢書子目類編　東京漢籍目錄）《春在堂全書》有之。

68：《論語古注擇從》一卷　清　俞樾（清志　重修清志　藝文總志　國學圖書總目　叢書子目類編　東京漢籍目錄）《無求備齋論語集成》有之。

69：《續論語駢枝》一卷　清　俞樾（清志　重修清志　續四庫提要　藝文總志　國學圖書總目　叢書子目類編　東京漢籍目錄）《春在堂全書》有之。

70：《論語小言》一卷　清　俞樾（清志　重修清志　續四庫提要　藝文總志　國學圖書總目　叢書子目類編　東京漢籍目錄）《第一樓叢書》有之。

71：《論語平議》二卷　清　俞樾（國學圖書總目　叢書子目類編）《無求備齋論語集成》有之，《藝文總志》未收。

72：《論語俟》一卷　清　陳世鎔（重修清志　藝文總志　叢書子目類編）未見。

73：《戴氏注論語》二十卷　清　戴望（清志　重修清志　續四庫提要　續清經籍考　藝文總志　販書偶記　國學圖書總目　叢書子目類編　京都漢籍目錄　東京漢籍目錄）《販書偶記》著錄有《釋文》二卷，今傳有同治十年刊本、南菁書院叢書本。

74：《論語足徵記》二卷　清　崔適（續四庫提要　藝文總志　販書偶記）今有北京大學排印本，收在《無求備齋論語集成》。

75：《論語述注》十六卷　清　王景賢（重修清志　藝文總志　叢書子目類編）今有清同治二十一年刊本。

76：《論語淺解》四卷　清　喬松年（重修清志　藝文總志　販書偶記　叢書子目類編）未見。

77：《論語聞》一卷　清　盛大謨（重修清志　藝文總志　販書續記　叢書子目類編）未見。

78：《論語拾詁》二十卷　清　劉桀（藝文總志　販書續記）未見。

79：《論語詁解》十卷　清　陳濬（重修清志　藝文總志　叢書子目類編　京都漢籍目錄）《無求備齋論語集成》有之。

80：《論語義疏》二十卷　清　馬時芳（重修清志　藝文總志　販書續記　叢書子目類編）未見。

81：《論語贅解》二卷　清　秦東來（重修清志　藝文總志　販書偶記　國學圖書總目　叢書子目類編）今有清光緒刊本。

82：《論語評》八卷　清　吳莊（藝文總志　販書偶記）未見。

83：《論語時習錄》五卷　清　劉光蕡（重修清志　藝文總志　國學圖書總目　叢書子目類編）今有清蘇州思過齋刊本。

84：《論語別注》四卷　清　艾暢（藝文總志　販書續記）未見。

85：《論語後案》二十卷　清　黃式三（清志　重修清志　藝文總志　販書偶記　國學圖書總目　叢書子目類編　續清經籍考　京都漢籍目錄　東京漢籍目）　今有道光二十四年定海活字印本，《無求備齋論語集成》亦有之。

86：《論語分編》十卷　清　劉曾騄（重修清志　藝文總志　叢書子目類）。

87：《論語約注》二十卷　清　劉曾騄（叢書子目類編）《藝文總志》未收。

88：《論語翼註駢枝》二卷　清史夢蘭（藝文總志　販書續記）未見。

89：《明明子論語集解義疏》二十卷　清　胡夤（重修清志　藝文總志　叢書子目類編　京都漢籍目錄）今有《四明叢書》本。

90：《論語訓》二卷　清　王闓運（重修清志　續清經籍考　藝文總志　續四庫提要　販書續記　國學圖書總目　叢書子目類編）未見。

91：《論語謬解》二卷《二集》二卷《補遺》一卷　清　沈清旭（藝文總志　販書續記）　未見。

92：《論語稽》二十卷　清　宦懋庸（續四庫提要　藝文總志　販書續記）未見。

93：《論語發疑》四卷　清　顧成章（續四庫提要　藝文總志　販書偶記　東京漢籍目錄）未見。

94：《論語》十卷《附錄》一卷　魏　何晏集解　《附錄》清黎庶昌撰（叢書子目類編東京漢籍目錄）未見。

95：《論語發隱》一卷　清　楊文會（東京漢籍目錄）《無求備齋論語集成》有之，《藝文總志》未收。

96：《論語事實錄》一卷《附三毫考》一卷　清　楊守敬（續四庫提要　藝文總志販書偶記　京都漢籍目錄）未見。

97：《論語經正錄》二十卷　清　王肇晉（販書偶記　藝文總志）《無求備齋論語集成》有之。

98：《論語注解辨訂》二十一卷首一卷　清　劉名譽（藝文總志　販書偶記）今有民國七年刊本。

99：《論語注》二十卷　清　康有爲（藝文總志　販書偶記　東京漢籍目錄）。

100：《論語實測》二十卷　清　徐天璋（續四庫提要　販書偶記　國學圖書總目）今有清刊本。

101：《論語分類》二十六卷《附錄》一卷　清　張文林（藝文總志　販書偶記）未見。

102：《論語要略》一卷　清　許玨（藝文總志　販書偶記）未見。

103：《何劭公論語義》一卷　清　黃朝槐（重修清志　藝文總志　叢書子目類編）。

104：《何劭公論語義賸義》一卷　清　黃朝槐（重修清志　藝文總志　叢書子目類編）。

105：《論語注疏解經附札記》一卷　《札記》　清　劉世衍撰（京都漢籍目

錄　東京漢籍目錄）今傳有清光緒三十年貴池劉氏用家藏元貞平水本景刊。

106：《論語裘》四卷　清　傅基貞（國學圖書總目）《藝文總志》未收。

107：《論語彙讀》十卷　清　李崇崙（國學圖書總目）《藝文總志》未收。

108：《論語古注集說平議》二十卷　清　辜天祐（藝文總志　販書偶記）未見。

109：《論語傳》四卷　清　方鑄（藝文總志　販書偶記　叢書子目類編）未見。

110：《論語述義》十卷《敘錄》一卷　清　姚永樸（藝文總志　販書偶記）今有志仁中學排印本，收在《無求備齋論語集成》。

111：《論語集注補正述疏》十卷首一卷附《讀書堂答問》一卷　清　簡朝亮（藝文總志　販書偶記　國學圖書總目　叢書子目類編　京都漢籍目錄　東京漢籍目錄）。

112：《論語群解彙編》一卷　不著撰人（國學圖書總目）今傳有皇清經解本，《藝文總志》未收。

113：《論語群解彙編雜錄》一卷　不著撰人（國學圖書總目）今傳有皇清經解本，《藝文總志》未收。

114：《論語述說》殘存十卷　不著撰人（國學圖書總目）《藝文總志》未收。

（二）專　著

1　：《鄉黨義考》七卷　清　胡薰（續四庫提要　藝文總志　販書偶記　國學圖書總目）未見。

2　：《鄉黨考》一卷　清　黃守儛（續四庫提要　藝文總志　販書偶記）未見。

3　：《四書鄉黨考》　清　吳鼎科（藝文總志　販書續記）未見。

4　：《鄉黨經傳通解》二卷　清　程光國（藝文總志　販書偶記）未見。

5　：《鄉黨習解辨》二卷　清　不著撰人（藝文總志　販書續記）未見。

6　：《鄉黨典義》一卷　清　魏晉（續清經籍考　藝文總志　販書偶記）未見。

7　：《鄉黨典義》不分卷數　清　不著撰人（國學圖書總目）疑即魏晉之《鄉黨典義》，《藝文總志》未收。

8　：《論語鄉黨篇訂疑》四卷　清　霍禮運（藝文總志　販書偶記　販書續

記）未見。

9 ：《鄉黨便蒙》二卷　清　劉傳一撰，劉潮補考（藝文總志　販書續記）未見。

10：《鄉黨俟正》一卷　清　陳椝（藝文總志　販書續記）未見。

11：《鄉黨爵祿考辨》二卷　清　洪世佺（藝文總志　販書續記）未見。

12：《鄉黨義證》二卷　清　高崇志（藝文總志　販書續記）未見。

13：《鄉黨約說》一卷　楊廷芳（藝文總志　販書續記）未見。

14：《鄉黨正義》十四卷　清　王　（續清經籍考　藝文總志　販書偶記　京都漢籍目錄）今有清道光年間刊本，《續清經籍考》、《藝文總志》、《販書偶記》作王鎏。

15：《鄉黨正義》一卷　清　金鶚（清志　重修清志　續四庫提要　續清經籍考　藝文總志　國學圖書總目　叢書子目類編　東京漢籍目錄）《皇清經解續編》有之。

16：《鄉黨類纂》三卷　清　譚孝達（續四庫提要　藝文總志　販書偶記）未見。

17：《鄉黨補義》一卷　清　于鬯（重修清志　藝文總志　叢書子目類編）未見。

18：《鄉黨備考》二卷　清　成僎（藝文總志　販書偶記）未見。

19：《鄉黨條義》六卷　清　黃匀庭（販書續記）未見。

20：《鄉黨圖考》十卷　清　江永（清志　重修清志　四庫總目　鄭堂志　藝文總志　國學圖書總目　東京漢籍目錄）今有四庫本。

21：《鄉黨圖考補正》六卷　清　王鴻漸（藝文總志　販書偶記）清光緒三十四年刊本附《張庭詩札記》一卷。

22：《論語經典通考》一卷　清　陳鱣（續清經籍考）《藝文總志》未收。

23：《論語考異》不著卷數　清　翟灝（國學圖書總目）《藝文總志》未收。

24：《論語集注附考》一卷　清　丁晏（清志　重修清志　藝文總志）

25：《論語經典通考》不分卷數　清　陸文籀（國學圖書總目）《藝文總志》未收。

26：《朱子論語集注訓詁考》二卷　清　潘衍桐（清志　重修清志　續四庫提要　續清經籍考　藝文總志　販書偶記　國學圖書總目　京都漢籍目錄　東京漢籍目錄）今有光緒十六年刊本，《無求備齋論語集成》亦有之。

27：《論語皇疏考證》十卷　清　桂文燦（續清經籍考　藝文總志　販書偶記

叢書子目類編）《無求備齋論語集成》有之。

28：《皇本論語疏考異》一卷　清　不著撰人（藝文總志　販書偶記）今有朱絲欄舊鈔本。

29：《論語師法表》一卷　清　宋翔鳳（重修清志　藝文總志　叢書子目類編）　《無求備齋論語集成》有之

30：《論語章數字數表》二卷　清　謝崧岱、謝崧岷（藝文總志　販書偶記）今有清光緒十四年刊本。

31：《論語人地考》二卷　清　劉曾騄（重修清志　藝文總志　叢書子目類編）　今有傳本作《論語人考》一卷，《論語地考》一卷。

32：《論語論仁論》一卷　清　阮元（藝文總志　販書偶記）收在《揅經室》一集。

33：《論語論仁辯》一卷　清　成蓉鏡（重修清志　藝文總志　販書偶記）今有傳本作《論語論仁釋》。

34：《論語高士傳》不著卷數　清　屈大均（清禁燬書目）未見　《藝文總志》未收。

（三）文字考釋

1　：《論語十卷附錄》一卷　清　丁見善篆書　丁棶五附錄（藝文總志　販書偶記）

2　：《論語注疏解經》二十卷《附校勘記》二十卷　清　阮元校勘　（叢書子目類編）今有《重刊宋本十三經注疏》本，《無求備齋論語集成》亦有之。《藝文總志》未收。

3　：《論語校勘記》十卷《釋文校勘記》一卷　清　阮元撰（國學圖書總目　叢書子目類編　東京漢籍目錄）《皇清經解》有之。

4　：《論語異文考證》十卷　清　馮登府（清志　重修清志　續四庫提要　藝文總志　販書偶記　叢書子目類編）《無求備齋論語集成》有之。

5　：《論語異文集覽》四卷　清　張漪（重修清志　藝文總志　叢書子目類編）未見。

6　：《論語校議殘本》一卷　清　姚凱元（續四庫提要　藝文總志　販書偶記）　《販書偶記》作《校異》；復誤以作者爲姚元凱。今有清殘稿本第三卷，題與著錄者同。

（四）魯論語

1 ：《魯論說》三卷　清　程廷祚（清志　重修清志　續清經籍考　藝文總志）未見　程氏有《論語說》四卷，《清史志》未著錄，此疑即《論語說》之誤。《清史》列傳卷六十六李塨附傳作四卷，《續清經籍考》亦然。

2 ：《論語魯讀考》一卷　清　徐養源（清志　重修清志　續四庫提要　續清經籍考　藝文總志　國學圖書總目　叢書子目類編　東京漢籍目錄）今有經解續編本。

3 ：《魯論語》一卷　清　鍾文烝（重修清志　藝文總志　叢書子目類編）未見。

4 ：《新定魯論語述》二十卷　清　于鬯（重修清志　藝文總志　叢書子目類編）未見。

（五）輯佚

1 ：《逸論語》一卷　清　王謨輯（重修清志　國學圖書總目　叢書子目類編　東京漢籍目錄）《重修清志》作十卷；《漢魏遺書鈔》有之。

2 ：《逸論語》一卷　清　趙在翰輯（清志　重修清志）

3 ：《逸論語》十卷　清　曹廷棟輯（清志　重修清志）《清志》作《逸語》。

4 ：《論語》一卷　清　余蕭客輯（國學圖書總目）《無求備齋論語集成》所收，《古經解鉤沉》有之。

5 ：《古論語》十卷　清　馬國翰輯（清志　重修清志　國學圖書總目　叢書子目類編　東京漢籍目錄）《叢書子目類編》、《京都漢籍目錄》作六卷，收在《玉函山房輯佚書》。

6 ：《齊論語》一卷　清　馬國翰輯（清志　重修清志　國學圖書總目　叢書子目類編　東京漢籍目錄）收在《玉函山房輯佚書》。

7 ：《齊論語問王、知道逸文補》一卷　清　王紹蘭輯（重修清志　叢書子目類編）收在蕭山王氏十萬卷樓輯佚七書。

8 ：《漢孔安國論語訓解》十一卷　清　馬國翰輯（清志　重修清志　國學圖書總目　叢書子目類編　東京漢籍目錄）《叢書子目類編》、《京都漢籍目錄》作十卷，原書書目作十卷，實有十一卷。

9 ：《論語孔注》一卷　清　王仁俊輯（叢書子目類編）《玉函山房輯佚書》續編有之。

10：《孔注論語》一卷　民國　龍璋輯（叢書子目類編）《小學蒐佚》下編補

有之。

11：《漢馬融論語訓說》一卷　清　馬國翰輯（清志　重修清志　國學圖書總目　叢書子目類編　東京漢籍目錄）《玉函山房輯佚書》有之

12：《馬融注論語》一卷　民國　龍璋輯（叢書子目類編）《小學蒐佚》下編補有之。

13：《漢包咸論語章句》二卷　清　馬國翰輯（清志　重修清志　國學圖書總目　叢書子目類編　東京漢籍目錄）《玉函山房輯佚書》有之。

14：《論語包氏注》一卷　清　王仁俊輯（叢書子目類編）《玉函山房輯佚書》續編有之，十三經漢注作《論語包注》一卷。

15：《包咸注論語》一卷　民國　龍璋輯（叢書子目類編）《小學蒐佚》下編補有之。

16：《論語何氏注》一卷　清　王仁俊輯（叢書子目類編）《玉函山房輯佚書》續編有之。

17：《何注論語》一卷　民國　龍璋輯（叢書子目類編）《小學蒐佚》下編補有之。

18：《論語注》一卷　清　王謨輯（國學圖書總目　叢書子目類編　東京漢籍目錄）《漢魏遺書鈔》有之。

19：《論語注》十卷　清　袁鈞輯（國學圖書總目　叢書子目類編　東京漢籍目錄）輯鄭玄注，收在《鄭氏遺書》。

20：《論語注》十卷　清　孔廣林輯（叢書子目類編）輯鄭玄注，收在《通德遺書所見錄》。

21：《論語鄭氏注》十卷　清　宋翔鳳輯（叢書子目類編　東京漢籍目錄）收在《食舊堂叢書》。

22：《漢鄭玄論語注》十卷　清　馬國翰輯（清志　重修清志　國學圖書總目　叢書子目類編　京都漢籍目錄）《玉函山房輯佚書》有之。

23：《論語注》一卷　清　黃奭輯（國學圖書總目　叢書子目類編　東京漢籍目錄）輯鄭玄注，收在《黃氏遺書考》、《通德堂經解》。

24：《論語鄭氏注》一卷　清　王仁俊輯（叢書子目類編）《玉函山房輯佚書》續編有之。

25：《鄭注論語》一卷　民國　龍璋輯（叢書子目類編）《小學蒐佚》下編補有之。

26：《論語鄭氏注》一卷　民國　羅振玉輯（國學圖書總目　叢書子目類編

東京漢籍目錄）存卷二，收在《鳴沙石室佚書》初編。

27：《論語殘》一卷　民國　羅振玉輯（國學圖書總目　叢書子目類編　東京漢籍目錄）收在《鳴沙石室古籍叢殘》。

28：《論語孔子弟子目錄》一卷　清　馬國翰輯（清志　重修清志）輯鄭玄之作。

29：《論語麻氏注》一卷　清　王仁俊輯（叢書子目類編）《玉函山房輯佚書》續編有之。

30：《漢周氏論語章句》一卷　清　馬國翰輯（清志　重修清志　國學圖書總目　叢書子目類編　東京漢籍目錄）《玉函山房輯佚書》有之。

31：《魏陳群論語義說》一卷　清　馬國翰輯（清志　重修清志　國學圖書總目　叢書子目類編　東京漢籍目錄）收在《玉函山房輯佚書》。

32：《魏王朗論語說》一卷　清　馬國翰輯（清志　重修清志　國學圖書總目　叢書子目類編　東京漢籍目錄）《玉函山房輯佚書》有之。

33：《魏王肅論語義說》一卷　清　馬國翰輯（清志　重修清志　國學圖書總目　叢書子目類編　東京漢籍目錄）《玉函山房輯佚書》有之。

34：《王肅注論語》一卷　民國　龍璋輯（叢書子目類編）《小學蒐佚》下編補有之。

35：《魏周生烈論語義說》一卷　清　馬國翰輯（清志　重修清志　國學圖書總目　叢書子目類編　東京漢籍目錄）《玉函山房輯佚書》書有之。

36：《魏王弼論語釋疑》一卷　清　馬國翰輯（清志　重修清志　國學圖書總目　叢書子目類編　東京漢籍目錄）收在《玉函山房輯佚書》。

37：《論語王氏注》一卷　清　王仁俊輯（叢書子目類編）收王弼注，《玉函山房輯佚書》續編有之。

38：《論語殘》二卷（叢書子目類編　東京漢籍目錄）輯何晏《集解》之卷二、卷十二，收在貞松堂藏《西陲秘籍叢殘》第一集。

39：《論語殘》三卷（叢書子目類編）《敦煌秘籍留眞新編》上卷有之。

40：《晉譙周論語注》一卷　清　馬國翰輯（清志　重修清志　國學圖書總目叢書子目類編　東京漢籍目錄）《玉函山房輯佚書》有之。

41：《晉衛瓘論語集注》一卷　清　馬國翰輯（清志　重修清志　國學圖書總目　叢書子目類編　東京漢籍目錄）《叢書子目類編》、《京都漢籍目錄》作《論語衛氏集注》，《玉函山房輯佚書》有之。

42：《晉繆播論語旨序》一卷　清　馬國翰輯（清志　重修清志　國學圖書

總目　叢書子目類編　東京漢籍目錄）《叢書子目類編》、《京都漢籍目錄》作《論語旨序》，收在《玉函山房輯佚書》。

43：《晉繆協論語說》一卷　清　馬國翰輯（清志　重修清志　國學圖書總目叢書子目類編　東京漢籍目錄）《重修清志》作繆襲；《叢書子目類編》、《京都漢籍目錄》作《論語繆氏說》，收在《玉函山房輯佚書》。

44：《晉郭象論語體略》一卷　清　馬國翰輯（清志　重修清志　國學圖書總目　叢書子目類編　東京漢籍目錄）《叢書子目類編》、《京都漢籍目錄》作《論語繆氏說》，收在《玉函山房輯佚書》。

45：《晉欒肇論語釋疑》一卷　清　馬國翰輯（清志　重修清志　國學圖書總目　叢書子目類編　東京漢籍目錄）《叢書子目類編》、《京都漢籍目錄》作《論語繆氏說》，收在《玉函山房輯佚書》。

46：《晉虞喜論語讚注》一卷　清　馬國翰輯（清志　重修清志　國學圖書總目　叢書子目類編　東京漢籍目錄）收在《玉函山房輯佚書》，《叢書子目類編》、《京都漢籍目錄》作《論語虞氏讚注》。

47：《晉庾翼論語釋》一卷　清　馬國翰輯（清志　重修清志　國學圖書總目叢書子目類編　東京漢籍目錄）《重修清志》翼作習，當爲字誤。《叢書子目類編》、《京都漢籍目錄》作《論語庾氏釋》。

48：《晉李充論語集注》二卷　清　馬國翰輯（清志　重修清志　國學圖書總目　叢書子目類編　東京漢籍目錄）《玉函山房輯佚書》有之；《叢書子目類編》、《京都漢籍目錄》作《論語李氏集注》。

49：《晉范寧論語注》一卷　清　馬國翰輯（清志　重修清志　國學圖書總目叢書子目類編　東京漢籍目錄）收在《玉函山房輯佚書》有之；《叢書子目類編》、《京都漢籍目錄》作《論語范氏集注》。

50：《晉孫綽論語集解》一卷　清　馬國翰輯（清志　重修清志　國學圖書總目　叢書子目類編　東京漢籍目錄）《玉函山房輯佚書》有之；《叢書子目類編》、《京都漢籍目錄》作《論語孫氏集解》。

51：《晉梁覬論語注釋》一卷　清　馬國翰輯（清志　重修清志　國學圖書總目　叢書子目類編　東京漢籍目錄）《玉函山房輯佚書》有之；《叢書子目類編》、《京都漢籍目錄》作《論語袁氏注》。

52：《晉江熙論語集解》二卷　清　馬國翰輯（清志　重修清志　國學圖書總目　叢書子目類編　東京漢籍目錄）《叢書子目類編》、《京都漢籍目錄》作《論語江氏集解》；收在《玉函山房輯佚書》。

53：《晉江熙論語集解》二卷　清　馬國翰輯（清志　重修清志　國學圖書總目　叢書子目類編　東京漢籍目錄）《叢書子目類編》、《京都漢籍目錄》作《論語殷氏解》，《玉函山房輯逸書》有之。。

54：《晉張憑論語注》一卷　清　馬國翰輯（清志　重修清志　國學圖書總目叢書子目類編　東京漢籍目錄）《叢書子目類編》、《京都漢籍目錄》作《論語張氏注》；收在《玉函山房輯佚書》。

55：《晉蔡謨論語注解》一卷　清　馬國翰輯（清志　重修清志　國學圖書總目　叢書子目類編　東京漢籍目錄）《叢書子目類編》、《京都漢籍目錄》作《論語蔡氏解》；《玉函山房輯佚書》有之。

56：《宋顏延之論語說》一卷　清　馬國翰輯（清志　重修清志　國學圖書總目　叢書子目類編　東京漢籍目錄）《叢書子目類編》、《京都漢籍目錄》作《論語顏氏說》；《玉函山房輯佚書》有之。

57：《宋僧慧琳論語說》一卷　清　馬國翰輯（清志　重修清志　國學圖書總目　叢書子目類編　東京漢籍目錄）《叢書子目類編》、《京都漢籍目錄》作《論語琳公說》；《玉函山房輯佚書》有之。

58：《齊沈驎士論語訓注》一卷　清　馬國翰輯（清志　重修清志　國學圖書總目　叢書子目類編　東京漢籍目錄）《叢書子目類編》、《京都漢籍目錄》作《論語沈氏訓注》；收在《玉函山房輯佚書》。

59：《齊顧歡論語注》一卷　清　馬國翰輯（清志　重修清志　國學圖書總目叢書子目類編　東京漢籍目錄）《叢書子目類編》、《京都漢籍目錄》作《論語顧氏注》；《玉函山房輯佚書》有之。

60：《梁武帝論語注》一卷　清　馬國翰輯（清志　重修清志　國學圖書總目叢書子目類編　東京漢籍目錄）《叢書子目類編》、《京都漢籍目錄》作《論語梁武帝注》；《玉函山房輯佚書》有之。

61：《論語義疏殘》三卷（叢書子目類編）收在《敦煌秘籍留眞新編》；爲皇侃《義疏》殘卷。

62：《論語義疏》一卷　清　王謨輯（叢書子目類編　京都漢籍目錄）《漢魏遺書鈔》有之，輯皇侃《義疏》。

63：《梁太史明論語注》一卷　清　馬國翰輯（清志　重修清志　國學圖書總目　叢書子目類編　東京漢籍目錄）《叢書子目類編》、《京都漢籍目錄》作《論語太史氏集解》一卷；《玉函山房輯佚書》有之。

64：《梁褚仲都論語義疏》一卷　清　馬國翰輯（清志　重修清志　國學圖書

總目　叢書子目類編　東京漢籍目錄）《叢書子目類編》、《京都漢籍目錄》作《論語褚氏義疏》；收在《玉函山房輯佚書》。

65：《沈峭論語說》一卷　不著時代　清　馬國翰輯（清志　重修清志　國學圖書總目　叢書子目類編　東京漢籍目錄）《叢書子目類編》、《京都漢籍目錄》作《論語沈氏說》一卷；收在《玉函山房輯佚書》。

66：《論語熊氏說》一卷　清　馬國翰輯（清志　重修清志　國學圖書總目　叢書子目類編　東京漢籍目錄）爲不著時代熊埋著；《清志》、《重修清志》作《熊理論語說》一卷，理字疑字誤。

67：《論語隱義注》一卷　不著時代撰人　清　馬國翰輯（清志　重修清志　國學圖書總目　叢書子目類編　東京漢籍目錄）《叢書子目類編》、《京都漢籍目錄》作《論語隱義注》；收在《玉函山房輯佚書》。

68：《論語隱義注》一卷　清　王仁俊輯（叢書子目類編）《玉函山房輯佚書》續編有之

69：《論語隱義》一卷　清　王謨輯（國學圖書總目　叢書子目類編　東京漢籍目錄）《漢魏遺書鈔》有之，當爲前書而脫注字。

70：《論語摘輔象》一卷　清　馬國翰輯（京都漢籍目錄）《玉函山房輯佚書》有之。

71：《論語摘輔象》一卷　魏　宋均注　清　黃奭輯（京都漢籍目錄）《漢學堂叢書》有之。

72：《論語摘衰聖承進讖》一卷　清　馬國翰輯（京都漢籍目錄）《玉函山房輯佚書》有之。

73：《論語摘衰聖》一卷　魏　宋均注　清　黃奭輯（京都漢籍目錄）《漢學堂叢書》有之。

74：《論語素王受命讖》一卷　清　馬國翰輯（京都漢籍目錄）《玉函山房輯佚書》有之。

75：《論語素王受命讖》一卷　清　黃奭輯（京都漢籍目錄）《漢學堂叢書》有之。

76：《論語陰嬉讖》一卷　清　馬國翰輯（京都漢籍目錄）《王函山房輯佚書》有之。

77：《論語陰嬉讖》一卷　魏　宋均注　清　黃奭輯（京都漢籍目錄）《漢學堂叢書》有之。

78：《論語糾滑讖》一卷　清　馬國翰輯（京都漢籍目錄）《王函山房輯佚書》

有之。

79：《論語糾滑讖》一卷　清　黃奭輯（京都漢籍目錄）《漢學堂叢書》有之。

80：《論語崇爵讖》一卷　清　馬國翰輯（京都漢籍目錄）《王函山房輯佚書》有之。

81：《論語崇爵讖》一卷　清　黃奭輯（京都漢籍目錄）《漢學堂叢書》有之。

82：《論語比考讖》一卷　清　馬國翰輯（京都漢籍目錄）《王函山房輯佚書》有之。

83：《論語比考讖》一卷　魏　宋均注　清　黃奭輯（京都漢籍目錄）《漢學堂叢書》有之。

84：《論語撰考讖》一卷　清馬國翰輯（京都漢籍目錄）《王函山房輯佚書》有之。

85：《論語撰考讖》一卷　魏　宋均注　清　黃奭輯（京都漢籍目錄）《漢學堂叢書》有之。

86：《論語讖》八卷　魏　宋均注　清　馬國翰輯（京都漢籍目錄）《王函山房輯佚書》有之。

87：《論語讖》一卷　清　黃奭輯（京都漢籍目錄）《漢學堂叢書》有之。

二、《四書》部分

（一）傳　注

1　：《五華纂訂四書大全》十四卷　清　孫見龍（四庫總目　藝文總志）

2　：《日講四書解義》二十六卷　清　庫勒納奉敕撰（清志　重修清志　四庫總目藝文總志　千頃目　販書偶記　國學圖書總目　經義考　叢書子目類編）今有四庫本，作清聖祖御定。

3　：《四書近指》二十卷　清　孫奇逢（清志　重修清志　四庫總目　藝文總志　千頃目　國學圖書總目　販書偶記　經義考　叢書子目類編）《販書偶記》著錄有晚年批定本十七卷，今傳有四庫本。

4　：《晚年批定四書近指》十七卷　清　孫奇逢（清志　國學圖書總目　叢書子目類編）《經義考》、《藝文總志》未收。

5　：《讀四書大全說》十卷　清　王夫之（清志　重修清志　續四庫提要　續

清經籍考　藝文總志　國學圖書總目　叢書子目類編　東京漢籍目錄）《船山遺書》有之。

6：《四書訓義》二十八卷　清　王夫之（清志　重修清志　續四庫提要　藝文總志　續清經籍考　販書偶記　叢書子目類編）《經義考》未收；《船山遺書》有之，《續四庫》、《販書偶記》作二十六卷。

7：《四書箋解》不分卷數　清　王夫之（續四庫提要　續清經籍考　藝文總志　販書偶記）《經義考》未收；《續清經籍考》、《販書偶記》作十一卷。今有廣文書局景清光緒十九年序刊本。

8：《四書稗疏》一卷　清　王夫之（清志　重修清志　續四庫提要　續清經籍考　藝文總志　國學圖書總目　叢書子目類編　東京漢籍目錄）《經義考》未收；《續四庫》作二卷，《販書偶記》作二卷《附考異》一卷。

9：《四書大全纂要》不分卷數　清　魏裔介（四庫總目　藝文總志）《經義考》未收，今有。

10：《四書補注兼考》不著卷數　清　屈大均　何璠同撰（清禁燬書目）佚《經義考》、《藝文總志》未收。

11：《儲批四書集注》十九卷　清　儲欣（國學圖書總目）《藝文總志》未收。

12：《四書玩註詳說》三六十六卷　清　冉覲祖（重修清志　續四庫提要　藝文總志　販書偶記　國學圖書總目　叢書子目類編）《經義考》未收，今有。

13：《四書正義》二十卷　清　宋繼澄（續四庫提要　藝文總志　販書偶記　經義考）今傳有清康熙九年刊本。

14：《成均四書講錄》十卷　清　胡統虞（藝文總志　販書偶記）又名《胡此庵講錄》。《經義考》未收，《續四庫》著錄，作《四書講錄》五卷、《成均講錄》二卷、《萬壽宮講錄》一卷。

15：《潛滄四書解》一卷　清　佘一元（重修清志　續四庫提要　藝文總志　叢書子目類編）《經義考》未收，《清史志》作《四書解》。

16：《四書正誤》六卷　清　顏元（續四庫提要　藝文總志　叢書子目類編　東京漢籍目錄）《經義考》未收，《清史志》作一卷。今有廣文書局景印顏李叢書排印本。

17：《麗奇軒四書講義》不分卷數　清　紀克揚（四庫總目　藝文總志）未

見。

18：《聖學心傳》不分卷數　清　薛鳳祚（四庫總目　藝文總志）未見。

19：《四書反身錄》十四卷《續錄》二卷　清　李顒（清志　重修清志　四庫總目藝文總志　國學圖書總目　叢書子目類編　東京漢籍目錄）《經義考》未收，四庫存目著錄作六卷《續補》一卷。今傳本作八卷首一卷，浙江書局刊行本。

20：《讀四書說》　清　李顒（國學圖書總目）《藝文總志》未收。

21：《四書翊注》四十二卷　清　刁包（清志　重修清志　四庫總目　藝文總志　叢書子目類編）今傳有清道光二十七年刊本。

22：《四書惜陰錄》二十一卷　清　徐世沐（四庫總目　藝文總志）未見。

23：《四書要達》二十七卷　清　徐燦、袁綎彩輯（藝文總志　販書續記）

24：《四書講義輯存》一卷　清　陸世儀（重修清志　藝文總志　叢書子目類編　東京漢籍目錄）今傳有《陸桴亭先生遺書》本。

25：《四書彙解》四十卷　清　史以徵（經義考）《經義考》云存，今有清康熙十二年序刊本，《藝文總志》未收。

26：《松陽講義》十二卷　清　陸隴其（清志　重修清志　四庫總目　藝文總志　鄭堂志　國學圖書總目　經義考　經義考校記　叢書子目類編　東京漢籍目錄）《經義考》作《四書松陽講義》六卷，今傳有四庫本。

27：《四書講義困勉錄》三十七卷《續困勉錄》一卷　清　陸隴其（清志　重修清志　四庫總目　藝文總志　販書續記　經義考　經義考校記　叢書子目類編）《經義考》作《四書困勉錄》□十□卷；《四庫》著錄作十七卷，四庫存目復著錄《續困勉錄》六卷。

28：《四書講義遺編》六卷　清　陸隴其撰　趙鳳翔編（藝文總志　販書續記）今傳有清刊本。

29：《三魚堂四書講義》十二卷　清　陸隴其撰（東京漢籍目錄）《藝文總志》未收，《陸子全書》有之。今有清光緒二十七年石刊本。

30：《三魚堂四書大全》四十卷　清　陸隴其（清志　重修清志　四庫總目　藝文總志　國學圖書總目　叢書子目類編）今傳有四十卷、四十一卷兩本；前者無《孟子考異》。今有清刊本。

31：《四書臆解》不著卷數　清　唐達（經義考）《經義考》云未見，《藝文總志》未收。

32：《四書講義》不著卷數　清　費世奇（經義考）《經義考》云未見，《藝文總志》未收。
33：《四書集註補》十四卷首一卷　清　王復禮（藝文總志　販書續記　經義考）今有清康熙四十三年刊本。
34：《四書正誤》十四卷　清　王復禮（經義考）《經義考》存云，《藝文總志》未收。
35：《四書別解》一卷　清　姜垚（經義考）《經義考》存云，《藝文總志》未收。
36：《四書說約》不著卷數　清　洪氏（經義考）經義考云未見，藝文總志未收。
37：《四書初學易知解》十卷　清　邵嗣堯（四庫總目　藝文總志）今傳有清康熙刊本
38：《四書述》十九卷　清　陳詵（清志　重修清志　四庫總目　藝文總志）未見。
39：《四書朱注發明》十九卷　清　王掞（續四庫提要　藝文總志　販書偶記　國學圖書總目）今有清康熙刊本。
40：《四書文》不著卷數　清　戴名世（清禁燬書目）佚　《藝文總志》未收。
41：《四書大全》四十卷　清　汪份（國學圖書總目）今有清刊本，《藝文總志》未收。
42：《質孔說》三卷　清　周夢顏（國學圖書總目）《藝文總志》未收。
43：《四書鈔》十八卷　清　祕丕笈（四庫總目　藝文總志）未見。
44：《四書貫一解》十二卷　清　閔嗣同（清志　重修清志　四庫總目　藝文總志）未見。
45：《四書正事括略》七卷《附錄》一卷　清　毛奇齡（續四庫提要　國學圖書總目）哈佛燕京學社有之，書目作《四書正事略》。
46：《四書賸言》四卷補二卷　清　毛奇齡（清志　重修清志　四庫總目　藝文總志　鄭堂志　國學圖書總目　叢書子目類編　東京漢籍目錄）今傳有四庫本。
47：《四書改錯》二十二卷　清　毛奇齡（清志　重修清志　續四庫提要　藝文總志　續清經籍考　鄭堂志　販書偶記　國學圖書總目　叢書子目類編　東京漢籍目錄）《四書古注群義彙解》有之。
48：《四書索解》四卷　清　毛奇齡（清志　重修清志　四庫總目　藝文總志　鄭堂志　國學圖書總目　叢書子目類編　東京漢籍目錄）今傳有《藝海

珠塵》本。

49：《逸講箋》三卷　清　毛奇齡（清志　重修清志　四庫總目　藝文總志　鄭堂志　國學圖書總目）《西河合集》有之。

50：《聖門釋非錄》五卷　清　毛奇齡等撰、陸邦烈編（補續漢志　四庫總目　藝文總志　鄭堂志　國學圖書總目　叢書子目類編　東京漢籍目錄）《西河合集》有之。

51：《駁毛西河四書改錯》二十一卷　清　戴大昌（重修清志　續四庫提要　藝文總志　販書偶記　叢書子目類編　京都漢籍目錄）今傳有清道光戊申年重刊本。

52：《補餘堂四書答問》二十五卷　清　戴大昌（重修清志　續四庫提要　藝文總志　販書偶記　叢書子目類編）《續四庫》作二十四卷；《販書偶記》作《四書答問》二十四卷附一卷。

53：《四書改錯平》十四卷　清　楊希閔（續四庫提要　續清經籍考　藝文總志　販書偶記　國學圖書總目　東京漢籍目錄）今傳有清光緒二十五年刊本。

54：《辟雍講義》一卷　清　楊名時（清志　四庫總目　藝文總志）未見。

55：《四書劄記》四卷　清　楊名時（清志　重修清志　四庫總目　藝文總志　鄭堂志　叢書子目類編）今傳有四庫本。

56：《四書緒言》四十四卷　清　孫瑯（藝文總志　販書偶記）今傳有清康熙二十五年序刊本

57：《朱子文集》三十二卷　清　陳鎡（販書續記）佚　入四書類，今有清刊本。《藝文總志》未收。

58：《四書講義》四十三卷　清　呂留良（清志　重修清志　清禁燬書目　續四庫提要　藝文總志　販書偶記　國學圖書總目　京都漢籍目錄　東京漢籍目錄）今傳有清康熙三十五年刊本。

59：《朱子四書語類》五十二卷　清　呂留良撰　周在延編（重修清志　四庫總目　清禁燬書目　續四庫提要　藝文總志　販書偶記　京都漢籍目錄）　《續四庫》、《販書偶記》、《清史志》著錄作《天蓋樓四書語錄》四十六卷。今有清康熙三十三年序刊本。

60：《四書文》不著卷數　清　呂留良（清禁燬書目）佚　《藝文總志》未收。

61：《四書批語》不著卷數　清　呂留良（清禁燬書目）佚　《藝文總志》未

收。

62：《四書題說》不著卷數　清　呂留良批語　黃身先編（清禁燬書目）佚《藝文總志》未收。

63：《四書朱子語錄摘鈔》三卷十八卷　清　張履祥、呂留良輯（清禁燬書目　續四庫提要　藝文總志　販書偶記）未見。

64：《駁呂留良四書講義》八卷　清　朱軾等奉敕撰（續四庫提要　藝文總志　販書偶記　京都漢籍目錄　東京漢籍目錄）今傳有清雍正九年序刊本。

65：《四書注說參證》七卷　清　胡清琅（清志　續四庫提要　藝文總志　販書偶記）未見。

66：《成均課講》四卷《附續周子札記》一卷　清　崔紀（國學圖書總目）《藝文總志》未收。

67：《四書尊注會意解》三十六卷　清　張九達輯（清禁燬書目　續四庫提要　藝文總志）未見。

68：《四書繹注》不分卷數　清　王錟（清禁燬書目　續四庫提要　藝文總志　國學圖書總目）今傳有清康熙刊本。

69：《四書補註四卷附考正古本大學》一卷　清　劉道明（藝文總志　販書續記）。

70：《四書繹註》六卷　清　洪垣星纂　張承露參訂（藝文總志　販書續記）今有清光緒已亥年郁文堂刊本題《四書繹註覽要》：清洪垣星纂張承露參訂。

71：《四書繹注覽要》七卷　清　張承露訂（藝文總志　販書續記）。

72：《四書大全彙正備解》十六卷　清　董喆等纂輯（續四庫提要　藝文總志）今有清康熙二十八年刊本。

73：《此木軒四書說》九卷　清　焦袁熹（清志　重修清志　四庫總目　藝文總志　鄭堂志　國學圖書總目　東京漢籍目錄）今傳有四庫本。

74：《此木軒讀四書注疏》殘一卷　清　焦袁熹（叢書子目類編）《藝文總志》未收。

75：《雜說》不分卷數　清　焦袁熹（四庫總目　藝文總志）未見　今傳有《此木軒雜著》五卷，未審即此否？

76：《四書液》不著卷數　清　楊本衍（清禁燬書目）佚　《藝文總志》未收。

77：《四書講義攀龍集》　清　陳美發（清禁燬書目）佚　《藝文總志》未

收。

78：《釋四書義》一卷　清　金堡（清禁燬書目）佚　《藝文總志》未收。

79：《釋四書制義》一卷　清　金堡（清禁燬書目）佚　《藝文總志》未收。

80：《四書諸儒輯要》四十卷　清　李沛霖（清志　重修清志　藝文總志　國學圖書總目）今傳有清康熙五十七年刊本，《藝文總志》入專著類。

81：《四書朱子異同條辨》四十卷　清　李沛霖、李楨　撰（清志　重修清志　清禁燬書目　藝文總志　國學圖書總目　京都漢籍目錄　東京漢籍目錄）今傳有清康熙四十四年序近譬堂刊本，《藝文總志》入專著類。

82：《四書朱註原解》三十七卷　清　華文玉輯（藝文總志　販書續記）未見。

83：《四書大全審問錄》二十九卷　清　胡承福（國學圖書總目）《藝文總志》未收。

84：《四書精言》殘三十卷　清　周田璋（國學圖書總目）《藝文總志》未收。

85：《四書讀註提耳》二十卷　清　耿埰（續四庫提要　藝文總志　販書偶記）今有清乾隆刊本。

86：《四書大全學知錄》二十三卷《字畫辨訛》一卷　清　許泰交（藝文總志　販書偶記）今有雍正三年刊本。

87：《四書尋眞》二十卷　清　劉所說（續四庫提要　藝文總志　販書偶記）未見。

88：《四書心解》不分卷數　清　王吉相（續四庫提要　藝文總志　販書續記）《偶記續編》作五卷附《偶思錄》一卷。

89：《四書參註詮理》不分卷數　清　王植　輯（四庫總目　藝文總志　販書續記）《四庫存目》作《四書參註》。

90：《四書醒義》不分卷數　清　孫洤（續四庫提要　藝文總志）未見　《藝文總志》誤作孫湰。

91：《四書廣註》三十六卷　清　張謙宜（續四庫提要　藝文總志　販書續記）今有韓國漢城大學奎章閣藏本，刊本年月不詳。

92：《集虛齋四書口義》十卷　清　方嵏如（續四庫提要　藝文總志　販書偶記　國學圖書總目）《續四庫》著錄作無卷數，今傳有乾隆五十三年序刊本，題《四書口義》方嵏如撰于光華編。

93：《四書講日孜錄義》十二卷　清　李求齡（續四庫提要　藝文總志　販書

偶記）未見。

94：《四書自課錄》三十卷　清　任懋時（續四庫提要　藝文總志　販書偶記）《續四庫》著錄作無卷數，今傳有道光九年刊本。

95：《四書易簡錄》十二卷　清　劉葆眞（續四庫提要　藝文總志）今傳有清雍正刊本。

96：《四書集解》不分卷數　清　朱應麟（續四庫提要　藝文總志）未見。

97：《四書講》四十卷　清　金松（續四庫提要　藝文總志　販書續記　京都漢籍目錄）未見。

98：《四書發註》十卷　清　朱奇生纂（續四庫提要　藝文總志　國學圖書總目）今傳有清刊本。

99：《四書明儒大全精義》三十八卷　清　湯傳榘（續四庫提要　藝文總志　販書偶記　國學圖書總目）《續四庫》著錄不著卷數，今傳有清康熙四十四年刊本。

100：《四書辨訛》六卷　清　汪陞（續四庫提要　藝文總志　販書偶記）《藝文總志》陞誤作陛。

101：《增訂四書貫解》不分卷數　清　朱良玉（續四庫提要　藝文總志）。

102：《刊本四書正旨通解》六卷　清　祝文彥（藝文總志　販書續記）未見。

103：《四書講義》三十六卷　清　丘拙叟口授；曹一鳴、潘兆遴錄（藝文總志　販書續記）未見。

104：《澍哸存愚》二卷　清　李清植（藝文總志　鄭堂志）《藝文總志》入經總類。

105：《殖學齋四書大全》二十卷　清　王文烜手錄（藝文總志　販書續記）未見。

106：《四書燕說》六卷　清　王桂（藝文總志　販書續記）未見。

107：《四書詮義》三卷八卷　清　汪烜（清志　重修清志　續四庫提要　續清經籍考　藝文總志　販書偶記　國學圖書總目　叢書子目類編）《清史志》作十五卷；《藝文總志》烜誤作絨，著錄爲《四書銓義》。今有《汪雙池先生叢書》本。

108：《四書纂言》不分卷數　清　王士陵（四庫總目　藝文總志）未見。

109：《說書偶筆》四卷　清　丁愷曾（重修清志　藝文總志　叢書子目類編）今傳有《望奎樓遺稿》本。

110：《菜根堂箚記》十二卷　清　夏力恕（四庫總目　藝文總志）未見。

111：《四書講義》十卷　清　王元啓（重修清志　續四庫提要　藝文總志　叢書子目類編）

112：《四書說》一卷　清　莊存與（補續漢志　藝文總志　續四庫提要　叢書子目類編）

113：《四書錄疑》三十八卷　清　陳綽（清志　重修清志　四庫總目　藝文總志）未見。

114：《四書本義匯參》四十三卷　清　王步青（清志　補續漢志　四庫總目　藝文總志　國學圖書總目　鄭堂志　京都漢籍目錄　東京漢籍目錄）《四庫存目》著錄作四十五卷，今有清光緒十五年上海廣百齋宋齋校印本，題《朱子四書本義匯參》。

115：《四書約旨》十九卷　清　任啓運（清志　重修清志　四庫總目　藝文總志　國學圖書總目　叢書子目類編）今傳有清光緒二十年刊本。

116：《翼藝典略》十卷　清　蕭正發（四庫總目）《藝文總志》未收。

117：《四書或問語類》三十七卷　清　陳其凝（鄭堂志）《藝文總志》未收。

118：《四書集疏附正》二十二卷　清　張秉直（重修清志　續四庫提要　藝文總志　販書偶記　叢書子目類編）《清史志》秉誤作耒；《藝文總志》複出，一作二十一卷一作二十二卷；《續四庫提要》、《販書偶記》作二十二卷，《販書偶記》並著錄附《論語緒言》一卷。

119：《四書自得錄》十卷　清　何如漋（販書續記）今有清乾隆刊本，《藝文總志》未收。

120：《四書撮言》十二卷　清　胡斐才（續四庫提要　藝文總志）未見。

121：《四書注疏撮言大全》不分卷數　清　胡斐才（續四庫提要　藝文總志）疑爲前書複出。

122：《高子講義》一卷　清　潘世璜（續四庫提要　藝文總志）。

123：《續四書遺訓後集》四卷　清　鄧逢光（國學圖書總目）《藝文總志》未收。

124：《四書間筆講義》四卷　清　鄧逢光（國學圖書總目）《藝文總志》未收。

125：《四書溫故錄》十一卷　清　趙祐（清志　重修清志　四庫總目　藝文總志　續清經籍考　國學圖書總目　叢書子目類編　東京漢籍目錄）今傳有清刊本，《藝文總志》未收。

126：《四書味根錄》三十七卷　清　金澂（國學圖書總目）《藝文總志》未收。

127：《四書翼註論文》三十八卷　清　張甄陶（續四庫提要　藝文總志　國學圖書總目　販書偶記）今有清乾隆四十二年序刊本。

128：《四書逸箋》六卷　清　程大中（清志　重修清志　四庫總目　藝文總志　叢書子目類編　東京漢籍目錄）《藝文總志》誤作《藝文總志》，今傳有四庫本。

129：《四書日記續》八卷　清　龍澄波（國學圖書總目）《藝文總志》未收。

130：《四書經註集證》十九卷　清　吳昌宗（續四庫提要　續清經籍考　藝文總志　販書偶記　國學圖書總目　京都漢籍目錄　東京漢籍目錄）國立編譯館中華叢書有之。

131：《四書章句集註定本辨》一卷　清　吳英（重修清志　藝文總志　國學圖書總目　叢書子目類編　東京漢籍目錄）。

132：《四書章句集註家塾讀本句讀》一卷　清　吳英（續四庫提要　藝文總志　國學圖書總目　叢書子目類編　東京漢籍目錄）《續四庫提要》作吳至忠撰。

133：《四書章句集註附考》四卷　清　吳志忠（藝文總志　販書偶記　國學圖書總目　叢書子目類編　東京漢籍目錄）《續四庫提要》作吳至忠撰。

134：《翼朱四書蒙求》不分卷數　清　曾力行（藝文總志　販書續記）

135：《校正四書逸箋》六卷　清　曾釗（續四庫提要　藝文總志）未見。

136：《四書質疑》五卷　清　陳梓（續四庫提要　重修清志　藝文總志　國學圖書總目　販書偶記　叢書子目類編）《藝文總志》複出，今有。

137：《讀書筆記》六卷　清　尹會一（重修清志　續四庫提要　藝文總志　叢書子目類編　東京漢籍目錄）《畿輔叢書》有之，題《健餘先生讀書筆記》。

138：《四書解細論》四卷　清　李榮陛（重修清志　續四庫提要　藝文總志　叢書子目類編）《續四庫》作不分卷數，今有清亘古齋刊厚岡文集本。

139：《漢江書院講義》十卷　清　王功（四庫總目）未見　乃王功述其父心敬之論，《藝文總志》誤題作者爲王功述。

140：《四書說註卮詞》十卷　清　胡在甪（四庫總目　藝文總志）未見

141：《四書順義解》十九卷　清　劉琴（重修清志　四庫總目　藝文總志）

《清史志》著錄及今傳清稿本不分卷數。

142：《四書晰疑》四卷　清　陳鋐（四庫總目　藝文總志　販書續記）未見。

143：《四書就正錄》十九卷　清　陳鋐（四庫總目　藝文總志）未見。

144：《虹舟講義》二十卷　清　李祖惠（四庫總目　藝文總志）未見。

145：《四書句讀釋義》十九卷　清　范凝鼎（四庫總目　藝文總志）今有清乾隆十八年序刊本。

146：《四書講義尊聞錄》二十卷　清　戴鋐（四庫總目　藝文總志）未見。

147：《四書窮鈔》十六卷　清　王國瑚（四庫總目　藝文總志）未見。

148：《四書遺義》二卷　清　陳廷策（續四庫提要　藝文總志）未見。

149：《義門讀書記四書》六卷　清　何焯（東京漢籍目錄）今有清末刊本，《藝文總志》未收。

150：《四書釋文》不分卷數　清　何焯撰、王賡言增補（續四庫提要　藝文總志）今傳有清道光二年諸城王氏刊本。

151：《四書會要錄》二十八卷　清　黃瑞纂（續四庫提要　藝文總志）今傳有清乾隆四十二年刊本。

152：《四書考輯要》二十卷　清　陳宏謀輯（續四庫提要　續清經籍考　藝文總志　國學圖書總目　東京漢籍目錄）《無求備齋論語集成》有之。

153：《四書題鏡》不分卷數　清　汪鯉翔（續四庫提要　藝文總志　國學圖書總目）今傳有清乾隆刊本。

154：《四書鏡》十九卷　清　程天霖（續四庫提要　藝文總志）今傳有清乾隆十年序刊本。

155：《四書襯》不分卷數　清　駱培（續四庫提要　藝文總志　販書偶記　鄭堂志）今傳有清刊本。

156：《四書釋義》十九卷　清　王鑄（鄭堂志）《藝文總志》未收。

157：《四書益智錄》二十卷　清　桂含章（續四庫提要　藝文總志　販書偶記）

158：《四書箚記》一卷　清　王巡泰（續四庫提要　藝文總志　販書偶記）未見。

159：《四書集說》五卷　清　李道南（續四庫提要　藝文總志　販書偶記）今傳有清刊本。

160：《四書集益》六卷　清　王澍撰、于光華編（藝文總志　販書續記）《販書續記》複出，今傳有清同治九年刊本。
161：《去傲齋四書存》十六卷　清　呂崇謐（藝文總志　販書續記）未見。
162：《說四書》四卷　清　郭善鄰（藝文總志　販書續記）未見。
163：《讀書紀略》不分卷數　清　祝雲書（藝文總志　販書續記）按原編次作六卷。
164：《四書解悟錄》六卷　清　鄭德玠（藝文總志　販書續記）未見。
165：《四書說》十卷　清　郝寧愚（續四庫提要　藝文總志　販書續記）未見。
166：《四書臆說》十二卷　清　李錫書（續四庫提要　藝文總志）未見。
167：《四書辨誤》一卷《辨異》一卷　清　李錫書（續四庫提要　藝文總志）未見。
168：《四書大成直講》二十卷　清　李錫書（續四庫提要　藝文總志）未見。
169：《四書詳說續編》七卷　清　曹憒（國學圖書總目）未見。
170：《四書集註管窺》二卷　清　趙大鏞（續四庫提要　藝文總志　販書續記）未見。
171：《四書私解》一卷　清　廖燕（續四庫提要　藝文總志）未見。
172：《四書考正譌》不分卷數　清　吳鼎科（續四庫提要　藝文總志）未見。
173：《說四書》十八卷　清　韓泰青（續四庫提要　藝文總志）未見。
174：《四書述要》十卷　清　楊玉緒（續四庫提要　藝文總志）未見。
175：《四書凝道錄》十九卷　清　劉紹攽（重修清志　續四庫提要　藝文總志　販書偶記　叢書子目類編）未見。
176：《四書述》二十卷　清　范震薇（重修清志　藝文總志　叢書子目類編）未見。
177：《四書集註管窺》二卷　清　趙紹祖（重修清志　藝文總志　叢書子目類編）未見。
178：《金仁山論孟考證輯要》二卷　清　趙紹祖輯（叢書子目類編）輯金履祥之作，《藝文總志》未收。
179：《畏齋四書客難》四卷　清　龔元玠（重修清志　藝文總志　叢書子目類編）《清史志》「客難」誤作「克難」。
180：《四書恒解》二十卷　清　劉沅（重修清志　續四庫提要　續清經籍考　藝文總志　國學圖書總目　叢書子目類編　東京漢籍目錄）《清史志》

作十一卷，今有清光緒十年刊本。

181：《四書講習錄》八卷　清　陶成（重修清志　藝文總志）未見。

182：《四書愼從編》十三卷　清　陳飄雲（重修清志　藝文總志）未見。

183：《四書摭餘說》七卷　清　曹之升（清志　重修清志　續四庫提要　藝文總志　續清經籍考　國學圖書總目　販書偶記　東京漢籍目錄）《清史志》摭作摘，今有清嘉慶三年刊本。

184：《四書摭餘說續說》七卷　清　曹之升（藝文總志　販書偶記）

185：《四書偶談內篇》一卷《外篇》一卷　清　戚學標（清志　重修清志　續四庫提要　藝文總志　販書偶記　國學圖書總目　叢書子目類編　京都漢籍目錄　東京漢籍目錄）今傳有清乾隆三十年刊本。

186：《四書續談內篇》二卷外篇二卷　清　戚學標（續四庫提要　藝文總志　販書偶記　國學圖書總目　京都漢籍目錄　東京漢籍目錄）《販書偶記》著錄內外篇各有補一卷，又別載一本外篇僅一卷。今有清嘉慶二十四年刊本。

187：《四書就正錄》四十三卷　清　沈濟燾（重修清志　藝文總志）《清史志》脫燾字，今傳有舊鈔本。

188：《三訂四書辨疑》七十卷　清　張江（重修清志　續四庫提要　藝文總志　販書偶記　叢書子目類編　東京漢籍目錄）《續四庫》著錄凡〈辨疑〉二十二卷、〈辨疑補〉一卷、〈緒餘錄〉二十卷、〈緒餘錄補〉三卷、〈識小錄〉十卷、〈武備編〉四卷、〈樂器編〉五卷、〈拾遺〉十卷，合之乃七十五卷，殆有誤。今查《販書偶記》著錄不言卷數，其中〈緒餘錄補〉一卷、〈拾遺〉五卷；《清史志》除〈辨疑〉誤作二十三卷外，〈拾遺〉亦五卷，故知《續四庫》〈拾遺〉作十卷乃字之訛也。〈緒餘錄〉、〈識小錄〉、〈武備編〉、〈樂器編〉四種，互見專著之屬。今有清稿本。

189：《雜說》不分卷數　清　不著撰人（四庫總目　藝文總志）未見。

190：《四書訂疑》三十四卷　清蔣如馨（重修清志　藝文總志）《清史志》誤作清如磬撰，今傳有著者手定底稿本，文海出版社出版。

191：《四書會通》十一卷　清　吳楚椿（續四庫提要　藝文總志）未見。

192：《四書會解》不分卷數　清　綦澧（續四庫提要　續清經籍考　藝文總志　國學圖書總目）未見。

193：《四書教子尊經求通錄》八卷　清　楊一崑（續四庫提要　藝文總志　販書偶記）《販書偶記》著錄作四卷。

194：《四書是訓》十五卷　清　劉逢祿（清志　重修清志　續四庫提要　藝文總志　續清經籍考　販書偶記　國學圖書總目　叢書子目類編　京都漢籍目錄）今傳有《聚學軒叢書》本。

195：《四書評本》十九卷　清　俞廷鑣（續四庫提要　藝文總志　販書偶記）未見。

196：《四書注疏摘讀》四卷　清　蔣恒煜（藝文總志　販書偶記）未見。

197：《四書辨證》十卷　清　張椿（藝文總志　販書偶記）未見。

198：《四書集說》四十一卷　清　陶起庠（藝文總志　販書偶記）今傳有清嘉慶間謙益堂刊本，附《補義》七卷《續考》四卷。

199：《四書補義》七卷　清　陶起庠（續四庫提要　藝文總志　販書偶記　販書續記）《藝文總志》漏列《販書續記》，今傳有清嘉慶間謙益堂刊本。

200：《四書續考》四卷　清　陶起庠（續四庫提要　藝文總志　販書偶記　販書續記）《藝文總志》漏列《販書續記》，今傳有清嘉慶間謙益堂刊本。

201：《四書讀》十九卷　清　李嵩崙撰、李中培編（續四庫提要　藝文總志　販書續記）《續四庫》不云李中培編，不分卷數。今有清嘉慶十四年刊本。

202：《四書答問》十二卷　清　秦士顯撰、蕭士然編（藝文總志　販書續記　國學圖書總目）今傳有清嘉慶十八年刊本

203：《四書衷要補辨》三十七卷　清　王其華輯（藝文總志　販書續記）未見。

204：《四書彙辨》十八卷《續》二卷《續補》二卷　清　侯廷詮編（藝文總志　販書續記）今傳有嘉慶甲子刊本

205：《四書互解》一卷　清　范士增（續四庫提要　藝文總志）未見。

206：《周易解四書》一卷　清　范士增（續四庫提要　藝文總志）未見。

207：《尚書解四書》一卷　清　范士增（續四庫提要　藝文總志）未見。

208：《詩經解四書》一卷　清　范士增（續四庫提要　藝文總志）未見。

209：《禮記解四書》一卷　清　范士增（續四庫提要　藝文總志）未見。

210：《四書疑言》十卷　清　王廷植（續四庫提要　藝文總志　販書偶記）《續四庫提要》作王庭植。

211：《四書求是》十六卷　清　王餘英輯（藝文總志　販書偶記）

212：《四書因論》二卷　清　許桂林（續四庫提要　藝文總志　販書偶記

京都漢籍目錄）未見。

213：《四書質疑》四十卷　清　狄子奇（續四庫提要　藝文總志　販書偶記）是書後改爲《經學質疑》，《續四庫》複出著錄之。

214：《四書質疑》八卷　清　吳國濂（續四庫提要　藝文總志　販書偶記）未見。

215：《四書簡題》四卷　清　李元春（續四庫提要　藝文總志）未見。

216：《四書求是》五卷　清　蘇秉國（續四庫提要　藝文總志　販書偶記）未見。

217：《四書解疑》二十卷　清　黃梅峰（續四庫提要　藝文總志　販書偶記）今傳有清刊本。

218：《四書補考》二卷　清　鳳韶（藝文總志　販書偶記）未見。

219：《四書古今訓釋》十九卷　清　宋翔鳳（藝文總志　販書偶記　京都漢籍目錄）

220：《四書纂言》四十卷　清　宋翔鳳（續四庫提要　續清經籍考　藝文總志　販書偶記　國學圖書總目　東京漢籍目錄）《販書偶記》作三十七卷，並注云其中《學庸》二書又名《注疏集證》。今有清光緒八年活字印本。

221：《四書私談》一卷　清　徐春（重修清志　續四庫提要　藝文總志　國學圖書總目　叢書子目類編　東京漢籍目錄）今傳有《遜敏堂叢書》本。

222：《朱子不廢古訓說》十六卷《附朱注引用文獻考略》四卷　清　李中培（續四庫提要　藝文總志　販書偶記　東京漢籍目錄）今傳有清道光二十三年刊本。

223：《四書遵朱會通》不分卷數　清　楊廷芝（續四庫提要　藝文總志　販書偶記）未見。

224：《四書集注箋》四卷　清　桂文燦（續清經籍考）今有力行書局景印清光緒七年排印本，僅《論語》部份。《藝文總志》未收。

225：《四書拾遺》六卷　清　林春溥（清志　重修清志　續四庫提要　續清經籍考　藝文總志　國學圖書總目　叢書子目類編　東京漢籍目錄）《無求備齋論語集成》有之。

226：《四書注疏輯略》三卷《補》十卷　清　陳景蕃（重修清志　藝文總志）今傳有清道光間手稿本。

227：《四書說》七卷　清　卓翼亭（重修清志　藝文總志）今傳有鈔本不分卷數。

228：《四書瑣語》一卷　清　姚文田（清志　重修清志　藝文總志　叢書子目類編）今傳有《邃雅堂叢書》本。

229：《四書參證》三十卷《首》一卷　清　王佶（藝文總志　販書偶記）

230：《四書勸學錄》四十二卷　謝廷龍輯（藝文總志　販書續記）今傳有清刊本。

231：《經學質疑錄》二十卷　清　秦篤輝（藝文總志　販書續記）又名《四書質疑錄》。

232：《四書切近錄》三十八卷　清　楊大受輯（藝文總志　販書續記）未見

233：《四書三餘錄》三十六卷　清　譚葛元輯訂（藝文總志　販書續記）今傳有底稿本。

234：《四書備考》十七卷　清　潘克溥（藝文總志　販書續記）未見。

235：《四書筆記》八卷　清　賈璇（藝文總志　販書續記）今傳有清道光二十四年刊本。

236：《四書彙解》四十卷　清　司天開纂輯（藝文總志　販書續記）未見。

237：《四書拾義》五卷　清　胡紹勳（清志　重修清志　續四庫提要　續清經籍考　藝文總志　販書偶記　販書續記　國學圖書總目　叢書子目類編　京都漢籍目錄）《四庫總目》複出；《販書續記》、《國學圖書總目》作六卷，《京都漢籍目錄》作五卷續一卷，《販書偶記》作《四書拾遺》五卷，遺字疑誤。今傳有《聚學軒叢書》本。

238：《四書記聞》二卷《附校記》　清　管同撰、甘元煥校（續四庫提要　藝文總志　販書偶記　國學圖書總目　京都漢籍目錄）《續四庫》著錄不云《附校記》。

239：《四書證疑》八卷《論語補遺》二卷　清　李允升（續四庫提要　藝文總志　販書偶記）《續四庫》著錄無《論語補遺》。

240：《四書說苑》十二卷《補遺》一卷《續遺》一卷　清　孫應科（續四庫提要　續清經籍考　藝文總志　販書偶記　國學圖書總目　京都漢籍目錄　東京漢籍目錄）今傳有清道光間刊本。

241：《四書緯》四卷　清　常增（續四庫提要　藝文總志　販書偶記　國學圖書總目　京都漢籍目錄　東京漢籍目錄）今傳有清光緒刊本。

242：《四書解瑣言》四卷《補遺》一卷　清　方祖範（續四庫提要　藝文總

志　販書偶記）未見。

243：《四書題說》二卷　清　梁彣（重修清志　續四庫提要　藝文總志　叢書子目類編）未見。

244：《四書述義》五卷《續》四卷　清　單爲鏓（藝文總志　販書偶記）《藝文總志》誤引作《販書續記》，今傳有。

245：《晴窗隨筆四書講義》七卷　清　邱韓忭（藝文總志　販書續記）未見。

246：《四書繹》三十卷　清　陳景惇輯；陳式聞、陳寶善等編（藝文總志　販書續記）今傳有清道光三十年刊本。

247：《四書擇言》十五卷　清　丁大椿（藝文總志　販書續記）《販書續記》又著錄十三卷本。

248：《四書講義參眞》十九卷　清　党瀛（續四庫提要　藝文總志　販書續記）未見。

249：《四書體味錄殘稿論語》一卷　清　宗稷辰（續四庫提要　藝文總志　販書續記）未見。

250：《四書說》六卷　清　吳嘉賓（續四庫提要　藝文總志　販書續記）《販書偶記》作《求自得之室讀四書說》。

251：《四書說略》四卷　清　王筠（清志　重修清志　續四庫提要　藝文總志　販書偶記　叢書子目類編）《續四庫提要》複出，今傳有清咸豐元年刊本景本，附《童子法》一卷。

252：《四書隨筆》三卷　清　楊樹春（續四庫提要　藝文總志）未見。

253：《四書貫解》一卷　清　孫錫疇（續四庫提要　藝文總志）未見。

254：《四書一得錄》二卷《孔顏曾孟生卒年月表》一卷《孟子年譜》　清　胡澤順（續四庫提要　藝文總志　販書偶記）《續四庫著錄》作《四書一得錄》二卷，其提要稱卷末附《孔顏曾孟生卒年月表》及《孟子年譜》。

255：《四書記疑錄》六卷　清　凌揚藻（重修清志　續四庫提要　藝文總志　販書偶記　國學圖書總目　叢書子目類編）未見。

256：《四書說賸》一卷　清　黃之晉（續四庫提要　藝文總志　販書偶記）《販書偶記》作《鐵禪四書說賸》。

257：《四書蠡言》七卷　清　譚光烈（續四庫提要　藝文總志　販書偶記）未見。

258：《四書翼注論文》十二卷　清　鄭獻甫（續四庫提要　藝文總志）未見。

259：《四書同異商》不分卷數　清　黃鶴（續四庫提要　藝文總志　販書偶記　國學圖書總目）未見。

260：《批點四書讀本》七卷　清　高　批點（續四庫提要　藝文總志）今傳有清同治十三年刊本。

261：《四書聯珠》不分卷數　清　章守待（續四庫提要　藝文總志）未見。

262：《四書經義考辨瀋存》十六卷　清　姚道煇（續四庫提要　藝文總志　販書偶記　國學圖書總目）未見。

263：《四書蠹簡》六卷　清　李詒經（續四庫提要　藝文總志　販書偶記）未見。

264：《四書訓解參證》十二卷《補遺》四卷《續補編》四卷　清　張定鋆（續四庫提要　續清經籍考　藝文總志　販書偶記　國學圖書總目　東京漢籍目錄）今有清咸豐二年刊本。

265：《思辨錄》十四卷　清　賈聲槐（藝文總志　販書偶記）未見。

266：《四書存參》五卷　清　劉曾海（重修清志　藝文總志　叢書子目類編）未見。

267：《我疑錄》一卷　清　程德調（重修清志　藝文總志　叢書子目類編）未見。

268：《四書辨疑辨》一卷　清　俞樾（清志　重修清志　藝文總志　國學圖書總目　叢書子目類編　東京漢籍目錄）《春在堂全書》有之。

269：《四書閒筆講義》四卷　清　不著撰人（續四庫提要　藝文總志）未見。

270：《四書約解》一卷　清　李棠階（重修清志　藝文總志　叢書子目類編）未見。

271：《四書理話》四卷　清　張楚鍾（重修清志　續四庫提要　藝文總志　叢書子目類編）《無求備齋論語集成》有之。

272：《四書理畫》三卷　清　張楚鍾（叢書子目類編）《藝文總志》未收。

273：《四書箋疑疏證》八卷　清　徐天璋箋、徐浚仁疏（續四庫提要　藝文總志　販書偶記）今傳有清光緒二十四年中一堂刊本。

274：《篔墅說書》十九卷　清　陳震（販書偶記）《藝文總志》未收。

275：《四書條辨》六卷　清　袁秉亮輯（續四庫提要　藝文總志　販書偶

記）未見。

276：《四書記悟》十四卷附《孟子論文》二卷　清　王汝謙（續四庫提要　藝文總志　販書偶記）《續四庫》著錄無《孟子論文》，今有李文清公評點同治辛未刊本。

277：《四書通敘次》一卷《通疑似》一卷　清　胡垣（續四庫提要　藝文總志　販書偶記）未見。

278：《四書質疑》十九卷　清　徐紹楨（續四庫提要　藝文總志　國學圖書總目　叢書子目類編）未見。

279：《畊餘瑣錄》十二卷　清　馮世瀛（藝文總志　販書偶記）又名《四書集解》。

280：《四書億》二卷　清　李仲昭（續四庫提要　藝文總志　販書偶記）未見。

281：《劉氏家塾四書解》二十卷　清　劉豫師（續四庫提要　藝文總志）《續四庫》著錄作不分卷數，今有清光緒二年刊本。

282：《四書講義》四卷　清　安維峻（續四庫提要　藝文總志　販書偶記）

283：《四書集釋就正稿》一卷　清　王士濂（重修清志　藝文總志　叢書子目類編）《鶴壽堂叢書》有之。

284：《四書集註考證》九卷　清　王士濂（重修清志　藝文總志　叢書子目類編）《鶴壽堂叢書》有之。

285：《四書瑣言》一卷　清　虞景璜（重修清志　續四庫提要　藝文總志　叢書子目類編　東京漢籍目錄）今傳有《澹園雜著》本。

286：《四書注解撮要》二卷　清　林慶炳（續四庫提要　藝文總志　販書偶記）《擷芳集》有之。

287：《四書朱子集註古義箋》六卷　清　李滋然（續四庫提要　藝文總志　販書偶記）未見。

288：《陸批四書》不分卷數　清　陸思誠（國學圖書總目）《藝文總志》未收。

289：《朱子四書或小註》三十六卷　清　徐方廣增註（國學圖書總目　東京漢籍目錄）《藝文總志》未收，今傳有西冷陳氏觀乎堂刊本。

290：《四書大全或問語類大全》四十一卷　清　黃越（國學圖書總目）《藝文總志》未收，今有清康熙三十七年古裕堂刊本。

291：《山公四書集注補》四卷　清曹松（藝文總志　販書偶記）未見。

292：《四書劄記》二卷　清　姚惟寅（續四庫提要　藝文總志）未見。
293：《四書過庭錄》十九卷　清　亹亹齋口授、白敏樹述（續四庫提要　藝文總志）《藝文總志》作《四書通庭錄》，殆字誤。
294：《四書評點》四卷　清　吳汝綸（藝文總志　販書偶記）
295：《四書合講》十九卷　不著撰人（國學圖書總目）《藝文總志》未收，今有明治十六年刊本。
296：《四書解》一卷　口　曾日文（叢書子目類編）《藝文總志》未收。
297：《論孟集注附考》不分卷數　清　一題劉寶楠、一題丁晏（國學圖書總目）《藝文總志》未收，今有合眾圖書館叢書本題丁晏撰。
298：《讀論孟劄記》四卷　清　李光地（四庫總目　藝文總志　販書偶記　鄭堂志　國學圖書總目　叢書子目類編）今傳有四庫本。
299：《論語發隱》一卷《孟子發隱》一卷　清　楊文會（續四庫提要　藝文總志）《無求備齋論語集成》收有《論語》部分。
300：《論孟考證輯要》二卷　清　趙大鏞（續四庫提要　藝文總志　販書偶記）　未見。
301：《論孟考略》一十　清　張眉大（續四庫提要　藝文總志）未見。
302：《讀論孟筆記》三卷《補記》二卷　清　方宗誠（清志　重修清志　續四庫提要　藝文總志　國學圖書總目　叢書子目類編　東京漢籍目錄）《清志》、《重修清志》作《筆記》二卷《補記》一卷，《國學圖書總目》單著錄《補記》。《柏堂叢書》有之。
303：《論孟疑義》一卷　清　呂調陽（重修清志　藝文總志　叢書子目類編）未見.
304：《論孟書法》二卷《附讀四書》一卷　清　張瑛（續四庫提要　藝文總志　販書偶記　國學圖書總目）《販書偶記》著錄《附讀四書》四卷。
305：《論語大學偶記》一卷　清　汪德鉞（重修清志　續四庫提要　藝文總志　叢書子目類編）未見.
306：《大學傳注》一卷《中庸傳注》一卷《論語傳注問》二卷《大學傳注》一卷《中庸傳注問》一卷　清　李塨（四庫總目　販書偶記　國學圖書總目　東京漢籍目錄）　《東京漢籍目錄》未著錄《大學、中庸傳注》，《四庫總目》作《論語傳注》二卷《大學傳注》一卷《中庸傳注》一卷《傳注問》一卷，《國學圖書總目》作《論語傳注》二卷《傳注問》一卷《學庸傳注》一卷，《四庫總目》、《國學圖書總目》無《大學傳注問》

二卷。

307：《讀學庸二論皮談》二卷《讀孟子皮談》二卷　清　呂功（藝文總志　販書續記）未見。

（二）專　著

1　：《四書論》一卷　清　王伊（續四庫提要　藝文總志　販書偶記）今傳有清光緒二十四年刊本。

2　：《四書典林》三十卷　清　江永（續四庫提要　藝文總志　東京漢籍目錄）。

3　：《四書古人典林》十二卷　清　江永（續四庫提要　藝文總志　販書偶記　京都漢籍目錄）清乾隆己巳序刊本。

4　：《四書古人紀年》四卷　清　徐杏林（藝文總志　販書偶記）未見。

5　：《四書人物類典串珠》四十卷　清　臧志仁輯（續四庫提要　藝文總志）今傳有民國六年上海鑄記書局印本。

6　：《四書集注引用姓氏考》一卷　清　趙敬襄（重修清志　藝文總志　叢書子目類編）附於《四書圖表就正》。

7　：《四書通典備考》十二卷　清　唐光夔（藝文總志　販書偶記）。

8　：《四書典制彙編》八卷　清　胡掄（續四庫提要　藝文總志　販書偶記）。

9　：《四書續餘錄》二十三卷　清　張江（重修清志　藝文總志　販書偶記）。《續四庫》作二十卷、《續餘錄補》三卷，《販書偶記》作二十卷、《補》一卷，皆與張氏之《二訂四書辨疑》等合刊，以下三書亦同。

10：《四書識小錄》十卷　清　張江（重修清志　藝文總志　販書偶記　經義考）。

11：《四書武備編》四卷　清　張江（重修清志　藝文總志　販書偶記　叢書子目類編）《清史志》「編」作「錄」。

12：《四書樂器編》五卷　清　張江（重修清志　藝文總志　販書偶記　經義考）今傳有清稿本。

13：《四書典制類聯音註》三十三卷　清　閻其淵輯（藝文總志　販書偶記）今傳有清嘉慶刊本。

14：《四書考異》七十二卷　清　翟灝（清志　續四庫提要　續清經籍考　藝文總志　販書偶記　國學圖書總目　叢書子目類編　京都漢籍目錄　東

京漢籍目錄）《販書偶記》注云《總考》二十六卷、《條考》二十六卷。今有清乾隆三十四年刊本。

15：《四書經學考》十一卷　清　謝濟世輯（續四庫提要　藝文總志）未見。

16：《四書類考》三十卷　清　陳愚谷（續清經籍考　藝文總志　販書偶記　國學圖書總目）未見。

17：《四書類考》二十卷　清　崔曼亭（藝文總志　販書偶記）未見。

18：《四書類典賦》二十四卷　清　甘紱（京都漢籍目錄）今傳有乾隆四十三年廣益堂刊本，《藝文總志》未收。

19：《四書典故覈》不分卷數　清　凌曙（清志　重修清志　續四庫提要　續清經籍考　藝文總志　國學圖書總目　叢書子目類編　東京漢籍目錄）《重修清志》曙誤作曝，今傳有嘉慶十三年序刊本。

20：《四書典故辨正》二十卷《附錄》一卷　清　周柄中（續清經籍考　藝文總志　販書偶記　國學圖書總目　東京漢籍目錄）《續清經籍考》著錄無《附錄》一卷，今傳有清光緒十二年刊本。

21：《四書典故辨正續編》五卷　清　周柄中（續四庫提要　藝文總志　販書偶記）今傳有清光緒十六年刊本。

22：《四書要典考》一卷　清　竹碤氏（藝文總志　販書偶記）未見。

23：《四書典故通考》不分卷數　清　陸文籀（續四庫提要　藝文總志　販書偶記　東京漢籍目錄）《販書偶記》、《東京漢籍目錄》作《四書經典通考》。

24：《四書典故考辨》一卷　清　戴清（重修清志　續四庫提要　續清經籍考　藝文總志　販書偶記　叢書子目類編）《續四庫》著錄無辨字。

25：《論孟考典》不分卷數　清　方婺如（續四庫提要　藝文總志）今傳有藍格清稿本。

26：《校正四書釋地》八卷　清　閻若璩（清志　重修清志　四庫總目　藝文總志　鄭堂志　國學圖書總目　經義考　叢書子目類編　京都漢籍目錄　東京漢籍目錄）《販書偶記》著錄有《附孟子生卒年月考》一卷。

27：《四書釋地》一卷《續》一卷《又續》二卷《三續》二卷　清　閻若璩（續四庫提要　藝文總志　販書偶記　京都漢籍目錄）今傳有四庫本。

28：《四書釋地補》一卷《續補》一卷《又續補》一卷《三續補》一卷　清　樊廷枚（清志重修清志　續四庫提要　藝文總志　販書偶記　鄭堂志

國學圖書總目　京都漢籍目錄　東京漢籍目錄）《續四庫》著錄《四書釋地補》一卷《續補》一卷《又續補》二卷《三續補》二卷，《提要》云閻若璩撰、樊廷枚補；《清史志》著錄脫《續補》一卷。

29：《四書釋地辨證》二卷　清　宋翔鳳（清志　重修清志　續四庫提要　續清經籍考　藝文總志　鄭堂志　販書偶記　國學圖書總目　叢書子目類編）　《販書偶記》著錄作二卷附一篇，皇清經解有之。

30：《四書地理考》十五卷　清王瑬（清志　重修清志　藝文總志　續四庫提要　續清經籍考　販書偶記　京都漢籍目錄　東京漢籍目錄）《清史志》誤作十一卷，王　撰。今有道光十五年刊本。

31：《四書地記》六卷　清　汪在中輯（續四庫提要　藝文總志　販書偶記）未見。

32：《四書經史摘證》七卷　清　宋繼穜（重修清志　續四庫提要　藝文總志　販書偶記　國學圖書總目　叢書子目類編）今傳有清光緒元年刊本。

33：《四書子史集證》不分卷數　清　陳子驥（國學圖書總目）《藝文總志》未收。

34：《四書古語錄證》一卷　清　孫國仁（重修清志　藝文總志　叢書子目類編）未見。

35：《四書徵引錄》不分卷數　清　葉秉純（藝文總志　販書偶記）未見。

36：《四書左國輯要》二卷　清　周龍官（藝文總志　販書偶記）今傳有清刊本。

37：《四書左國彙纂》四卷　清　高其名、鄭師成編（續四庫提要　藝文總志　販書偶記　國學圖書總目）《續四庫》作《增訂四書左國輯要》，今有清三十九年重刊本。

38：《四書引左彙解》十卷　清　蕭榕年輯（續四庫提要　藝文總志　販書偶記　國學圖書總目）今傳有清乾隆三十九年刊本。

39：《朱子四書纂要》四十卷　清　楊丕復（重修清志　藝文總志）未見

40：《四書圖說》六卷　清　王道然（續四庫提要　藝文總志　販書偶記）《續四庫》著錄作不分卷數。

41：《四書經傳圖說衷》十四卷　清　張廉　輯（藝文總志　販書續記）

42：《四書圖考》十三卷　清　杜炳（續四庫提要　藝文總志　販書偶記）未見。

43：《四書圖表就正錄》一卷　清　趙敬襄（重修清志　續四庫提要　藝文

總志　國學圖書總目　叢書子目類編）今傳有竹岡齋九種本。

（三）文字音義

1：《四書考異》一卷　清　王夫之（清志　重修清志　續四庫提要　續清經籍考　藝文總志　國學圖書總目　叢書子目類編）《船山遺書》有之。

2：《四書考異》一卷　清　武億（清志　續四庫提要　藝文總志　國學圖書總目）《續四庫提要》稱此乃億取灝之《四書考異》有所刪節，然不盡依原書，附於其《經讀考異》後，宜別存之。《清史志》作《四書考異句談》，談乃讀字之誤。

3：《四書字義說略》二卷　清　朱曾武（續四庫提要　藝文總志　販書偶記）未見。

4：《四書虛字講義》一卷　清　丁守存（續四庫提要　藝文總志　販書偶記）未見。

5：《四書字詁》七十八卷　清　段諤廷（續四庫提要　續清經籍考　藝文總志）今傳有清道光二十九年刊本，諸志作段廷諤。

6：《四書集字》一卷　清　劉書年（重修清志　藝文總志　叢書子目類編）未見。

7：《四書自類釋義》六卷　清　李毓秀（叢書子目類編）《藝文總志》未收。

8：《四書不二自音釋》不分卷數　清　楊昕（續清經籍考　國學圖書總目）《續清經籍考》作一卷，《藝文總志》未收。

9：《論語十卷附校刊記》一卷　朱熹集注　清　丁寶禎校刊（叢書子目類編）《藝文總志》未收。

10：《增訂四書字解》四卷　清　不著撰人（續四庫提要　藝文總志）《續四庫》入小學字書類

11：《六書叚借經徵》四卷　清　朱駿聲（清志）入四書類，《藝文總志》未收。

12：《正經界疏證》六卷　清　迮鶴壽（清志）入四書類，《藝文總志》未收。

13：《四書直音》一卷　清　王式丹（藝文總志　販書偶記）未見

14：《四書鄉音辨》一卷　清　單爲鏓（重修清志　藝文總志　販書續記　叢書子目類編）今傳有清道光二十四年刊本。

15：《四書補音》四卷　清　袁棟（藝文總志　販書續記）未見。

16：《音韻合註四書》二卷　清　鄒岳輯（藝文總志　販書偶記）未見。

17：《四書集注音義辨》一卷　清　不著撰人（東京漢籍目錄）又名《四書集注正蒙》，附在《朱熹章句集注》。今有清光緒十四年八旗官學刊本。《藝文總志》未收。

（四）翻譯之屬

1　：《滿漢字四書》二十九卷　清　不著編者（續四庫提要）此康熙間刻本，據《提要》稱：與《四庫》著錄乾隆二十年一再改訂之《繙譯四書》，體裁字句，有所不同云云。《藝文總志》未收。

2　：《翻譯四書集注》二十九卷　清高宗敕譯（清志　重修清志　藝文總志　國學圖書總目）此乃乾隆二十年《欽定繙譯四書》重訂本，與前書未盡相同，《藝文總志》誤作同書。

3　：《繙譯四書》六卷　清乾隆二十年敕撰（鄭堂志　國學圖書總目　東京漢籍目錄）今有清乾隆間刊本，《藝文總志》未收。

4　：《滿漢字合璧四書集註》十九卷　清　不著譯者（續四庫提要　藝文總志）未見。

第二節　清代論語學概述

有清之初，治《論語》之學者，大體仍以朱註爲主。雍乾以後，考據之學大興，風氣所趨，《論語》注本，亦如他經，務求徵實，以考據相尙，於是有辨僞與考異之專著，皆屬宗守漢學以述經者。晚清則今文學興起，有以公羊家之說以解《論語》，是爲今文學派。此一學術思想變遷之大勢，正如梁啓超所分三期：清初乃清學啓蒙期，爲對明學之反動時期，經世學爲本期學術之中心；盛清爲清學全盛時期，以考據學爲中心；晚清爲今文學運動時期，爲清學蛻分期或衰落期，以託古改制之思想爲中心〔註1〕。亦如梁氏所謂「以復古爲解放」：第一步復宋之古，對於王學而得解放；第二步復漢唐之古，對於程朱而得解放；第三步復西漢之古，對於許鄭而得解放〔註2〕。

〔註 1〕梁啓超，《清代學術概論》，頁六～十二。
〔註 2〕前揭書，頁十三。

有清一代官學，仍沿元明之舊，主程朱之說。順治二年所定試士之例，《四書》主朱熹集注。康熙之世，以宋儒理學，足以束縛人心，與其宗旨相合，嘗極力表章〔註3〕，刊定《性理大全》、《朱子全書》等書。康熙五十一年，清帝更提昇朱熹奉祀於「十哲」之列〔註4〕，皆足見朱學爲政府所肯定。是以清代雖稱漢學復興，然治《四書》者仍多以程朱爲宗，推究其實，則不過八股帖括取士以朱註爲準，利祿之途使然耳。治《論語》學者，多宗程朱，其中又多爲制藝之作，正所謂「明以來，言四書者競宗朱，眞能窺朱子之蘊者，且不多見，況上窺聖賢之心耶」〔註5〕，清儒錢大昕亦批評道：

> 嗚呼！自科舉之法行，士大夫之習其業者，非孔孟之書不觀，非程朱之說不用。國無異學，學無他師，其所謂一道德以同俗者矣。然學者自就傅而後，初涉章句，即從事於應舉之文。父師所講授，無過庸輭骫骳之詞；得其形似，便可以致功名，轉不如詩賦策士之難工。由是六經諸史，束之高閣。即四書之義，亦可勿深求。譬之苾蒭誦經禮懺，志在乞食，而不在修行，蒙竊憂焉。元之時，始以四書義取士。當時士大夫謂天理同根人心，誦其言者眾，則爲其道者將多。迄今垂五百年，自通都大邑，以至窮鄉蠻徼，無不知誦四書，尊程朱，而未見有爲其道者。所誦者禮義，所好者名利，……何其相戾之甚也。(《潛研堂文集》卷十九)

此類羽翼制藝之作，數量甚夥，如朱奇生《四書發註》「仍是講章習套」〔註6〕、金松《四書講》「是以時文讀四書矣」〔註7〕、朱應麟《四書集解》「則爲習舉業計也」〔註8〕、耿埰《四書讀註提耳》「但知爲遵功令作時文計」〔註9〕、王錟《四書繹注》「仍爲制舉所取資」〔註10〕、胡清烈《四書注說參證》「未脫講章氣」〔註11〕、紀克揚《麗奇軒書講義》「大旨爲科舉而作」〔註12〕、陸隴其《續困勉錄》「中

〔註3〕此言本林尹之說，見〈清代學術思想史引言〉，《師大學報》第七期。
〔註4〕據李光地，《榕村全書》，《文成公年譜》所載，康熙帝本欲進躋朱熹於「四配」之列，因李光地之勸而止。
〔註5〕《續修四庫提要》，頁1420。
〔註6〕《續修四庫提要》，頁1408。
〔註7〕同上註。
〔註8〕前揭書，頁1407。
〔註9〕前揭書，頁1417。
〔註10〕前揭書，頁1390。
〔註11〕前揭書，頁1450。
〔註12〕《四庫提要》卷三七。

多採時文評語，似乎狹視四書矣」〔註 13〕、孫見龍《五華纂訂四書大全》「明以來諸家制藝評語，併爲採入」〔註 14〕、魏裔介《四書大全纂要》「則亦虛耗心力而已」〔註 15〕、任啓運《四書約旨》「大旨爲科舉作也」〔註 16〕、蕭正發《翼藝典略》「以羽翼制藝也」〔註 17〕、戴鋐《四書講義尊聞錄》「蓋亦科舉之學也」〔註 18〕、李清植《澍唛存愚》「惟以描摹語氣，爲時文敷衍地步，不足以言詁經也」〔註 19〕、王步青《四書本義匯參》「然祇爲帖括之計，非爲講學明道而作也」〔註 20〕、駱培《四書襯》「蓋專爲時文而設者也」〔註 21〕、朱良玉《增訂四書貫解》「蓋講章中之尤近俗者也」〔註 22〕、胡斐才《四書注疏撮言大全》「惟俱舉業家之撦撏，未足以發明聖學也」〔註 23〕、張甄陶《四書翼注論文》「題曰論文者，以是書兼及制義法也」〔註 24〕、李道南《四書集說》「蓋沿明人講義之習，亦以爲課生徒作時文計」〔註 25〕、郝寧《四書說》「篤遵朱註……蓋爲舉業家作文而設，非治經之書也」〔註 26〕、張江《三訂四書辨疑》「其意正以供作文之需，而不在稽典」〔註 27〕李嵩崙《四書讀》「爲命題作文起見者」〔註 28〕、王筠《四書讀》「爲幼齡習舉業者計」〔註 29〕、汪在中《四書地記》「不過爲舉業家計，意不在考據」〔註 30〕、王道然《四書圖說》「不過爲讀朱注及作時文者計其便」〔註 31〕、丁守存《四書虛字講義》「蓋爲課舉業而作」〔註 32〕……等諸書皆是，又如王步青《四書本義匯參》「大旨據章句集註

〔註 13〕同上註。
〔註 14〕同上註。
〔註 15〕同上註。
〔註 16〕同上註。
〔註 17〕同上註。
〔註 18〕同上註。
〔註 19〕《鄭堂讀書記》卷十三。
〔註 20〕同上註。
〔註 21〕同上註。
〔註 22〕《續修四庫提要》，頁 1418。
〔註 23〕前揭書，頁 1442。
〔註 24〕前揭書，頁 1423。
〔註 25〕前揭書，頁 1425。
〔註 26〕前揭書，頁 1427。
〔註 27〕前揭書，頁 1437。
〔註 28〕前揭書，頁 1476。
〔註 29〕前揭書，頁 1484。
〔註 30〕前揭書，頁 1496。
〔註 31〕前揭書，頁 1421。
〔註 32〕前揭書，頁 1479。

斷諸家之是非……在近時講章之中，尚較為切實，……是書乃以場屋八比之法，計較得，斯已逐影而失形矣」〔註33〕、駱培《四書䙡》「於課舉業者誠不為無裨」〔註34〕、王鑄《四書釋義》「可為舉業之善本」〔註35〕、任時懋《四書自課錄》「大致宗朱子……惟著作之旨仍不外為舉業計，意存墨守，殊尠發明，但薈萃群言，折衷一是，視俗坊講章為差勝耳」〔註36〕、陸隴其《三魚堂四書大全》「是編取胡廣書，除其煩複，刊其舛謬，又採蒙引、存疑、淺說諸書之要，以附益之，自較原本為差勝，然終未能盡廓清也」〔註37〕，諸書為尋常講章中，相形之下，較為突出者。在時文之作中，眞正能獲得好評者，不過寥寥數家之作而已，如江永《四書典林》「雖為舉業家儲材……可為類書之式，並足供詞家之采獲，經學之參證」〔註38〕、《四書古人典林》「大旨亦為舉業而作，然視坊行諸本……固迥殊矣……此等處永並詳加考覈，使後此注家奉為定論，又安得以舉業所用而鄙視之耶〔註39〕、方棻如《論孟考典》「其書雖亦為舉業而作，但與典制備考諸書，則遠勝之也」〔註40〕。「而評選家除仇兆鰲、呂留良二三家尚知引導正軌外，他無足論」〔註41〕，其中呂留良於四書帖括之作中，尤為特出，不同於考據學者江永之作，其特點不在考覈精核，而在於批點八股文中講朱子學，並滲入民族思想。雍正時，湖南曾靜得其書，深悟民族大義，遣其弟子至浙訪謁，時留良已卒，曾靜乃遣人策動岳鍾琪，以武穆後反清，鍾琪上告，清廷因此大興文字獄；呂留良至開棺戮尸。留良所著之書，如《四書文》、《四書批語》、《四書題說》，大都因禁燬而佚，後人亦有因引其書而遭禁燬，清廷亦曾命朱軾等駁呂留良所著《四書講義》，「按留良原書以朱注為宗；駁者亦援據朱注，惟朱子論一事、辨一理，往往有前後異說者，駁者乃摭拾以為創獲，不知早為留良所吐棄也」〔註42〕，徒自暴其短而已。留良另有《四書講義》，及其徒周在延所編《天蓋樓語錄》，皆有好評，論者評《四書講義》曰：

> 留良學宗朱子，深疾禪學，以陽明之陽儒注釋也，並疾之……於滿

〔註33〕《四庫提要》卷三七。
〔註34〕《續修四庫提要》，頁1420。
〔註35〕《鄭堂讀書記》卷十三。
〔註36〕《續修四庫提要》，頁1405。
〔註37〕《四庫提要》卷三七。
〔註38〕《續修四庫提要》，頁1413。
〔註39〕前揭書，頁1414。
〔註40〕前揭書，頁1403。
〔註41〕前揭書，頁1410。
〔註42〕前揭書，頁1396。

族入關尤茹隱痛，國人甘心臣服而莫之異也，由於大義不明，蚩蚩者無論矣，號稱讀書士子，溺心科第，時文之外不知其他，留良有見於此，因而用之，故一寄其意於批選時文與講解四書，蓋士子非此不觀也，證之曾靜之事，則留良又不徒言之而已……要而論之，在清初服膺朱子，惟留良與陸隴其爲最篤，此書亦略與《困勉錄》、《松陽講義》相近，惟苦心孤詣，視隴其個乎遠矣。（《續修四庫提要》，頁 1395）

評《四書語錄》曰：

是書蓋在延編次其師石門呂留良評選歷科時藝，其論辯經義，闡明章句之語……篇中發明經旨，大率以朱集注爲主，力闢俗學異學。（《續修四庫提要》，頁 1411）

清初諸儒多有經世致用之思想，留良之書，在曾靜一案以前頗爲學者所稱引，其中以汪陛《四書辨訛》，頗能師法留良之精神：

陛最服膺呂留良，於其說亦間有取正，當八股風行之日，借以昌明正學，亦不得已之事也。（《續修四庫提要》，頁 1410）

又如陳美發《四書講意攀龍集》，因所引呂留良語甚多，致遭銷燬，王錟《四書繹注》「前儒之說列入者，惟呂留良、陸隴其而已」〔註 43〕、朱應麟《四書集解》「是書以程朱爲本，次以呂晚村」〔註 44〕、金松《四書講》「於同時呂晚村援證尤多」〔註 45〕、朱奇生《四書發註》「於呂晚邨、陸稼書、仇倉柱各家之說，所采尤多」〔註 46〕、李道南《四書集說》「書中亦引呂留良說，而不敢名之，稱曰語溪者是也」〔註 47〕，皆可見呂留良影響當時學者之一斑，至曾靜、呂留良之文評獄後，士子慑於清廷淫威，引述其說者乃日稀。

程朱學者既爲朝廷所尊、士子所重，於是宗朱之作，比比皆是，如朱曾武《四書字義說略》「大率以集注爲主」〔註 48〕王元啓《四書講義》「大旨宗朱註」〔註 49〕、夏力恕《菜根堂劄記》「取程朱之說，參校同異，勒成此編」〔註 50〕劉葆眞《四書

〔註 43〕前揭書，頁 1390。
〔註 44〕前揭書，頁 1407。
〔註 45〕前揭書，頁 1408。
〔註 46〕同上註。
〔註 47〕前揭書，頁 1425。
〔註 48〕前揭書，頁 1462。
〔註 49〕前揭書，頁 1497。
〔註 50〕《四庫提要》卷三七。

易簡錄》「大旨多本之或問語類」〔註 51〕、張謙宜《四書廣註》「凡朱子所說涉於四書者，搜采靡遺」〔註 52〕、李滋然《四書朱子集注古義箋》「凡朱注與古注同者，先列經文，次列朱注，次列古注，而以己意爲之箋」〔註 53〕、方宗誠《讀論孟筆記》「大旨就集註而推闡其義」〔註 54〕、趙大鏞《論孟考證輯要》「以備讀集注者取求之便」〔註 55〕、張九達《四書尊注會意解》「是書專宗朱注」〔註 56〕、崔紀《成均課講》、《論語溫知錄》「每章統論其大意，皆以闡發集註爲主」〔註 57〕、秘丕笈《四書鈔》「纂輯或問及大全蒙引存疑等說，彙成一編」〔註 58〕、陳其凝《四書或問語類》「取或問及語類之涉四書者，刪其辨難，汰其重複之條，合成是編」〔註 59〕尹會一《讀書筆記》「書中規撫指趣，亦不離朱子」〔註 60〕、李榮陛《四書解細論》「書之大旨，仍主朱子」〔註 61〕、何焯《四書釋文》「其書依朱子章句集注」〔註 62〕、李錫書《四書大成直講》「（錫書）始泛濫於金谿姚江，後乃歸於朱子，是書乃其晚歲所作」〔註 63〕、趙大鏞《四書集註管窺》「以發明朱子集註章句」〔註 64〕、基澧《四書會解》「大旨以朱子爲宗」〔註 65〕、梁彣《四書題說》「生平服膺」〔註 66〕、楊樹椿《四書隨筆》「所引程朱說居多」〔註 67〕、凌揚藻《四書紀疑錄》「以朱注爲主」〔註 68〕、章守待《四書聯珠》「以朱子集注爲宗」〔註 69〕、姚道煇《四書經義考辨瀋存》「意在與章句集註互證」〔註 70〕、徐方廣《朱子四書或問小

〔註 51〕《續修四庫提要》，頁 1406。
〔註 52〕前揭書，頁 1402。
〔註 53〕前揭書，頁 1516。
〔註 54〕前揭書，頁 1507。
〔註 55〕前揭書，頁 1477。
〔註 56〕前揭書，頁 1407。
〔註 57〕《四庫提要》卷三七。
〔註 58〕同上註。
〔註 59〕《鄭堂讀書記》卷十三。
〔註 60〕《續修四庫提要》，頁 1415。
〔註 61〕前揭書，頁 1426。
〔註 62〕前揭書，頁 1412。
〔註 63〕前揭書，頁 1433。
〔註 64〕前揭書，頁 1476。
〔註 65〕前揭書，頁 1445。
〔註 66〕前揭書，頁 1475。
〔註 67〕前揭書，頁 1486。
〔註 68〕前揭書，頁 1492。
〔註 69〕前揭書，頁 1496。
〔註 70〕同上註。

註》、楊廷芝《四書遵朱會通》、陳梓《四書質疑》、黃越《四書大全或問語類大全》、曹松《山公四書集注補》……等，皆是宗朱之作而張履祥、陸世儀、陸隴其、李光地等，則以恪遵程朱爲名。履祥深重踐履；世儀則居敬窮理，省察克治爲工夫，而致用思想亦盛，著有《四書講義輯存》；光地論學以志、敬、知、行爲序，有讀《論語劄記》，論者以爲：「大旨皆主於尋求義理，宛轉發明，不似近代講章，惟以描摹語氣爲時文敷衍地也」〔註 71〕、「而其大旨仍以集注爲的，不似坊刻講章之蔓衍耳」〔註 72〕，其徒楊名時《四書劄記》「雖以時文爲說，而大致主於闡明義理，多所心得」〔註 73〕，亦能紹承師訓；隴其惡姚江末流之弊，攻王學不遺餘力，衛道之精神極熾，亦是對明末王學之反動，其《松陽講義》自序即稱：「嘗以爲今之爲世道計者，必自羞乞墦、賤壟斷、闢佛老、黜陽儒陰釋之學始，而是編之中，亦三致意焉」然隴其致力於集注，故猶能發朱註之精蘊，清代言程朱之學者，皆宗之，其有《松陽講義》、《四書講義困勉錄》，《四庫提要》評其《松陽講義》曰：

> 隴其之學，期於潛修自得，不甚以爭辨爲事，惟於姚江一派，則異同如分白黑，不肯假借一詞，時黃宗羲之學盛於南，孫奇逢之學盛於北、李容之學盛於西，隴其皆不以爲然。故此編於學術醇疵，再三致意，其間融貫舊說，亦多深切著明，剖析精密。蓋朱子一生之精力，盡於四書，隴其一生之精力，盡於章句集註，故此編雖得諸簿書之餘，而抒所心得，以啓導後生，剴切詳明，有古循吏之遺意，較聚生徒刻語錄，以博講學之名者，其識趣固殊焉。（卷三六）

評其《四書講義困勉錄》：

> 明自萬曆以後，異學爭鳴，攻集註者，固人自爲說，即名爲闡發集註者，亦多陽儒陰釋，似是而非。隴其篤信朱子，所得於四書者尤深，是編薈粹群言，一一別擇，凡一切支離影響之談，刊除略盡，其羽翼朱子之功，較胡炳文諸人，有過之無不及矣。（卷三六）

另如王夫之亦頗能糾正朱註之失，不失爲朱註之諍友，除《四書訓義》「大旨以《集注》爲宗粹，所訓不參異解，亦不涉典故，夫之所著《四書稗疏》、《讀四書大全說》、《四書箋解》，於朱注多所糾正，此書概不及引」〔註 74〕外，其讀《四書大全說》「於大全所引朱子之說……皆一一爲剖辨之、駁正之、引申之……不徒爲大全

〔註 71〕《四庫提要》卷三六。
〔註 72〕《鄭堂讀書記》卷十三。
〔註 73〕《四庫提要》卷三六。
〔註 74〕《續修四庫提要》，頁 1385。

諍友也」〔註75〕，《四書箋解》「其於朱注，亦間有糾正……綜觀全書，義多精粹，實可與稗疏諸書相輔而行」〔註76〕。此外宗朱學者，不乏墨守成說，而無發明者，如刁包《四書翊注》「然其去取是非，總以朱子之說爲斷，不必自有所見也」〔註77〕、劉所說《四書尋眞》「不過引申註理，闡發殊少」〔註78〕、黃梅峰《四書解疑》「以不背朱注爲歸」〔註79〕、孫浛《四書醒解》「書中於朱注一字一句，細爲辨別，惜無甚發明耳」〔註80〕、《亹亹齋四書過庭錄》「大抵就朱註而敷衍其義……惟於朱註之明誤者，不敢匡焉」〔註81〕、范凝鼎《四書句讀釋義》「諸儒議論，與朱註相發明者乃採錄之，稍有同異，則斥不載焉」〔註82〕、劉琴《四書順義解》「一以紫陽爲主，不敢稍異」〔註83〕。亦有持論精核，抒發心得，能發朱註未宣之蘊者，如焦袁熹《柴軒四書說》「大旨一本朱注，間有與朱注小異」〔註84〕「自明以來講四書者，多爲時文而設，袁熹是書，獨能深求於學問」〔註85〕、王掞《朱註發明》「掞篤信朱子，就章句集注中，一字一句細意體會，發明其未宣之蘊」〔註86〕、冉覲祖《四書玩註詳說》「至其尊朱過甚，則彼時風氣如此……然以尋常講章，固不可同日而語也」〔註87〕、劉台拱《論語駢枝》「是書雖辨說無多，而持論精核」〔註88〕、張定鋆《四書訓解參證》「大恉在補朱注所未及」〔註89〕、党瀛《四書講義參眞》「大旨遵朱子章句集註，集諸異同，間亦自抒所得」〔註90〕李中培《朱子不廢古訓說》「雖尊信紫陽，而後儒辨論與朱子異者，間亦採掇，誠讀四書章句集注者，參考所必及也」〔註91〕、李元春《四書簡題》「雖遵朱注，間能持平」〔註

〔註75〕《續修四庫提要》，頁1381。
〔註76〕《續修四庫提要》，頁1383。
〔註77〕《四庫提要》卷三七。
〔註78〕《續修四庫提要》，頁1409。
〔註79〕前揭書，頁1475。
〔註80〕前揭書，頁1401。
〔註81〕前揭書，頁1520。
〔註82〕《四庫提要》卷三七。
〔註83〕同上註。
〔註84〕《鄭堂讀書記》卷三六。
〔註85〕《四庫提要》卷三六。
〔註86〕《續修四庫提要》，頁1400。
〔註87〕前揭書，頁1394。
〔註88〕前揭書，頁1205。
〔註89〕前揭書，頁1502。
〔註90〕前揭書，頁1481。
〔註91〕前揭書，頁1467。
〔註92〕前揭書，頁1465。

92〕、俞廷鑣《四書評本》「雖以朱註爲宗，間能補其所略」〔註 93〕、曹之升《四書摭餘說》、《四書摭餘說續編》「其書雖尊信朱註，然其失處，初不迴護」〔註 94〕、劉紹攽《四書凝道錄》「其於集註，洵極羽翼之功矣」〔註 95〕、韓泰青《說四書》「大旨義理宗宋儒，然謂朱子爲孔門嫡嗣，偶於解書處有未當，不害其爲賢，或因其說之未當，別出一義以相諮爾，不害爲遵朱」〔註 96〕黃瑞《四書會要錄》「大旨宗朱注，旁及語類大全……其析理頗有精者……非庸庸講章所能及也」〔註 97〕、陳廷策《四書遺義》「素講程朱之學，尤服膺程伯子……於朱子之說，多所匡正，於二程之說，多所引申，其持義溫醇篤實，融會貫通，非躬行有得者，未易道其隻字也」〔註 98〕，張履祥、呂留良《四書朱子語類摘抄》「履祥留良俱尊奉紫陽，深研有得，其抄此書，去取之間，具有精意，非同節錄」〔註 99〕、李求齡《四書講義日孜錄》「求齡嘗受業陸隴其之門，以理學自任……求齡雖遵守朱注，然於朱注之未妥者……是即救正朱注之處，但不敢明詆耳，亦異乎他家之斤斤墨守者矣〔註 100〕、汪德鉞《論語大學偶記》「理俱精鑿，能申紫陽未發之蘊」〔註 101〕、徐紹楨《四書質疑》「書中多糾正朱注之誤」〔註 102〕，徐天璋、徐紹仁《四書箋疑疏證》「其他補正朱注，多有合者」〔註 103〕、程大中《四書逸箋》「與閻百詩四書釋地亦堪相亞，皆所以證明朱注所未及」〔註 104〕。於宗朱之作中，另一可注意者，爲吳英父子所考訂之《朱熹四書章句》。按「朱子注四書，注成復改，且非一次，臨歿前數日，猶有改筆，但其本行世早，而世之得其定本者鮮，此注本所以有異也，然亦有因傳寫而誤者」〔註 105〕，其著有《四書章句集注定本辨》、《四書章句集注附考》等書，以求朱子章句集注最後改定本，及傳寫未誤者，使宗朱學者，免滋疑惑，其功厥矣。

〔註 93〕前揭書，頁 1451。
〔註 94〕前揭書，頁 1429。
〔註 95〕前揭書，頁 1443。
〔註 96〕前揭書，頁 1440。
〔註 97〕前揭書，頁 1415。
〔註 98〕前揭書，頁 1410。
〔註 99〕前揭書，頁 1397。
〔註 100〕前揭書，頁 1405。
〔註 101〕前揭書，頁 1446。
〔註 102〕前揭書，頁 1510。
〔註 103〕前揭書，頁 1504。
〔註 104〕《鄭堂讀書記》卷十三。
〔註 105〕《續修四庫提要》，頁 1445。

宗朱學者雖眾，亦有與朱註立異者，如王廷植《四書疑言》「又自作凡例，疑者，疑朱註也」〔註 106〕、徐春《四書私談》「書中各條率與朱注相背」〔註 107〕、程廷祚《論語說》「時引舊說以正朱注」〔註 108〕何綸錦《論語語直》「今觀其書頗與集注立異，見解尤多枘鑿」〔註 109〕、王國瑚《四書窮鈔》「其解頗與朱子立異，然僅鑽研於字句之間，無以相勝也」〔註 110〕、楊一崑《四書教子尊經求通錄》「是書大旨攻宋人……書中最服膺毛西河而不盡用其說，雖攻朱子而不盡廢其說」〔註 111〕，眞正專務與朱註立異者，而其說尙有可觀者，則首推毛奇齡，但時亦有意氣之爭，《續修四庫提要》評其《四書正事括略》曰：

> 是書專攻朱注，其間雖純駁參見，以視明人陳晦伯、盧荷亭、郝京山、姚舜牧輩，固遠勝之，其後又增易爲《四書改錯》，此則大輅椎輪也。（頁 1386）

評其《四書改錯》云：

> 然朱注詳義理而略名物，而義理亦不能謂無謬誤，奇齡治經專主攻朱，是書更深文周内，雜以謾罵，宜乎宗朱者之群相集矢也。……戴大昌作《駁四書改錯》，所駁各條約占全書之半，然義可兩通者，又約占所駁各條之半，至其未駁各條，俱精鑿實能糾正朱注，昌明經義，未可以瑕而廢瑜也……凌次仲曰，蕭山毛氏說經，廓除宋儒蒙晦，然間有矯枉過正，近于武斷者。（同上）

《鄭堂讀書志》亦稱：

> 其引據極博，誠足改朱注之錯矣。凌次仲《校禮堂文集》卷二十五有與阮雲臺師書，謂蕭山之著述等身，惟此書最爲簡要可寶。（卷十三）

四庫提要評其《四書賸言》：

> 奇齡說經善考證而喜辯論，故詮釋義理，往往反覆推衍以典籍助其駁詰，支離曼衍不顧其安，至於考核事實，徵引訓詁，則偏僻者固多，而精核者亦復不少……棄短取長未嘗不可與閻若璩《四書釋地》並傳也。（卷三六）

〔註 106〕前揭書，頁 1457。
〔註 107〕前揭書，頁 1466。
〔註 108〕前揭書，頁 1215。
〔註 109〕前揭書，頁 1204。
〔註 110〕《四庫提要》卷三七。
〔註 111〕《續修四庫提要》，頁 1449。

評其《四書索解》：

其旨在於駁註，而其跡乃似於攻經……大抵皆詬爭之言。（卷三七）

評其《論語稽求篇》曰：

較陳天祥《四書辨疑》，徒推尋於文句之間，以難朱子間，固自勝之。（卷三六）

《鄭堂讀書記》亦稱：

其書專爲攻駁朱子《集註》而作，凡九十一條，皆引證古義，以相詰難……其中有強生枝節者，有半是半非者，有全然無理者，固觸處皆是，然其引據精確，亦往往而有。（卷十三）

綜而言之，奇齡諸作「大抵短于談義理而長于談考證」，而「以攻駁朱子爲主，詞涉詬爭，殊失儒者從容氣象」〔註 112〕。

另有顏元、李塨之顏李學派，爲學力主實踐，對於宋明理學學者，皆加攻訐，而於程朱尤甚，顏元曾謂：

必破一分程朱，始入一分孔孟……程朱之道不熄，周孔之道不著。（《顏習齋先生年譜》）

果息王學而朱學獨行，不殺人耶？果息朱學而獨行王學，不殺人耶？（《習齋記餘》卷六，閱張氏王學質疑評）

李塨於《恕谷集》中亦云：

宋後二氏學興，儒者浸淫其說。靜坐內視，論性談天，與夫子之言，一一乖反。而至於扶危定傾大經大法，則拱手張目，授其柄於武人俗士。當明季世，廟無一可倚之臣，坐大司馬堂批點《左傳》，敵兵臨城，賦詩進講，覺建功立名，俱屬瑣屑，日夜喘息著書，曰：此傳世業也。卒至天下魚爛可決，生民塗炭，嗚呼，誰生厲階哉？

顏李二人皆痛心明季士子束書不觀、游談無根之弊，而生對宋明理學反動之思想。顏元有《四書正誤》，《續四庫提要》評曰：

（顏）元爲學主實用，惡宋儒之空談心性……又曰朱先生注解經書之功，不敵其廢亂聖學之罪。觀此可以知是書之大旨矣……元抱憾於中國積弱而思有以振之，其志則王船山、呂晚村也，宜其卑視宋儒。」（頁 1393）

李塨則有《論語傳註》、《論語傳註問》，《四庫提要》評其《論語傳註》爲：

是編解釋經義多與宋儒相反，蓋塨之學出於顏元，務以實用爲主，

〔註 112〕《鄭堂讀書記》卷十三。

故於程朱之講習，陸王之證悟，凡不切立身經世者，一概謂之空談，而於心性之學，排擊尤甚。其解《四書》，亦即此旨。《論語》多用古義，亦兼取毛奇齡之說。（卷三七）

評其《論語傳註問》為：

《傳註問》，則彷朱子《或問》之例，一一辨其去取之所以然……辭氣多不和平，徒以氣相勝而已。（卷三七）

清初學術，多為明學之反動，當時承姚江餘緒，而為之收拾殘局者，尚有孫奇逢、李顒，奇逢重實用，李顒重踐履，皆已對王學加以修正。奇逢有《四書近指》，《四庫提要》論曰：

而大本主於窮則勵行，出則經世，故其說如此。雖不一一皆合於經義，而讀其書者，知反身以求實行實用，於學者亦不為無益也。（卷三六）

其徒王巡泰有《四書箚記》「是書敷衍大義，名理絡繹」〔註 113〕、薛鳳祚有《聖學心傳》，乃「會輯善繼《四書說約》、奇逢《四書近指》，共為一編」〔註 114〕。李顒有《讀四書說》、《四書反身錄》，黃式三稱其《四書反身錄》為：

大抵其書遵陸象山，斥時文之害人……其學歸重於陸王。（《儆居集》讀二曲集）

《四庫提要》論道：

容之學本於姚江，書中所載……其說仍本王守仁。（卷三六）

劉豫師則頗受李顒之精神感召，其劉氏《家塾四書解》，《續修四庫提要》評曰：

自序稱讀李二曲《四書反身錄》，喜其「反身」二字，切中時病。……今觀其書，無語錄習套語，以淺俗之言，達精深之理，使人易曉易行，視《反身錄》又加切近焉。（頁 1513）

另有吳嘉賓「學宗陽明，工古文而好治經」〔註 115〕，著有《四書說》。清代王學，實不如朱學之盛。王學之衰落，士人之逢迎朱學，以為科舉進身之階，亦是其因之一。陸王學派學者李紱，即曾慨嘆道：

蓋世止有摘陸王之疵者，未聞有摘朱子之疵者；非陸王之多疵而朱子獨無疵也，勢也。自有明以朱註取士，應科舉者共守一家之言，為富貴利達之資。（《穆堂初稿》卷四三）

而學者對王學之反動，亦是原因之一，如徐世沐《四書惜陰錄》「此書蓋為與盩厔

〔註 113〕《續修四庫提要》，頁 1425。

〔註 114〕《四庫提要》，卷三七。

〔註 115〕《續修四庫提要》，頁 1484。

李容相詬而作，故隴其喜其能排陸王，爲之作跋」〔註116〕、汪紱《四書詮義》「烜爲學專宗朱子。……以爲講章家有涉陸學者，不可不析有誤。……至佛老異說，爲害聖學，尤所必斥」〔註117〕。當時亦有調停程朱、陸王者，如李錦書《四書臆說》「其書每參引紫陽陽、明二家說，且兩調停之」〔註118〕、胡統虔《成均四書講錄》「統虞服膺陽明，兼信程朱」〔註119〕、陳詵《四書述》「是書多不主朱子《章句集註》……其學蓋源出於姚江，而於姚江之中，又主調停之說者」〔註120〕。

清代學術史是以考據學獨稱，大盛於乾嘉時期，以標榜漢學爲主。論者或以對明末王學之反動、對清廷文字獄之逃避爲其產生之原因，實則清康雍乾三期盛世，編書、校書、刻書、編書目種種學術工作，使大批學人有安定而恬靜之環境，得以專心致志於研究，方是促成考據學發展至極盛之最直接而密切之原因〔註121〕。宋學與清代漢學，在古代典籍研究之重點上，確有不同，漢學家特別提出「漢學」，實際即漢儒所解釋之經學，以與《四書》相抗，欲於研究對象上也壓倒宋學〔註122〕。單就專治《論語》學者而論，屬漢學者多，宋學者少；就《四書》兼治者而論，則理學家多，漢學家少〔註123〕。自漢幟大張，學者承流向風，於是「家家許鄭，人人賈馬」，理學之作，至是乏人問津。昭槤於《嘯亭雜錄》中云：

> 自于（敏中）和（珅）入相後，朝士習爲奔競。黠者詬詈正人以文己過；迂者株守考訂，訾議宋儒，濂洛關閩之書，無讀之者。（卷八）
>
> 余嘗購求薛文清（瑄）《讀書記》及胡居仁《居業錄》，賈云：「近二十餘年，坊中久不存此種書，恐無市者，徒傷資本耳。（同上）

焦循《雕菰樓文集》所載則是漢學興盛之情形：

> 國初經學，萌芽以漸而大備。近數十年來，江南千餘里中，雖幼學鄙儒，無不知有許鄭者。（卷十三）

阮元《揅經室一集》亦稱：

> 我朝經術昌明，超軼前代，諸儒振興，皆能表章六經，修復古學。（卷十一）

〔註116〕同註114。
〔註117〕《續修四庫提要》，頁1419。
〔註118〕前揭書，頁1477。
〔註119〕前揭書，頁1389。
〔註120〕《四庫提要》，卷三七。
〔註121〕詳參杜維運，〈清盛世的學術工作與考據學的發展〉，《大陸雜誌》二十八卷九期。
〔註122〕詳參徐復觀，〈清代漢學論衡〉，《大陸雜誌》五十四卷四期，頁166。
〔註123〕說見傅武光，《四書學考》，頁228，六十二年師大碩士論文。

清代漢學家治學方向，已轉移至漢儒古注，可由當時漢學大家之言，略見梗概。錢大昕《潛研堂文集》：

> 漢儒說經，遵守家法。詁訓傳箋，不失先民之旨。自晉代尚空虛，宋賢喜頓悟……談經之家，師心自用……我國崇尚實學，儒教振興，一洗明季空疏之陋。（卷二四）

《戴震文集》：

> 夫所謂理義，苟可以舍經而空凭胸臆，將人人鑿空而得之，奚有於經學之云乎哉？（卷十一）

阮元《揅經室續集》：

> 聖賢之道存於經，經非詁不明。漢儒之詁，去聖賢爲尤近……有志於聖賢之經，惟漢人之詁，多得其實者，去古近也。漢許、鄭集漢詁之大成者也。（卷一）

其治《論語》學，亦本此精神，以古注爲主，詳於考核，如錢坫《論語後錄》「大都于集解外，博稽群籍，隱括古義以自成一家之書，吾友宋虞廷（翔鳳）撰《論語纂言》，采錄之者，幾及其半」〔註124〕、方觀旭《論語偶記》「是編注重考訂，不尚空言」〔註125〕、江聲《論語竢質》「聲於尙書經文注疏，皆以古篆書之，論者譏其好尙新奇，此編亦有是病……類皆能求是辨誣，終勝於空言無實者焉」〔註126〕、徐天璋《論語實測》「所謂實者，經史子集顯有明徵，所謂測者，比例參觀若合符節」〔註127〕、黃之晉《四書說賸》「之晉精訓詁，故書中詳於字義」〔註128〕、胡紹勳《四書拾義》「大都即訓詁聲者以析古今之異義」〔註129〕、姚凱元《論語校議》「宜乎詳於翟氏矣，其爲翟氏所不及者，尤在究假借通用之例」〔註130〕馮登府《論語異文考證》「其賅核在翟灝考異之上，可以通古訓、廣異聞」〔註131〕、王復禮《四書正誤》「吾儒之教與二氏異，解儒書者，經傳史集，儘可援引據依，未有用二氏之說亂之者」〔註132〕、陳鱣《論語古訓》「根據集解，其他蒐輯鄭說爲多，間存馬融王肅之

〔註124〕《鄭堂讀書記》卷十三。
〔註125〕《續修四庫提要》，頁1212。
〔註126〕前揭書，頁1207。
〔註127〕前揭書，頁1229。
〔註128〕前揭書，頁1493。
〔註129〕前揭書，頁1492。
〔註130〕前揭書，頁1501。
〔註131〕前揭書，頁1214。
〔註132〕《經義考》卷二百五十九，引自序。

說，以發明鄭注」〔註 133〕、吳騫《皇侃論語義疏考訂》、蔣曰豫《論語集解校補》、桂文燦《論語皇疏考證》、陳宏謀《四書考輯要》、吳鼎科《四書考正誤》、畢憲曾《論語廣注》、俞樾《四書辨疑辨》、《論語平議》、《論語小言》、《續論語駢枝》、《論語古注擇從》、潘維城《論語古注集箋》、梁廷枬《論語古解》、梁章鉅《論語集注旁證》、惠棟《論語古義》……等作皆屬之。清儒以考據學精神治論語學，其中有取《五經》以與《四書》相發明，如范士增作《周易解四書》、《尚書解四書》、《詩經解四書》、《禮記解四書》，並有《四書互解》，周龍官有《四書左國輯要》、高其名有《四書左國彙纂》、蕭榕年有《四書引左彙解》。其引證範圍亦有擴及他部，如宋繼穜《四書經史摘證》、陳子驥《四書子史集證》。

清代漢學家治論語學，其成就可注意者，一爲考訂之作，一爲輯佚之作。考訂之屬有鑑別眞僞者，其本實事求是之精神，辨《論語》孔安國注爲僞作，清儒劉台拱、陳鱣、臧庸早已疑舊說之不可信，沈濤則直斷爲何晏所僞託，丁晏復有《論語孔注證僞》直指孔注爲王肅所僞託。有考訂人物時地者，其書大抵尋繹古籍，考生平行蹤、出處時地，以與《論語》配合，如劉曾騄《論語人考》、《論語地考》、宋翔鳳《論語師法表》、《四書人物類典串珠》、《四書古人紀年》等，而以閻若璩《四書釋地》、《又續》、《三續》成就最大，影響亦大。《四庫提要》評曰：

> 大抵事必求其根柢，言必求其依據，旁參互證，多所貫通，……可據者十之七八。蓋若璩博極群書又精於考證，百年以來，自顧炎武以外，罕能與之抗衡者。（卷三六）

《鄭堂讀書記》稱：

> 其考索詳博，辨據以晳，毅然易朱子之難，可謂卓識。雖才辨縱橫不及毛西河，而考據精密，亦非西河之所及也。（卷十三）

其後，顧問以「若璩原書，有得即書，未加編次，不便讀者，於是爲之重爲編定」，作《校正四書釋地》。按「近代言四書地理者，以閻若璩《四書釋地》最爲精核，然亦不無可議者」〔註 134〕，樊廷枚乃有《四書釋地補》、《續補》、《三續補》之作，論者以爲「不愧爲閻氏諍友矣」〔註 135〕、「蓋百詩（若璩）可謂朱注之功臣，而廷枚又可謂閻釋之功臣矣」〔註 136〕。宋翔鳳亦作《四書釋地辨證》，「皆摘其原文于前而辨證于後，詳審精密，俱極確當，並非好自立異，攻掊前賢，以來譏訾者

〔註 133〕《清續通考》卷二五九。
〔註 134〕《續修四庫提要》，頁 1503。
〔註 135〕前揭書頁 1391。
〔註 136〕《鄭堂讀書記》卷十三。

也」〔註 137〕、「是書於閻若璩《四書釋地》之說，多所匡正」〔註 138〕。另有汪在中《四書地記》、王　《四書地理考》，考地理之作。亦有考典章制度者，如康元夔《四書通典備考》、閻其淵《四書典制類聯音注》、陸文籀《四書典故通考》、杜炳《四書圖考》、凌曙《四書典故覈》、戴清《四書典故考辨》「實事求是，清得之矣」〔註 139〕、周柄中《四書典故辨正續編》「參稽尙博，於考古者不爲無裨也」〔註 140〕。其中《論語》以〈鄉黨〉最爲難讀，以其言名物制度者多也。治《論語》而專考鄉黨制度者，以江永《鄉黨圖考》爲椎輪，餘則師其意而匡其未逮。《四庫提要》稱其：

> 考核最爲精密，其中若深衣車制及宮室制度，尤爲專門，非諸家之所及。（卷三六）

《鄭堂讀書記》謂：

> 是書取經傳中制度名物以考證《論語》鄉黨之文……乾隆丙午江南鄉試，以《鄉黨篇》命題，士子主愼修（永）說者，皆得中試，由是海內知重其書矣。（卷十三）

於是有杜炳《四書圖考》「倣江永《鄉黨圖考》而廣其義例」〔註 141〕、金鶚《鄉黨正義》「江永《鄉黨圖考》最稱考訂精密，是編後出多所匡正……鶚本精於禮經，固非同影響剽剟之學矣」〔註 142〕、胡薰《鄉黨義考》、黃守儛《鄉黨考》、吳鼎科《四書鄉黨考》、程光國《鄉黨經傳通解》、魏晉《鄉黨典義》、霍禮運《論語黨篇訂疑》、劉傳一《鄉黨便蒙》、陳椝《鄉黨俟正》、洪世佺《鄉黨爵祿考辨》、高崇志《鄉黨義證》、楊廷芳《鄉黨約說》、王壐《鄉黨正義》、譚孝達《鄉黨類纂》、于鬯《鄉黨補義》、成僎《鄉黨備考》、黃匀庭《鄉黨條義》、王鴻漸《鄉黨圖考補正》、不著撰人《鄉黨典義》、《鄉黨習解辨》。

清儒輯佚工作，成就斐然，遠邁前代。自秦火以還，迄於隋唐，歷代收藏，凡經五厄〔註 143〕，故以《漢志》著錄之書，求之《隋志》而十闕二三。自隋唐以至宋末，復經五厄〔註 144〕，《隋志》著錄之書，求之《唐志》而十無七八。以迄

〔註 137〕同上註。
〔註 138〕《續修四庫提要》，頁 1470。
〔註 139〕《清續通考》卷二五九。
〔註 140〕《續修四庫提要》頁 1448。
〔註 141〕前揭書，頁 1471。
〔註 142〕前揭書，頁 1223。
〔註 143〕《隋書》卷四九〈牛弘傳〉載牛弘言，有書經五厄之語。
〔註 144〕詳見胡應麟《少室山房筆叢》卷一。

晚近，古載典籍之墜簡遺編，凋零磨滅，殆已百不存一。自宋人創輯書之例〔註145〕，明儒繼軌，孫瑴專輯緯書佚文，編爲《古微書》，清代開四庫館，嘗就《永樂大典》輯出前代遺文共三百七十五種，四千九百二十六卷，一時承學之士，務爲搜𠤏，如馬國翰《玉函山房輯佚書》，多至五百八十餘種；王謨《漢魏遺書鈔》，多至四百餘種；黃奭《漢學堂逸書考》，凡二百八十餘種，他如余蕭客《古經解鉤沈》、洪頤煊《經典集林》、任大椿《小學鉤沈》……等，莫不窮搜博考，旁徵遠紹。

清儒既祧唐宋而遠紹兩漢，於鄭玄自當是心服，於是有專輯鄭玄一人佚著者，如孔廣森有《通德遺書所見錄》七十二卷，袁鈞有《鄭氏佚書》七十九卷。輯《論語》者，有王仁俊、黃奭、龍璋、王謨、王紹蘭。

宋翔鳳、馬國翰、曹廷棟、趙在翰、孔廣森、袁鈞等十一人，而以馬國翰所輯，最號富贍，自群經注疏音義，旁及史傳類書，片詞單語，靡不搜羅，上溯兩漢，下迄六朝，凡得論語類四十一種，八十二卷〔註146〕，另有論語讖緯八種。清人輯《論語》，有輯經文者，《古論》、《齊論》、《論語》逸文，馬國翰、王紹蘭、曹廷棟、王謨、趙在翰皆曾致力焉。有輯讖緯者，以馬國翰、黃奭爲主。而眾人以輯傳注爲主，凡兩漢魏晉南北朝諸家傳注，雖片鱗碎羽，罔弗綜錄，所輯經師傳注有：孔安國、鄭玄、馬融、包咸、何休、周氏、麻達、王弼、周生烈、王朗、陳群、王肅、譙周、謝道蘊、蔡謨、張憑、殷仲堪、江熙、梁顗、孫綽、李充、虞喜、欒肇、郭象、繆播、衛瓘、袁喬、范寧、庾翼、繆協、釋慧琳、顏延之、顧歡、范麟士、梁武帝、太史叔明、褚仲都、皇侃、熊埋、沈峭等人。清人崇尚漢學，輯佚之作，旨在抉其墜緒，發其幽光，於是牽引他書，執其一辭而推闡其義，冀以存其大概。此類著作有紹述何休者，多是清代治今文學者爲之，如劉逢祿《論語述何》、劉恭冕《何休注訓論語述》、黃朝槐《何劭公論語義賸義》、俞樾《何劭公論語義》；有發明鄭義者，如俞樾《論語鄭義》「就鄭詩箋禮注之及論語者剌取之，以存鄭學，間下己意，亦有闡明」〔註147〕。

乾嘉時代之經學，本是遠承東漢古文諸家，著重文字之考據訓詁，道咸以後，若干學者乃轉入西漢之今文學派，著重尋求經書中之微言大義，而不斤斤於名物

〔註145〕章學誠《校讎通義·補鄭篇》以爲始於王應麟爲《三家詩考》，葉德輝《書林清話》卷八、劉咸炘《目錄學》上編存佚篇，皆以輯刻古書不始於王應麟，當更早。唯宋鄭樵《通志·校讎略》有「書有名亡實不亡論」一篇，已具輯佚理論，故以輯佚工作宋儒開其端。

〔註146〕其中有目無書者十卷。

〔註147〕《續修四庫提要》，頁1218。

之考究。此轉變之因，有發於本身之缺點：研究範圍拘迂、膠固褊狹，不能自求改進、尊古善疑，兩相矛盾；有外在環境之刺激：專制積威稍弛，人心漸獲解放、亂事紛起，無餘裕以自振其業、西學之輸入，及清初經世致用觀念之復活〔註 148〕。

清代今文學家，以何休公羊說爲宗，按「何休本注《公羊》，同時又注《論語》，而其《論語》不傳，未必當何旨也，今文家虛以問王知道，篇中有素王之事，改周受命之制，而何休之注亦必於微言大義大有發明，劉申受因之作《論語述何》，未必當何旨也」〔註 149〕，此派學者除劉逢祿外，另有莊存與、宋翔鳳、戴望、劉恭冕、崔適、康有爲，紛以《公羊》附會《論語》，匯爲巨流，大抵以孔子爲受命素王而務求其微言大義，其實皆不免支離傅會。莊存與有《四書說》，《續四庫提要》謂之：

> 按存與之學，以西京爲宗……後來宋虞廷、戴子高輩亦自以爲紹西京之緒，而支離荒誕，以視是書，如外道與正宗也。（頁 1422）

劉逢祿「承其外祖莊存與之學」〔註 150〕，著有《四書是訓》、《論語述何》。其《論語述何》一書，自云：「追述何氏解詁之義，參以董子之說，拾遺補闕，冀以存其大凡」，然俞樾評之爲：以春秋說論語，而於何注固無徵；《鄭堂讀書志》亦稱其：

> 究不免穿鑿附會。……俱非經之本旨。（卷十三）

《續四庫提要》亦謂：

> 類皆強爲附會，似是而非。此風一開，而宋翔鳳、戴望輩，遂競以《春秋》說《論語》矣。（頁 1213）

宋翔鳳有《論語鄭注》、《四書古今訓釋》、《四書纂言》等書，論者評其《論語說義》爲「翔鳳承其舅氏莊述祖之學，專爲公羊家言；故是書亦多牽引公羊家說，實不免支離傅會」〔註 151〕，評其《論語發微》爲「此書爲今文家，以《公羊》附會《論語》之權輿〔註 152〕，未幾而戴子高《論語注》、康長素《孔子改制考》，繼之而起，愈演愈幻」〔註 153〕。戴望《戴氏注論語》「與劉逢祿、宋翔鳳宗旨相近……

〔註 148〕詳參梁啓超，《清代學術概論》，頁 116～118。

〔註 149〕《續修四庫提要》，頁 1208。

〔註 150〕前揭書，頁 1471。

〔註 151〕前揭書，頁 1210。

〔註 152〕按翔鳳紹逢祿之業，此書本附於《四書古今訓釋》後，爲嘉慶十八年自序浮谿艸堂刊本。逢祿《論語述何》則有嘉康十七年自序刊本，《續修四庫提要》所言當有誤。

〔註 153〕《續修四庫提要》，頁 1208。

然往往失之穿鑿，且與經文詞意不甚符合」〔註 154〕，崔適《論語足徵記》「其治經專今文……其中每以莫須有之事，歸獄劉歆，不脫今文家習氣」〔註 155〕，他如劉恭冕《何休注訓論語述》、康有爲《論語注》亦是本《公羊》之說以解《論語》。俞樾《何劭公論語義》，乃擷采《公羊》解詁所引之《論語》文而成，劉恭冕則更兼采何休《左氏膏肓》、《穀梁廢疾》二書中所引之《論語》文，而成《何休注訓論語述》。

乾隆之世，漢幟大張，然有所謂漢宋學術之爭，曾國藩《聖哲畫像記》云：

> 自朱子表彰周張二程，以爲上接孔孟之傳，後世君相師儒，篤守其說，莫之或易。乾隆中，弘儒輩起，訓詁博辨，度踰昔賢，別立徽志，號曰漢學，擯有宋五子之術，以謂不得獨尊；而篤信五子者，亦屏棄漢學，以爲破碎害道，斷斷焉而未有已也。

時有桐城方苞，尊朱學，好古文，力肩道統，始與漢學相輕。《漢學師承記》載方苞以古禮之義難江永，永從容對答，苞負氣不服；姚鼐初欲從戴震學，而震不好爲人師，謝卻之，且致規勸，謂其所從事者藝而非道，由是方氏、姚氏均不平，鼐更屢爲文詆漢學破碎，其弟子方東樹，復著《漢學商兌》，徧詆閻、胡、惠、戴所學，不遺餘力。此一影響並及於治《論語》者，如姚鼐弟子管同有《四書記聞》「其中述姚鼐說最多」〔註 156〕、劉開有論語補注「所學皆本其師」〔註 157〕，「大抵桐城學者，多研求義理，疏於考據」〔註 158〕，另有王植《四書參註詮理》「多掊擊注疏，以自表尊崇朱子之意……必欲盡掃經師，獨標道學，未免門戶之私」〔註 159〕，亦是漢宋之爭著作。然亦有調停漢宋，不欲以一端自局者，如黃式三說經，不拘漢宋，擇是而從，其《論語》後「見者以爲漢宋持平之著，可垂國胄」〔註 160〕、簡朝亮《論語集注補正述疏》「志在溝通漢宋，非正統派家法，然精覈處極多」〔註 161〕、宦懋庸《論語稽》「於古注朱注各取所長」〔註 162〕、戚學標《四書偶談內外編》「詳於制度名物，而義理亦剖析極精，殆合漢宋學之長而去其短者」〔註 163〕、

〔註 154〕前揭書，頁 1221。
〔註 155〕前揭書，頁 1225。
〔註 156〕前揭書，頁 1481。
〔註 157〕前揭書，頁 1215。
〔註 158〕同上註。
〔註 159〕《四庫提要》卷三七。
〔註 160〕馬宗霍，《中國經學史》，頁 154。
〔註 161〕梁啓超，《清代學術概論》，頁 83。
〔註 162〕《續修四庫提要》，頁 1226。
〔註 163〕前揭書，頁 1427。

狄子奇《經學質疑》「徵引傳注，不拘漢宋」〔註164〕、宗稷辰《四書體味錄》「參漢宋之長而引伸辨析，時有愜當」〔註165〕、胡澤順《四書一得錄》「兼參漢宋之長，不爲墨守」〔註166〕。而劉寶楠《論語正義》，歷父子兩代三十八年始成，其子劉恭冕〈論語正義後敘〉云：

> 不爲專己之學，亦不欲分漢宋門户之見。凡以發揮聖道，證明典禮，期於實事求是而已。

不爲專己之學者，乃爲謙辭；亦不欲分漢宋門戶之見者，論者亦稱「是編考據義理並重，故亦間采宋儒之說」〔註167〕，則恐非平實之語。按劉書宗守集解，其注經則重在考據，於是考異文、徧釋字義、詳釋名物、辨明禮儀，宋明儒之說，劉氏似有所輕，較少引述。其取於朱注者，多爲名物字義之解說，而清人之說，則不厭其詳而長篇引述。是以錢穆《論語要略》稱是書可以代表清儒對《論語》之見解；梁啓超《清代學術概論》亦稱清學自當以經學爲中堅，其最有功於經學者，則諸經殆皆有新疏，其在《論語》則爲劉寶楠之《論語正義》。蓋劉氏《正義》乃集漢學解義之大成者，故徐英〈論語會箋導言〉中論曰：

> 清人於義理無所得，而溺於訓詁名物之攷訂，則判漢宋爲兩橛。訓詁名物制度者外也；義理者内也。朱氏《集注》通内外者也；劉氏《正義》隔内外者也。内外隔而眞學亡。

徐英之說雖不免斥之太過，然以劉氏《正義》爲漢宋徑庭，亦是得其實之言，唯較毛奇齡意氣之爭，是能平心論朱注得失。因劉恭冕後敘之言，暫置此類之下。總之，劉氏《正義》能收集網羅，精取慎擇，以成一己之說，宜乎甘鵬雲《經學源流考》譽爲「集眾說之大成」、梁啓超《要籍解題及其讀法》:「最精博，但太繁，非專家研究不必讀」、潘重規《序陳濬論語話解》，讚之爲「截斷眾流，自成大家」。

清人治《論語》之作，除上述諸派之外，有別開途徑者，雖非詁經之體，亦頗見其妙思，姑置之篇末，如阮元《論語論仁論》，出其平日自得於經籍者，發爲議論，以申經義、張瑛《論孟書法》「自來無以書法解論孟者……爲讀四書者，別開途徑」〔註168〕、王伊《四書論》「是書專輯四書題論，自唐迄清凡百篇，不分卷，始韓愈顏子不貳論，終闕名鄉原論……所錄大都發抒理蘊，不涉考據，亦不

〔註164〕前揭書，頁1461。
〔註165〕前揭書，頁1483。
〔註166〕前揭書，頁1489。
〔註167〕前揭書，頁1217。
〔註168〕前揭書，頁1511。

涉空談……此則所采皆古文，為說四書者別開生面，以補傳注所未備」〔註169〕。

總之，清人治《論語》之作，數量冠於前代，成就亦為可觀，民國以來，治經學者，已不若以往之眾，治經方法，亦有所不同，則清人之論語學可謂集前代之大成，為傳統詁經之法，做一總結。

〔註169〕前揭書，頁1518。

第九章　結　論

第一節　綜錄部分

本綜錄取材書目，以史志、補志及私家書目爲主。史志則正史中僅《漢志》、《隋志》、《新舊唐志》、《宋志》、《明志》、《清志》、《重修清志》等數種，史志不足乃有諸補志之作。其中《清志》雖疏略殊甚，然《清志》論語部分有《重修清志》所未收者，故兩者並存。諸補志取材來源，主要以正史列傳所載著述爲主，輔以其他重要書目，如《兩漢六朝補志》取材《隋志》、《經典釋文序錄》。同一時期補志，時有多人爲之，而詳略有所不同。若僅就《論語》部份而言，多家補後漢志之作，以顧櫰三所得較詳盡；五家補晉志之作，則吳士鑑之作較爲完備；元代補志，以《補元志》詳於《補遼金元志》，後者又詳於《補三史志》。其他重要書目，多爲私人書目，尤可補史志及補志之不足。《玉海》雖爲類書，其藝文志則富有參考價值，未可以兔園冊子視之。《鄭堂記》則提要精審，堪與《四庫提要》比美。《販書偶記》、《續記》、《國學圖書總目》、《叢書子目類編》、《京都》、《東京漢籍目錄》，所錄爲經眼或見在之書，尤爲可存前人著述之實。《內閣書目》、《文淵目》尚得見一代秘書之名數，然其僅記書名冊數，下記完闕，並卷數撰人亦無之，不能考訂撰次，大失參考價值。

於諸書目中，今特申論者，一爲《經義考》。《四庫提要》譽之爲上下二千年間，原原本本，一一可稽，可云詳贍矣。然就其《論語》著錄部分而言，亦有可議者：序跋諸篇，於本書無所發明者，連篇備錄，未免少冗，而「元明以下，或僅據書目甄錄，並序跋亦多未載」〔註1〕，又不免失之過簡，且序跋多刪去其歲月，若責全求備，此則不免爲其缺失；所註佚闕未見，以《四庫》所錄校之，往往其書具存，近人羅振玉乃有《經義考校記》，於朱氏闕佚未見諸書中，今有傳本或輯本者，一一注明，頗具參考價值。

一爲《千頃目》。先時廣文書局印行《千頃目》爲適園叢書初印本，且爲《藝文總志》取材所本。後　喬師覓得適園叢書後印增補本，亦爲廣文書局印行，後印增補本實優於初印本，今試就《論語》部分略論之〔註2〕：一、版面較清晰，如明李果《四書音考》，初印本模糊不清，致使《藝文總志》誤作李杲。二、書名著錄較完備，如明許孚遠《論語述》，初印本爲論述，漏「語」字；明羅汝芳《四書一貫》編七卷，初印本爲《四書一貫》，漏「編七卷」三字，致使《藝文總志》因之而誤。又宋趙順孫《四書纂疏》，初印本僅作《四書纂疏》，未著作者、卷數，致使《藝文總志》因之另立一條不著撰人、不著卷數之《四書纂疏》。三、增補條目較多，如《論語》類即多出數十條〔註3〕。四、內容較爲豐富，以增補撰人仕履最多，其次則爲書名、卷數等，如明牛應元《四書質言》，初印本僅下注「萬曆壬辰序」五字，後印增補本則多出「涇縣人萬曆癸未進士歷官右人僉都御史巡撫南贛」二十字。此處值得一提者，兩本記載互異時，經義多與後印增補本同，似朱氏所依據者爲後印增補本，如明余懋學《讀論勿藥》，初印本作六卷，後印增補作四卷，與《經義考》同；明李頻《論語則》，後印本作李頻，與《經義考》同。

一爲《藝文總志》。《藝文總志》總理歷代前賢著述，工程浩鉅，殊爲不易，且著錄者，採四部分類法，各部下析分類目，類目下復各析分屬目，庶幾各以類從，以顯見學術之淵源流變。然就《論語》部分而言，其猶有可議者：一、取材有遺、偏、未精之憾。如其凡例稱範圍「以見於史志及補志者爲主」，何以李雲光《補梁志》、楊壽彭《補陳志》、蒙傳銘《補北齊志》、賴炎元《補魏書志》、王忠林《補周書志》不收？凡例又云「其餘歷代私家目錄，概不闌入」，則取材已然不廣，應可擇要收之；又如前《千頃目》一書有初印本及後印增補本，《藝文總志》未取材於精善足本，致使多生衍誤，誠爲其病。二、條目遺漏不少。如宋代《論語》著述，《藝文總志》未收者，佔總數一半以上，一來顯示其不收私家書目之失，

〔註1〕《鄭堂讀書記》卷三三。

〔註2〕至於其他部分之優劣，詳參　喬師〈增訂本千頃堂書目簡介〉，收在廣文書局《書目叢編》中之《千頃堂書目》。

〔註3〕此處多出數十條，如施澤之《孔氏實錄》、郭子章《聖門人物志》……似應歸入史部方妥。

二來亦見其遺漏太過，尤其以《經義考》失錄最爲嚴重。《經義考》在其取材範圍之內，而於明代竟有一百零一種《經義考》所載，《藝文總志》未收。

附　表

朝　代	各代史志及補志未載，為他家書目所補者	見於他家書目，而《經義考》未載者	各代書目所收，而《藝文總志》未載者
漢	3	7	4
三　國	1	4	3
晉	0	10	1
南北朝	4	12	14
隋	0	1	0
唐五代	4	2	2
宋	188	23	184
遼金元	9	39	8
明	276	68	144
清	204	不　計	72

第二節　概述部分

歷代《論語》著述雖多，其淵源流變，不過數端：漢興有今文《魯論》、《齊論》及《古文論語》之分。其學專門授受，遞稟師承，莫敢同異，治學可謂篤實而嚴謹。張禹始兼采齊魯，至鄭玄更雜揉今古文，號曰集兩漢論語學之大成。何晏、王弼起，玄風大暢，皇侃《義疏》，尤其甚者，流風所及，歷魏晉南朝至隋唐，以玄釋經，爲其特色。自宋慶曆以後，閩洛繼起，道學大昌，擺落漢唐，獨研義理，其學能盡精微。朱註定於一尊，《四書》地位日隆，堪與《五經》相匹。至明正德以後王學興起，其學貴在自抒心得，唯末流空談臆斷，有狂禪之弊。清初諸儒薄明末王學空疏，倡經世致用之說。至乾嘉之時，漢學大昌，其學以考據爲主，探索原委，實事求是，唯其末流不免有餖飣之譏。道咸以後公羊學說起，託古改制爲其理想，以說《論語》，不免牽強。而治《論語》號稱大家者，則漢之鄭玄，魏之何晏，梁之皇侃，宋之朱熹，清之劉寶楠等諸人，其著作則具各期論語學之特色。

附　錄

一、後印增補本《千頃目》所錄不列入「論語類」者

1 ：《孔氏實錄》十二卷　元　施之澤
2 ：《孔子世家考異》二卷　元　吳迂
3 ：《孔子世系圖》三卷　元　程時登
4 ：《孔氏續錄》五冊　元　孔元祚
5 ：《通祀輯略》三卷　元　黃以謙
6 ：《通祀輯略續集》一卷　黃以暉
7 ：《釋奠儀圖》一卷　元　吳夢賢
8 ：《釋奠通載》九卷，又《通禮纂要》二卷　元　范可仁
9 ：《孔廟禮樂考》　明　余忠士
10：《頖宮禮樂疏》十卷　明　李之藻
11：《孔聖全書》三十五卷　明　蔡復賞
12：《孔孟圖譜》三卷　明　季本
13：《孔子世家》不著卷數　明　林士元
14：《孔子年譜》一卷　明　夏洪基
15：《先師祀典考》四卷　馬朴
16：《文廟祀典》　方夢龍
17：《文廟禮樂志》十卷　黃居中
18：《先師廟祀考》　笪繼良
19：《孔廟禮樂考》五卷　瞿九思
20：《歷代崇儒典禮本末》八卷
21：《大成禮樂集》不著卷數　史記事
22：《正先師孔子祀典集議》一卷　張孚敬
23：《闕里志》十三卷　張泰
24：《刊定孔子世家》七卷　馮娗
25：《孔門傳道錄》十六卷　張朝瑞
26：《聖門人物志》十二卷　郭子章
27：《聖門通考》十五卷又《續考》一卷　包大燿
28：《素王翼》不著卷數　顧起經
29：《孔庭纂要》十卷　唐應詔
30：《素王紀事》一卷　黃瑃
31：《素王通史》　楊譓
32：《褒崇禮樂圖》一冊　不著撰人
33：《歷代崇儒廟學典禮本末》七十卷　不著撰人
34：《素王祀典通集》一冊　不著撰人
35：《文廟禮樂志》六卷　不著撰人
36：《孔子前知》一冊　不著撰人
37：《素王事實》四卷　不著撰人
38：《榮王從祀先賢事跡錄》二十四卷　不著撰人
39：《孔子通紀》八卷　不著撰人
40：《聖裔錄》一冊　不著撰人
41：《孔聖圖譜》二卷　不著撰人

二、《遂初堂書目》著錄之不著撰人、不詳時代三種著述

1 ：《古注論語》

2 ：《濡石論語解》

3 ：《許崇老論語訓詁》

三、《內閣書目著錄》之莫詳姓氏著作

1 ：《四書集注大全》二十二冊　不全

2 ：《論語孟子集注》十二冊　全

3 ：《論語學庸或問集略集注》九冊　不全

四、《文淵閣書目》著錄之莫詳姓氏著作

1 ：《四書正文》六冊　闕

2 ：《論語口義新書》四冊　闕

3 ：《論語章解圖說》一冊　闕

4 ：《論語通義》一冊　全

5 ：《論語纂圖句解》二冊　全

6 ：《論語意源（原）》三冊　全

7 ：《論語口義》四冊　闕

8 ：《論語評》十四冊　闕

9 ：《論語文公類語》八冊　闕

10：《論語要義》二冊　闕

11：《論語纂圖》二冊　闕

12：《論語注疏》五冊　全

13：《四書主義》一冊　闕

14：《四書經義會同》一冊　闕

15：《四書經疑問斷》一冊　闕

16：《四書考證（義）》五冊　闕

17：《四書問辨》一冊　闕

18：《四書叢說》四冊　全

19：《四書集注集略》二十三冊　全

20：《四書集注箋義》四冊　闕

21：《四書事文引證》四冊　全

22：《四書集成》八冊　闕

23：《四書音義》一冊　闕

24：《四書音釋》一冊　闕

25：《四書附錄》十五冊　闕

重要參考資料（除《論語》著述及引用簡稱書目之外）

一、專　著

古人著作：（依朝代先後次序排列）

1 ：（漢）荀悅撰，《申鑒》收於子書四十種（一），（台北：文文書局，民國 65 年）。

2 ：（唐）張九齡編，《唐六典》四庫珍本，第六集第一一七至一一九冊，（台灣：商務印書館）。

3 ：（宋）王溥撰，《五代會要》叢書集成新編，第二十八冊，（台北：新文豐，民國 74 年）。

4 ：（宋）王應麟撰，《困學紀聞》四部叢刊廣編，第二十八冊，（台灣：商務印書館）。

5 ：（宋）曾宏父撰，《石刻鋪敘》石刻史料新編，新三輯第三九冊，（台北：新文豐）。

6 ：（宋）宋程頤、程顥同撰《二程全書》，（上海，中華書局，民國 26 年）。

7 ：（宋）朱熹撰，《晦庵先生文集》，（台北：故宮博物院，民國 71 年）。

8 ：（宋）朱熹撰（宋）張清德編，《朱子語類》，（台北：正中書局，民國 51 年）。

9 ：（宋）陸九淵著，《陸九淵集》，（台北：里仁書局，民國 70 年）。

10：（宋）洪皓撰，《松漠紀聞》，四庫珍本，冊十二集冊二九，（台灣：商務）。

11：（元）蘇天爵撰，《滋溪文稿》，景印文淵閣四庫全書，冊一二一四，（台灣商務，民國 74 年）。

12：（元）虞集撰，《道園學古錄》，景印文淵閣四庫全書，冊一二〇七，（台灣商務，民國 74 年）。

13：（元）袁桷撰，《清容居士集》，景印文淵閣四庫全書，冊一二〇三，（台灣商務，民國 74 年）。

14：（元）蘇天爵編，《元文類》，（台北：世界書局，民國 51 年）。

15：（元）王惲撰，《秋澗先生全集》，元人文集珍本叢刊，冊一，（台北：新文豐）。

16：（元）許衡撰，《魯齋遺書》，景印文淵閣四庫全書，冊二九八，（台灣商務，民國 74 年）。

17：（元）吾丘衍撰，《閒居錄》，叢書集成新編，冊八七，（台北：新文豐，民國 74 年）。

18：（元）吳師道撰，《吳禮部文集》，百部叢書集成，三編之一九，（台北：藝文印書館）。
19：（明）顧憲成撰，《小心齋箚記》，（台北：廣文書局，民國64年）。
20：（清）黃宗羲著，《明儒學案》，（台北：華世出版社，民國76年台一版）。
21：（清）費密撰，《弘道書》，百部叢書集成續編，第九，（台北：藝文印書館）。
22：（清）孫奇逢撰，《夏峰先生集》，叢書集成新編，第六八，（台北：新文豐，民國74年）。
23：（清）阮元編，《皇清經解》，（台北：藝文，民國51年）。
24：（清）陳澧撰，《東塾讀書記》，（台灣：商務人人文庫，民國64年）。
25：（清）王先謙輯，《皇清經解續編》，（台北：藝文，民國54年）。
26：（清）葉德輝撰，《書林清話》，（台北：世界書局，民國72年四版）。
27：（清）柯劭忞撰，《新元史》，（台北：藝文，民國44年）。
28：（清）戴震撰，《戴震文集》，（台北：華世，民國63年）。
29：（清）阮元著，《揅經室續集》，叢書集成新編，冊六九，（台北：新文豐，民國74年）。
30：（清）朱彝尊撰，《曝書亭集》，（台北：世界，民國25年）。
31：（清）黃宗羲原著，《宋元學案》，全祖望補修，（台北：華世）。
32：（清）甘雲鵬撰，《經學源流攷》，（台北：鐘鼎，民國56年）。
33：（清）皮錫瑞撰，《經學歷史》，（台北：河洛，民國63年）。
34：（清）馬國翰輯，《玉函山房輯佚書》，（台北：文海，民國56年）。
35：（清）章學誠撰，《校讎通義》，四部備要，冊一七〇，（台北：中華書局）。

近人著作：（依出版年次先後排列）

1：錢穆著，《兩漢經學今古文平議》，（香港：新亞研究所出版，民國47年）。
2：王國維撰，《觀堂集林》，（台北：世界書局，民國50年）。
3：陳大齊撰，《孔子學說》，（台北：正中書局，民國53年）。
4：李漢三撰，《先秦兩漢之陰陽五行學說》，（台北：鐘鼎文化公司，民國56年）。
5：牟宗三撰，《心體與性體》，（台北：正中書局，民國57年）。
6：錢穆撰，《秦漢史》，（台北：撰者自刊，民國58年）。
7：劉師培撰，《國學發微》，（台北：廣文書局，民國59年）。
8：劉師培撰，《劉申叔先生遺書》，（台北：京華書店，民國59年）。
9：張國淦撰，《歷代石經考》，（台北：鼎文書局，民國61年）。
10：簡博賢撰，《今存南北朝經學遺籍攷》，（台北：黎明出版公司，民國62年）。
11：梁啓超著，《中國近三百年學術史》，（台北：華正，民國63年）。

12：日大槻信良撰，《朱子四書集注典據考》，（台北：學生書局，民國 65 年）。
13：梁啓超著，《佛學研究十八篇》，（台灣：中華書局，民國 65 年臺四版）。
14：王國維撰，《五代兩宋監本攷》，（台灣：商務印書館，民國 65 年）。
15：劉咸炘撰，《目錄學》，收入《校讎學系編》，（台北：鼎文書局，民國 66 年初版）。
16：蔡仁厚撰，《宋明理學北宋篇》，（台北：學生書局，民國 66 年）。
17：林礽乾著，《論語導讀》，收入《國學導讀叢編》，（台北：康橋出版社，民國 67 年）。
18：呂凱之著，《魏晉玄學析評》，（台北：世紀書局，民國 69 年）。
19：戴君仁撰，《經疏的衍成》，收於《經學論文集》，（台北：黎明出版公司，民國 70 年）。
20：劉述先撰，《朱子哲學思想的發展與完成》，（台北：學生書局，民國 71 年）。
21：高明等編，《中華文化百科全書》第一編，（台北：黎明出版公司，民國 71 年）。
22：徐復觀撰，《中國經學史的基礎》，（台北：學生書局，民國 71 年）。
23：鄭靜若著，《論語鄭氏注輯述》，（台北：學海書局，民國 72 年）。
24：湯錫予著，《魏晉玄學論稿》，收於《魏晉思想甲編五種》，（台北：里仁書局，民國 73 年）。
25：龔道運著，《朱學論叢》，（台北：文史哲出版社，民國 74 年）。
26：唐陸德明撰，吳承仕疏，《經典釋文序錄疏證》，（台北：崧高書社，民國 74 年）。
27：梁啓超著，《清代學術概論》，（台灣商務，民國 74 年台二版）。
28：馬宗霍著，《中國經學史》，（台灣：商務印書館，民國 75 年台七版）。
29：李師威熊撰，《中國經學發展史論（上）》，（台北：文史哲出版社，民國 77 年）。
30：林尹著，《中國聲韻學通論》，（台北：黎明出版公司，民國 76 年）。

二、論文期刊：（依年代先後排列）

論　文

1　：高明士撰，《唐代貢舉對儒學研究的影響》，民國 60 年國科會補助研究論文。
2　：傅武光撰，《四書學考》，民國 62 年師大國文研究所碩士論文。
3　：王能傑撰，《李習之研究》，民國 66 年東海中文研究所碩士論文。
4　：李師振興撰，《王肅之經學》，民國 68 年政大中文研究所博士論文。
5　：楊玉成撰，《二程弟子研究》，民國 76 年政大中文研究所碩士論文。
6　：王萬福撰，《唐代科舉制度與經學教育》，民國 77 年第一屆國際唐代學術會議發表論文。

期　刊

1　：牟潤孫撰，〈儒釋兩家之講經與義疏〉，《新亞學報》四卷二期，（民國 49 年）。

2　：牟潤孫撰，〈唐初南北學人論學之異趣及其影響〉，《香港中文研究所學報》第一卷。

3　：蕭啓慶撰，〈忽必烈時代潛邸舊侶考〉，《大陸雜誌》二五卷一至三期，民國 51 年）。

4　：林尹撰，〈清代學術思想史引言〉，《師大學報》第七期，（民國 51 年）。

5　：杜維運撰，〈清盛世的學術工作與考據學的發展〉，《大陸雜誌》二八卷九期，民國 53 年）。

6　：錢穆撰，〈談朱子的論語集注〉，《孔孟月刊》六卷五期，（民國 57 年 1 月）。

7　：錢穆撰，〈朱子之四書學〉，《復興崗學報》六期，（民國 58 年 6 月）。

8　：徐復觀撰，〈清代漢學衡論〉，《大陸雜誌》五四卷四期，（民國 66 年 4 月）。

9　：汪惠敏撰，〈何晏論語集解考辨〉，《孔孟學報》第三五期，（民國 67 年 4 月）。

10：林慶彰撰，〈晚明經學的復興運動〉，《書目季刊》十八卷三期，（民國 73 年 12 月）。

11：陳金木撰，〈何晏論語集解用玄理注書問題的檢討〉，《孔孟月刊》二三卷五期，（民國 74 年 1 月）。

12：王明蓀撰，〈論語筆解試探〉，《孔孟學報》第五二期，（民國 75 年 9 月）。

引用書目簡稱對照表

一、史志及補志

簡稱	書名	作者及版本
1：漢　志	漢書藝文志	漢班固（鼎文書局，民國 73 年）
2：漢志拾補	漢書藝文志拾補	清姚振宗，《二十五史補編》（上海：開明書局，民國 25 年）
3：後漢志	後漢藝文志	清姚振宗，同上
4：補續漢志	補續漢書藝文志	清錢大昭，同上
5：侯氏補後漢志	補後漢書藝文志	清侯康，同上
6：顧氏補後漢志	補後漢書藝文志	清顧櫰三，同上
7：補後漢志并考	補後漢書藝文志并考	清曾樸，同上
8：三國藝文志	三國藝文志	清姚振宗，同上
9：補三國志	補三國藝文志	清侯康，同上
10：丁氏補晉志	補晉書藝文志	清丁國鈞、子辰注，同上
11：文氏補晉志	補晉書藝文志	清文廷式，同上
12：秦氏補晉志	補晉書藝文志	清秦榮光，同上
13：吳氏補晉志	補晉書經籍志	清吳士鑑，同上
14：黃氏補晉志	補晉書藝文志	清黃逢元，同上
15：補宋書志	補宋書藝文志	民國聶崇岐，同上
16：補南齊志	補南齊書藝文志	民國陳述，同上
17：補梁志	補梁書藝文志	民國李雲光，《師大國文所集刊》第一集，（民國 46 年）

18：補陳志	補陳書藝文志	民國楊壽彭，同上
19：補魏書志	補魏書藝文志	民國賴炎元，同上
20：補後魏志	補後魏書藝文志	民國李正奮，《二十五史補編》（上海：開明書局，民國 25 年）
21：補北齊志	補北齊書藝文志	民國蒙傳銘，《師大國文所集刊》第一集（民國 46 年）
22：補周書志	補周書藝文志	民國王忠林，同上
23：補南北史志	補南北史藝文志	民國徐崇，《二十五史補編》（上海：開明書局，民國 25 年）
24：隋　志	隋書經籍志唐	魏徵等（鼎文書局，民國 69 年）
25：隋志補	隋書經籍志補	民國張鵬一，《二十五史補編》（上海：開明書局，民國 25 年）
26：舊唐志	舊唐書經籍志	後晉劉昫（鼎文書局，民國 68 年）
27：新唐志	新唐書藝文志	宋歐陽脩等，同上
28：補五代志	補五代史藝文志	清顧櫰三，《二十五史補編》（上海：開明書局，民國 25 年）
29：宋四庫闕書目	宋秘書省續編到四庫闕書目	宋紹興□□改定　清葉德輝考證，《書目類編》第一冊（成文出版社，民國 67 年）
30：宋　志	宋史藝文志	元脫脫等（鼎文書局，民國 69 年）
31：宋志補	宋史藝文志補	清倪燦撰盧文弨校正，《二十五史補編》（上海：開明書局，民國 25 年）
32：補遼金元志	補遼金元藝文志	清倪燦、盧文弨補，同上
33：補三史志	補三史藝文志	清金門詔，同上
34：遼　志	遼藝文志	清繆荃孫，同上
35：遼志拾補	遼史拾補	清厲鶚，同上
36：補遼志	補遼史藝文志	民國黃任恆，同上
37：遼志補證	遼史藝文志補證	民國王仁俊，同上
38：西夏志	西夏藝文志	民國王仁俊，同上
39：金史志補錄	金史藝文志補錄	清龔顯曾，同上
40：金史藝文略	金史藝文略	清孫德謙，同上
41：補元志	補元史藝文志	清錢大昕，同上
42：明　志	明史藝文志	清張廷玉等（鼎文書局，民國 68 年）

43：清　志	清史稿藝文志	民國朱師轍等（臺北：國防研究院，民國50年）
44：重修清志	重修清史藝文志	民國彭國棟（臺灣商務印書館，民國57年）
45：四庫總目	四庫全書總目提要	清永瑢等（臺灣商務印書館，民國60年）
46：四庫未收書	清阮元四庫未收書目	清阮元，同上
47：清禁燬書目	清代禁毀書目研究	民國吳哲夫（嘉新水泥公司文化基金會，民國58年）
48：續四庫提要	續修四庫全書提要	（臺灣商務印書館，民國61年）
49：經籍考	文獻通考經籍考	宋馬端臨（臺灣商務印書館，民國76年）
50：續清經籍考	清朝續文獻通考經籍考	清劉錦藻，同上
51：藝文總志	中國歷代藝文經籍總志	中央圖書館特藏組（中央圖書館，民國73年）

二、重要書目

宋代書目

1：崇文總目	崇文總目	宋歐陽脩等（臺灣商務印書館，民國56年）
2：玉　海	玉海藝文	宋王應麟（大化書局，民國66年）
3：晁　志	郡齋讀書志	宋晁公武（臺灣商務印書館，民國67年）
4：尤　目	遂初堂書目	宋尤袤，《書目二編》（廣文書局，民國57年）
5：陳　錄	直齋書錄解題	宋陳振孫（臺灣商務印書館，民國67年）

明代書目

1：文淵目	文淵閣書目	明楊士奇等，《書目三編》（廣文書局，民國58年）
2：內閣書目	內閣藏書目錄	明張萱等，《書目二編》（廣文書局，民國57年）
3：千頃目	千頃堂書目	清黃稷虞，《書目叢編》（廣文書局，民國56、70年）

清代以迄近人書目

1：鄭堂記	鄭堂讀書記	清周中孚（臺灣商務印書館，民國67年）
2：販書偶記	販書偶記	民國孫耀卿（中文出版社，民國68年）
3：販書續記	販書偶記續記	民國孫耀卿（洪氏出版社，民國71年）
4：國學圖書總目	江蘇省立國學圖書總目、補編	民國國學圖書館，《書目四編》（廣文書局，民國59年）

學科書目

1：經義考	經義考	清朱彝尊（中文出版社，民國 67 年）
2：經義考校記	經義考校記	民國羅振玉，《書目續編》（廣文書局，民國 57 年）
3：叢書子目類編	叢書子目類編	（中國學典館復館籌備處，民國 56 年）

外國書目

1：京都漢籍目錄	京都大學人文科學研究所漢籍分類目錄	（汲古書院，民國 71 年）
2：東京漢籍目錄	東京大學東洋文化研究所漢籍分類目錄	（株式會社同朋舍，民國 71 年）